Christa Farwick und Adam Riese

DAS MÜNSTER BUCH

Der Stadtführer

Daedalus Verlag

Benutzerhinweis:
Anschriften, Web-Adressen etc. unterliegen Änderungen.

www.daedalusbuch.de

6., aktualisierte Auflage
Gesamtlayout: M4 Media, Münster (www.m4media.de)
Titelfoto: Blick vom Prinzipalmarkt auf die Lambertikirche
Printed in Germany
ISBN 978-3-89126-269-6

INHALT

ADRESSEN IM ÜBERBLICK

Zu Ihrer Orientierung haben wir zahlreiche Adressen zusammengestellt, können aber nicht alle Einrichtungen nennen. In der *Münster-Information* im *Stadthaus 1* bekommen Sie tagesaktuelle Informationen zu Freizeit, Sport, Kultur, Veranstaltungen und Ausstellungen. Lassen Sie sich einfach inspirieren.

Willkommen

Es ist schon ein Phänomen: Ganz gleich, wohin Sie der Weg durch Münster auch führt, westfälische Idylle und urbanes Leben gehen hier eine perfekte Symbiose ein. Wahrscheinlich ist es genau diese Mischung, die für die große Lebensqualität in der Stadt sorgt – und sogar Weltenbummlern wird warm ums Herz, wenn die Glocken am späten Samstagnachmittag von allen Türmen läuten.

Das Zusammenspiel aus alten Traditionen und jugendlichem Schwung prägt das Lebensgefühl hier ebenso wie die Balance aus mittelalterlichen Giebelhäusern und avantgardistischer Architektur oder das Nebeneinander von Altbierschänke und Trend-Location.

Aus einer Koexistenz der Welten zwischen Pumpernickel und Prinzipalmarkt, Forschung und Technologie, westfälischer Dickköpfigkeit und studentischer Offenheit ist ein dynamischer Prozess gegenseitiger Inspiration geworden. Der einstige Verhandlungsort des Westfälischen Friedens vor der Silhouette mit den vielen Kirchtürmen, der über Jahrhunderte von Kirche und Kaufmannschaft geprägt war, hat sich immer weiter zum heutigen weltoffenen, europäisch denkenden Münster entwickelt.

Kirchtürme sind spitze: Das sahen die Münsterländer schon so, als sie noch Sachsen hießen. Seitdem bauten sie Kirchen mit wuchtigen oder steilen Türme und statteten die Gotteshäuser mit kostbaren Schätzen aus.

Die Westfalenmetropole räumt seit Jahren Preise ab. Es regnete schon Auszeichnungen für Klimaschutz, Nachhaltigkeit sowie für Fahrrad- oder Kinderfreundlichkeit. Bei einem weltweiten Wettbewerb um die höchste Lebensqualität siegte Münster und hängte dabei sogar Städte wie Seattle ab.

Das besondere Flair der Stadt und die wirtschaftliche Entwicklung sind eng verbunden mit der *Westfälischen Wilhelms-Universität*, der drittgrößten Uni Deutschlands. Fast jede und jeder Fünfte in der Stadt studiert oder arbeitet dort. Knapp 60000 Studierende an der Uni und den Fachhochschulen machen die Stadt jung, die Hälfte der rund 310000 Einwohnerinnen und Einwohner ist unter 35 Jahre alt. Die Universität, die Fachhochschulen, Akademien und Forschungseinrichtungen sorgen außerdem für einen Transfer der Wissenschaften in die Praxis – so hat sich Münster zu einem renommierten Standort für Nano- und Biotechnologie entwickelt.

Auch Kunst und Kultur prägen das Leben in der Stadt stark. Alle zehn Jahre trifft sich hier die internationale Szene zur weltweit gefeierten Ausstellung *Skulptur Projekte*, bei der die Künstlerinnen und Künstler eingeladen sind, sich in ihren Werken mit Münster auseinanderzusetzen. Da plaudern schwedische und japanische Frauen und Männer vor Skulpturen und Installationen, Spanier und Amerikaner stärken sich am Reibekuchenstand für die Kunst. Auch die Galerien und Museen Münsters bereichern mit moderner Kunst wie alten Meistern die Kulturlandschaft.

Mit Schwung und frischem Wind um die Nase geht es durch die Fahrradstadt Münster.

Auf dem Markt: Erst den Einkaufskorb füllen, dann einen Kaffee genießen

Die Theaterszene der Stadt bietet ebenfalls vieles vom Boulevard bis zum Off-Theater mit hochkarätigem Gastspielprogramm internationaler Künstler. Das ist einzigartig für eine Stadt dieser Größenordnung. Und musikalisch ist hier auch für fast jeden etwas dabei: Von Frühling bis Winter gibt es Konzerte auf den Bühnen der Clubs, Kneipen und Cafés, von Jazz über Rock und Pop bis hin zu lokalen Subkultur-Bands. Das städtische Sinfonieorchester rundet das Angebot ab. Ausgehen in Münster macht auch deshalb einfach Spaß – bei Tag und Nacht, in der bunten Kneipenszene, in Biergärten oder Cafés, in Clubs oder Discos, auf der Gastro-Meile am Hafen, dem *Germania Campus* oder im Kuhviertel.

Die Fahrradstadt Münster hat nahezu doppelt so viele Fahrräder wie Einwohner. Mehr als hunderttausend Menschen schwingen sich täglich auf ihre Leeze, wie das Fahrrad im alten Masematte-Dialekt heißt – von der Studentin bis zur Firmenchefin, vom Polizeipräsidenten bis zum Oberbürgermeister. Münster ist Vorbild für den Radverkehr in Städten. Ein Grund für die sehr guten Bedingungen ist auch die Promenade rund die um die Stadt. Die Idee dazu hatte der Universitätsgründer Franz von Fürstenberg vor ein paar Jahrhunderten. Er ließ die Stadtmauer abreißen und die Promenade anlegen, die heute einer der schönsten innerstädtischen Rad- und Spazierwege weit und breit ist.

Münster begeistert nicht nur die Gäste. Ob in der City, im Kreuzviertel mit seinen Jugendstilfassaden oder im Stadtteil Klein-Muffi am Kanal: Es lässt sich hier gut leben, und zwar im urbanen Rhythmus ebenso wie ganz naturnah. Dabei sind es aus fast jedem Stadtviertel nur ein paar Meter ins Grüne und zum Sporttreiben, zum Beispiel zum Joggen um die Promenade, Segeln auf dem Aasee, Rudern auf dem Kanal, Paddeln auf der Werse oder Spazieren durch den Schlossgarten.

Traditionell ist Münster das Verwaltungszentrum einer Region mit anderthalb Millionen Menschen, der „Schreibtisch Westfalens". Fast 90 Prozent der Beschäftigten hier arbeiten im Dienstleistungssektor. In der Stadt befinden sich sowohl Einrichtungen von Bund und Land, beispielsweise Regierungspräsidium, Verfassungsgerichtshof, Oberverwaltungsgericht und Polizei-Führungsakademie, der Landschaftsverband Westfalen-Lippe als auch private Unternehmen wie Versicherungen, IT-Dienstleister, Banken oder WestLotto. Münster ist Boomtown für die Finanzwirtschaft – und in der früheren Garnisonsstadt residieren auch heute noch hohe Verwaltungsinstanzen der Bundeswehr. Unternehmen wie die *BASF Coatings AG* als einer der größten Autolackhersteller Europas, der Farbenhersteller *Brillux*, der Energieversorger *Westfalen AG* und die landwirtschaftliche Genossenschaft *Agravis* bilden das Rückgrat der Industrie.

Nicht zuletzt spielt Münster als Bischofssitz und bundesweit drittgrößtes Bistum auch für die Kirche eine bedeutende Rolle. Mehr als zwei Millionen Katholiken vom Niederrhein, aus dem Raum Oldenburg und dem Münsterland gehören zu dieser Diözese. Aus der Domstadt pfeift den Kirchenmännern aber auch heftiger Wind entgegen. Katholikinnen haben hier den Kirchenstreik „Maria 2.0" initiiert, der bundesweit tausendfach unterstützt wurde, um gegen Machtstrukturen, Pflichtzölibat und die Ausgrenzung von Frauen zu protestieren. Noch 1999 sorgte in Münster, das traditionell schwarz gewählt hat, eine SPD-Frau als Oberbürgermeisterin der rot-grünen Koalition für Aufsehen. Da ahnte man noch nicht, dass die Europawahl zwanzig Jahre später den einen Teil der schwarz-grünen Ratskoalition ins Grübeln brachte, den anderen zum Jubel: Mit über 36 Prozent der Stimmen wurden die Grünen neue Volkspartei.

Sie sehen: Münster ist vielfältig, manchmal widersprüchlich und steckt auf jeden Fall immer voller Überraschungen. Die Stadt wartet nur darauf, von Ihnen entdeckt zu werden – mit dem Bus, zu Fuß oder ganz stilsicher mit dem Fahrrad!

Münster:
www.muenster.de
Münster-Wiki:
wiki.muenster.org
Portal für die Region Münsterland:
www.muensterland.de
Münsterland e.V.:
www.muensterland.com

St.-Paulus-Dom

UNTERWEGS IN MÜNSTER

Rundgang durch die Altstadt | Von der City zum Schloss | Das schicke Kreuzviertel | Rein ins Vergnügen: Das Hafenviertel | Ausflüge und Freizeitvergnügen

RUNDGANG DURCH DIE ALTSTADT

Prinzipalmarkt und Rathaus

Besonders stolz sind die Menschen in Münster auf den **Prinzipalmarkt**. Diesen Prachtboulevard mit dem mittelalterlichen Flair nennen sie liebevoll „Gute Stube". Das Kopfsteinpflaster macht allerdings nicht nur dem Betrachter, sondern vor allem Münsters Schustern Freude, die die lädierten Absätze der Damenschuhe wieder reparieren dürfen.

Im Laufe von Jahrhunderten sind 48 imposante Giebelhäuser entstanden; nach einer Bombennacht im Oktober 1943 lag diese städtebauliche Glanzleistung in Schutt und Asche. In den fünfziger Jahren wurden die alten Fassaden in einheitlicher Höhe wieder aufgebaut – einige originalgetreu, die meisten mit einfacheren Formen und zum Teil mit modernen Stilelementen. Schon seit dem Mittelalter ist der Prinzipalmarkt das Handelszentrum der Stadt. Am Rand der Domburg hatten sich um das Jahr 1000 Kaufleute und Händler niedergelassen.

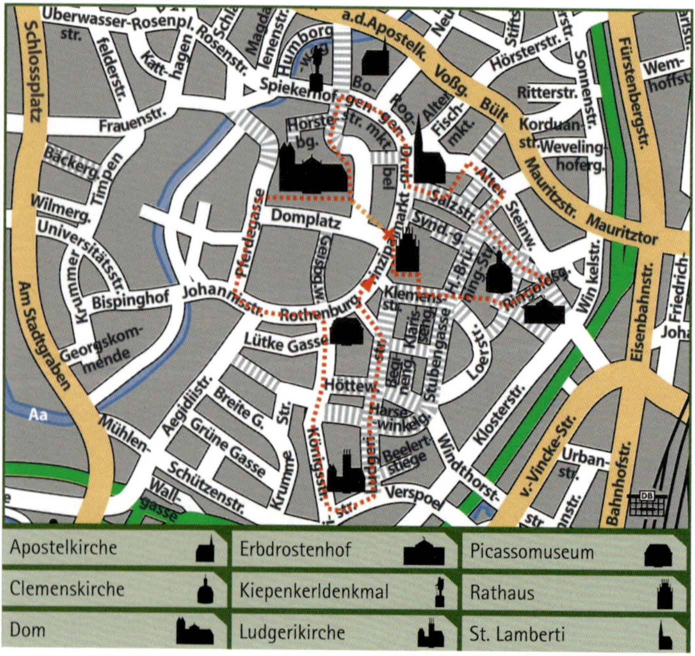

Entlang der orangefarbenen Linie lässt sich die Tour in zwei Rundgänge aufteilen.

MEIN MÜNSTER

„Mit meiner Frau genieße ich es, mit dem Fahrrad über die Promenade zu fahren. Wo gibt es eine Stadt, die so viel Natur hat, aber sich auch kulturell von vielen anderen Orten abhebt? Durch das *Picassomuseum* hat Münster einen internationalen Standard erreicht, auf den mich viele Menschen in der Welt ansprechen. Welche Stadt kann so etwas Schönes bieten wie den Prinzipalmarkt mit seinen hervorragenden Geschäften und kleinen Cafés? Unseren internationalen Gästen zeigen wir die hohe Gastlichkeit vom *Kleinen Kiepenkerl*, vom *Oerschen Hof* und von der *Villa Medici*."

Dieter Sieger *(Architekt und Designer)*

Im 12. Jahrhundert boten sie im Bereich des heutigen Prinzipalmarktes ihre Waren auf Tischen direkt vor ihren Häusern an. Sie standen damit unter hölzernen Schlechtwetter-Konstruktionen, die die Vorläufer der berühmten Bogengänge waren. Mit dem wachsenden Reichtum entstanden auf dem Prinzipalmarkt immer prächtigere Bauten. Die Häuser mit den oft dreistöckigen Giebeln stammen aus der Zeit der späten Gotik und der Renaissance.

Seit Jahrhunderten geht man gern „unterm Bogen" einkaufen. Dass sich der Münsteraner aber auch zu Shopping-Trips nach außerhalb aufmachte, belegt schon der älteste bekannte Fund einer münsterschen Münze, einem Mimigernafordpfennig von etwa 988, in Schweden.

Die Arkaden des Prinzipalmarkts haben auch den späteren Papst Alexander VII. beeindruckt. Ab 1644 lebte er als Nuntius des Vatikans anlässlich der Westfälischen Friedensverhandlungen für ein paar Jahre in Münster. Als Pontifex beauftragte Alexander VII. den berühmten Architekten

Mit diesem Mimigernafordpfennig hat ein Münsteraner um 988 in Schweden eingekauft.

Bernini, der das Gesicht des barocken Roms prägte. Wie gut der Papst sich da noch an Münster erinnerte, zeigen die Bogengänge am Petersplatz.

Blick aus dem zerstörten Rathaus in Richtung Dom (1948)

Im Zentrum des Prinzipalmarkts steht Münsters Wahrzeichen: Das historische **Rathaus** mit seinem berühmten hohen Giebel ist ein beeindruckendes Beispiel gotischer Bauschöpfung. Nach der Zerstörung im Krieg wurde es auf Privatinitiative der Kaufleute und mit Hilfe eifriger Spenden der Bürger fast originalgetreu wieder aufgebaut.

Das Prunkstück entstand bereits im 12. Jahrhundert. Der Treppengiebel stammt aus dem 14. Jahrhundert, der einige Jahrzehnte später verziert wurde. Der historische **Friedenssaal** ist legendärer Ort des Westfälischen Friedens. Im *Rathausfestsaal* im ersten Stock findet alljährlich das *Kramermahl* statt, eine Traditionsveranstaltung der münsterschen Kaufleute mit Grünkohl und prominenten Gastrednern.

Der Treppengiebel ist reich mit

Das Symbol westfälischer Identität wurde durch das beispiellose Engagement der Bürger, allen voran die Kaufmannschaft, innerhalb weniger Jahre wiedererrichtet.

Skulpturen geschmückt und war für den Betrachter im Mittelalter ein christliches Bilderbuch.

An dem Rathauspfeiler auf Höhe des Schriftzugs FRIEDENSSAAL sind die Köpfe der Täuferführer dargestellt. An der linken Außenwand glänzt ein kleines Rechteck aus Blattgold, das der Münsteraner Künstler Adolf

Westfälischer Friede

Der berühmteste Raum im münsterschen Rathaus ist der *Friedenssaal*, der symbolträchtige Ort des Westfälischen Friedens von 1648. Er sieht noch fast genauso aus wie zu Zeiten des Friedenskongresses in Münster und Osnabrück, mit dem das Ende des Dreißigjährigen Krieges besiegelt wurde. Auch kunsthistorisch ist der Saal mit der originalen Einrichtung von größtem Wert. Das Mobiliar war während des Zweiten Weltkrieges rechtzeitig in Sicherheit gebracht worden. Ein üppig mit Schnitzereien verzierter Aktenschrank stammt aus dem Jahr 1540. Daneben befinden sich die Bürgermeisterbank und der Richtertisch, der noch an die Funktion der Ratskammer als Gerichtssaal erinnert. Die Holzschnitzwerke im Renaissancestil wurden im Jahr 1577 nach den Entwürfen Hermann tom Rings angefertigt.
Der Friedenskongress ist das bedeutendste weltgeschichtliche Ereignis, das in Münster stattgefunden hat. An dem Dauermassaker des Krieges hatte sich fast

Die kostbare Holzvertäfelung im Stil der Renaissance gehörte zum wertvollen Inventar des *Friedenssaals*, das im Mai 1942 in Sicherheit gebracht wurde.

Knüppel 1993 mit einer Feder aufgetragen hat. An dieser Stelle trifft die alte Bausubstanz auf die neue. Der Stein mit der Jahreszahl 1335 unterhalb des Rechtecks stammt von der ursprünglichen Bebauung, der obere Stein von 1951 aus der Zeit des Wiederaufbaus.

Beim Wiederaufbau des **Stadtweinhauses**, dem Spätrenaissance-Bau gleich neben dem Rathaus, hielt man sich auch sehr genau an das Original aus den Jahren 1615/16. Es diente im Mittelalter als Lager für den städtischen Wein und die Stadtwaage. Rats- und Gerichtsbe-

Fabio Chigi, vatikanischer Nuntius und späterer Papst Alexander VII., mochte Münsters Bogengänge, beschimpfte aber die Einwohner als „Breifresser".

ganz Europa beteiligt, unter anderem Frankreich, Dänemark, Schweden, Spanien, Polen und Deutschland. Gekämpft wurde um die Vorherrschaft der katholischen oder evangelischen Konfession sowie um die Position des Kaisers im Reich gegenüber den Fürstentümern. Die Fürsten gewannen mit dem Friedensschluss ihre Unabhängigkeit, was für Deutschland den Beginn der Kleinstaaterei bedeutete.

Erstmalig in der Geschichte Europas wurde ein Friede durch diplomatischen Dialog erreicht – im wahrsten Sinne des Wortes auf dem „Verhandlungsweg". Denn dass sich der Friedensschluss über Jahre hinzog, hing auch mit den Strecken zusammen, die von den Gesandten zwischen Münster und Osnabrück immer wieder zurück gelegt werden mussten.

Im *Friedenssaal* wurde am 15. Mai 1648 der für den Dreißigjährigen Krieg entscheidende Vertrag über den Teilfrieden zwischen Spanien und den Niederlanden unterzeichnet und damit die Entstehung des souveränen Staates Niederlande besiegelt. Das große Gemälde des holländischen Meisters Gerard Terborch im *Friedenssaal* zeigt den historischen Staatsakt als Symbol des Westfälischen Friedens. Die holländischen und spanischen Gesandten sprachen ihren Eid vor den Truhen, die die Friedensverträge und Ratifikationsurkunde enthielten.

Die Hauptverträge des römisch-deutschen Kaisers Ferdinand III. mit Frankreich und Schweden wurden erst im Oktober in den jeweiligen Quartieren der Gesandten in Münster und Osnabrück abgeschlossen. Die Portraits der 32 Botschafter und ihrer Souveräne, Kaiser Ferdinand III., König Ludwig XIV. von Frankreich und Philipp IV. von Spanien, hängen ebenfalls im *Friedenssaal*.

Die Einwohnerzahl Münsters wuchs während der fünf Jahre dauernden Verhandlungen beinahe auf das Doppelte an, denn jeder Diplomat wurde von einem Gefolge von bis zu 200 Menschen begleitet. Einem italienischen Nuntius aus Mantua war offensichtlich besonders mulmig zumute: „Die Hölle muss leer sein, denn die Teufel sind alle in Münster."

schlüsse wurden von seinem Balkon unter dem großen Stadtwappen aus verkündet. Darunter liegt der *Sentenzbogen* – der Name leitet sich von Sententia, dem lateinischen Wort für „(Gerichts-)Beschluss", ab. Die beiden kleinen Gassen links und rechts des Rathauses führen in den Innenhof. Hier fallen zwei L-förmige Stahlobjekte ins Auge, die einander gegenüberstehenden Bänken gleichen. Diese 18-Tonnen-Skulptur des baskischen Bildhauers Eduardo Chillida erinnert seit 1993 an den Westfälischen Frieden und mahnt gemäß ihrem Titel zu **Toleranz durch**

Den 350. Jahrestag des Westfälischen Friedens feierte Münster ein ganzes Jahr lang. Höhepunkt war das in der Geschichte der Bundesrepublik bis dahin einmalige Treffen von 20 Staatschefs – darunter einige gekrönte Häupter wie König Juan Carlos von Spanien – am 24. Oktober 1998. Die großen Jubiläumsfestivitäten ließen ahnen, wie bunt das Treiben war, das die Friedensverhandlungen Jahrhunderte vorher begleitete und das Publikum in Münster amüsierte. Rund 150 Veranstaltungen zwischen 1643 und 1649 schufen eine Festkultur, mit der die damalige ständische Gesellschaft ihre diplomatischen Intentionen unterstrich: Die Einladung in die VIP-Lounge war damals eben genauso wichtig wie heute. Theater, Bankett und Ballett waren für die Gesandten-Gesellschaft auch eine Plattform, um politische Ziele durchzusetzen. Die Rangordnung im europäischen Machtgefüge ließ sich sogar an der Art der prunkvollen Einzüge der Delegationen oder der Teilnahme an Prozessionen und Zeremonien ablesen. Dass die Sitzordnung der Diplomaten Indiz für den Stand der zwischenstaatlichen Beziehungen war, versteht sich von selbst. Trotz politischer oder gesellschaftskritischer Inhalte ging es immer auch um das Entertainment – zur Freude der Stadtgesellschaft, die durch öffentliche Inszenierungen in den Genuss von barockem Lebensgefühl mit Musik, Tanz und Theater kamen. Auch die Einwohner selbst beteiligten sich an den Kulturereignissen. So unterstrichen zum Beispiel die Jesuiten mit zahlreichen Inszenierungen – auch mit den Schülern des jesuitischen Gymnasiums *Paulinum* – ihren Einfluss.

Die Gesandten beim Friedensschwur 1648, festgehalten von Gerard Terborch, der den niederländischen Gesandten begleitete

Eine Karnevalskomödie allerdings, die die neue Freundschaft zwischen Niederländern und Spaniern signalisieren sollte, entwickelte sich durch eingeschmuggelte Störenfriede im wahrsten Sinne des Wortes zu einem Mantel- und Degenstück. Selbst Ehrengäste zückten ihre Waffen. Das Ablenkungsmanöver eines niederländischen Gesandtschaftssekretärs endete für ihn im Gartenteich. Während man ihn dort herausfischte, ging die Feier munter weiter.

Forschungsstelle Westfälischer Friede:
www.westfaelischer-friede.de

Erinnerungen an den Friedensschluss

Nicht nur im *Friedenssaal*, sondern in der gesamten Stadt gibt es kleine Zeugnisse des Westfälischen Friedens zu entdecken. Der Dalai Lama pflanzte bei seinem Besuch 1998 eine Kastanie auf dem ehemaligen britischen Kasernengelände *Loddenheide*. Im Pflaster der münsterschen Straßen tragen sogar Kanaldeckel das Logo mit der Taube des großen Jubiläums zum 350. Jahrestag.

Im Rathaus-Innenhof wurde stellvertretend für die Provinzen der Niederlande ein Dutzend Pflastersteinchen in eine Bodenplatte eingelassen, um an die Geburt des unabhängigen Staates Niederlande mit dem Westfälischen Friedensschluss zu erinnern.

Pflastersteine im Rathaus-Innenhof

Der Münsteraner Adolf Knüppel brachte vor den ehemaligen Gesandtenquartieren Hinweistafeln mit einem Friedenslogo und dem Namenszug des jeweiligen Gesandten an – zum Beispiel am Domplatz oder an einer *Karstadt*-Säule gegenüber der *Clemenskirche*.

Dialog. Der Künstler sagte bei der Einweihung der Skulptur: „Wer sitzt, der kämpft nicht."

Gegenüber an den kleinen Balkonen des *Stadthauses 1* erzählen Bronzetafeln von der Entstehung Münsters. Vom elften Stock dieses Gebäudes hat man eine tolle Aussicht. Aber erst 2019 wurde die langjährige Idee Wirklichkeit, dort oben ein Restaurant zu eröffnen, das *1648*, benannt nach dem Jahr des Westfälischen Friedens.

Der Weg führt aus dem Rathaus-Innenhof nach rechts hinaus, sofort links zum Kaufhaus *Karstadt* und rechts daran entlang zur *Clemenskirche*.

Ein Schwergewicht, das doch Leichtigkeit ausstrahlt: Eduardo Chillidas Skulptur *Toleranz durch Dialog* im Rathaus-Innenhof.

Salzstraße

Die **Clemenskirche** (1745 bis 1753) ist ein Meisterwerk des großen Barockarchitekten Johann Conrad Schlaun, ebenso wie der elegante **Erbdrostenhof**, der schon an der nächsten Ecke auf bewundernde Blicke wartet. Wer durch diese Stadt spaziert, wird immer wieder Schlauns Baukunst entdecken – beim *Schloss Münster* genauso wie hier an der *Clemenskirche*.

Der helle Sandstein im Wechsel mit roten Backsteinen, ein konkav-konvexer Fassadenschwung: Das ist typisch Schlaun. Der Grundriss der von Papst Clemens geweihten Kirche ist ein gleichseitiges Dreieck mit runden und flachen Nischen. Das Kuppelgebäude ist nach römischem Vorbild entstanden. Bayernprinz Clemens August, der seit 1719 Fürstbischof von Münster war, ließ die Kirche als Kapelle des dazu gehörenden Krankenhauses und Klosters bauen. Sein Wappen befindet sich über dem Eingangsportal. Das runde Innere der Kirche statteten süddeutsche Künstler im Stil des Rokoko aus.

Für viele Paare ist es ein Herzenswunsch, unter dem wundervollen Kuppelfresko der *Clemenskirche* zu heiraten.

Das Prunkstück *Erbdrostenhof* mit prachtvollem Festsaal war das schönste Stadtpalais der barocken Domstadt.

Hochzeitspärchen lassen sich hier besonders gerne trauen, weil sie sich unter dem prächtigen Kuppelfresko wie im siebten Himmel fühlen. Und in dem besonderen Licht fühlt sich die Braut so schön wie abends im Kerzenschein. Das Fresko zeigt die Himmelfahrt des Papstes, die doppelten Altarsäulen strahlen in Himmelblau, der Farbe der Wittelsbacher. Wie am Rathaus weist auch an der *Clemenskirche* eine Blattgoldmarkierung auf die Grenze zwischen alter und neuer Bausubstanz hin.

Zwischen *Clemenskirche* und der *Servatiikirche* aus dem 13. Jahrhundert liegt der **Maria-Euthymia-Platz**, benannt nach der berühmten Clemensschwester, die Papst Johannes Paul II. im Oktober 2001 selig gesprochen hat. Weil sich Schwester Maria Euthymia im Zweiten Weltkrieg aufopferungsvoll um Kriegsgefangene gekümmert hat, wurde sie „Engel der Liebe" genannt. Seit ihrem Tod im Jahre 1955 pilgern Heerscharen von Gläubigen zu ihrer Grabstelle auf Münsters Zentralfriedhof.

Die Bronzeplastik *Der Aufstieg* aus dem Jahr 1929 mitten auf dem Platz stammt von Otto Freundlich. Durch die Ringoldsgasse gelangt man zum **Erbdrostenhof** (1753-1757), dem Glanzstück Johann Conrad Schlauns. Der Haupteingang des schönsten Adelshofes des 18. Jahrhunderts liegt an der Fußgängerzone **Salzstraße**. Die Verzierungen unter den Balkonen stellen die verschiedenen Monate dar: Karnevalssymbole stehen für den Februar; Kirschen und Gartenschere weisen auf

Mettwürste symbolisieren den Schlachtmonat November

den Juni hin. Und, wie könnte es in Westfalen anders sein: Der November ist der Mettwurstmonat.

Der Erbdroste Adolph Heidenreich, der Stellvertreter des Fürstbischofs, hatte sich eine damals im Trend liegende Dreiflügelanlage gewünscht. Das Problem des kleinen Bauplatzes löste Schlaun genial, indem er den *Erbdrostenhof* diagonal auf das Grundstück setzte. Die Architektur beweist die große Virtuosität des Baumeisters. Der atemberaubend schöne Festsaal ist nur zu offiziellen Anlässen geöffnet.

Die meist im barocken Stil von den besten Baumeistern der Zeit – wie Schlaun, Pictorius, Lipper – gebauten Adelshöfe in der Stadt sind Gegenstücke zur ländlichen Sommerresidenz, der Wasserburg. Im Winter wurde der Adelshof zum politischen und kulturellen Mittelpunkt. Einige dieser Höfe sind in der Königsstraße erhalten.

Der ehemalige Hanseweg *Salzstraße* wurde 1725 fertiggestellt und ist damit Münsters älteste Geschäftsstraße, auf der Salz zu den wichtigsten Handelsgütern zählte. Seit 1993 erinnern Wappen und in Messing gefasste Steine aus den Hansestädten im Straßenpflaster an die Hanse, zu der auch Münster gehörte. Im 18. Jahrhundert entwickelte sich die Salzstraße zu einem vornehmen Boulevard.

Schräg gegenüber vom *Erbdrosten-*

Straßenbahn am Roggenmarkt um 1940

Die Hanse

Die *Hanse* war in ihrer Blütezeit eine sehr mächtige Organisation von niederdeutschen Fernkaufleuten, der rund 200 große und kleinere Städte angehörten. Der wirtschaftliche Einflussbereich reichte im 16. Jahrhundert von Portugal bis Russland und von den skandinavischen Ländern bis nach Italien. Die hansischen Kaufleute versorgten West- und Mitteleuropa mit Luxuswaren, Nahrungsmitteln und Rohstoffen des nördlichen und östlichen Europa. Im Gegenzug brachten die Hansekaufleute die gewerblichen Fertigprodukte des Westens und Südens wie Tuche, Metallwaren, besonders Waffen, und Gewürze.

Münster ist Mitglied im *Internationalen Hansebund* der Neuzeit, der weltweit größten freiwilligen Städtegemeinschaft. Alljährlich im Mai organisiert die Stadt einen Internationalen Hansetag und drückt damit die Verbundenheit mit Wirtschaft und Handel aus. Die Kaufleute decken auf dem Prinzipalmarkt die große Hansetafel und bewirten Bürger und internationale Gäste.

TIPP!

Vom Erbdrostenhof 50 Meter stadtauswärts lädt auf der linken Seite das **Stadtmuseum** hinter der Gründerzeitfassade des ehemaligen ältesten Kaufhauses der Stadt zum Besuch ein. Das Haus wurde einst analog zum *Erbdrostenhof* diagonal auf das Grundstück gebaut.

ho sieht man die Kneipe *Der Bunte Vogel*, die als eines der ersten Szenelokale Ende der siebziger Jahre in der Straße Rothenburg Geschichte schrieb. In ihren jetzigen Räumlichkeiten am Alten Steinweg 41 befand sich bis 1986 die Gastwirtschaft *Heulende Kurve*. Beim Bier hörte man hier regelmäßig die Räder der abbiegenden Straßenbahn quietschen, die bis 1954 erhalten blieb.

Der Weg führt die Salzstraße hinunter Richtung Prinzipalmarkt. Gegenüber dem Kaufhaus *Karstadt* hält die Devotionalienhandlung *Kuhlmann* Kerzen und Heiligenfiguren bereit. Die **Dominikanerkirche** (1705-1725) mit ihren schlanken Glockentürmen macht den barocken Dreiklang mit *Erbdrostenhof* und *Clemenskirche* komplett. Schlauns Lehrer Lambert Friedrich von Corfey hat damit an die Architektur römischer Basiliken angeknüpft. Auffällig ist der Materialkontrast zwischen der Schaufront

Tradition in Devotionalien und Kerzen bei Kuhlmann in der Salzstraße

aus Sandstein und den Ziegelwänden des Kirchenschiffs. Nur die 1731 entstandene Südfassade der einstigen Konventgebäude ist noch erhalten.

Der berühmte Maler und Bildhauer Gerhard Richter hat Münster für die Dominikanerkirche die Installation „Zwei graue Doppelspiegel für ein Pendel" geschenkt und damit um eine künstlerische Sensation reicher gemacht. Das Foucault'sche Pendel, eine fast ein Zentner schwere hochpolierte Kugel, schwingt in der Kuppel über einer Platte aus 380 Millionen Jahre altem Sedimentgestein – Spiegelungen und Bewegung entfalten eine hypnotische Wirkung (Di-So 11-18 Uhr).

Zwischen Gotteshaus und *Karstadt* fliegen die „Bananen", wie der Volksmund die fünf großen Windspiele nennt. Tomitaro Nachi bringt damit den bewegten Austausch der Domstadt mit ihren Partnerstädten zum Ausdruck.

Die „fliegenden Bananen", das Symbol für Städtepartnerschaften

Partnerstädte

Münster unterhält mit folgenden Städten eine Städtepartnerschaft:
- York in Großbritannien, seit 1958
- Orléans in Frankreich, seit 1960
- Kristiansand in Norwegen, seit 1967
- Monastir in Tunesien, seit 1969
- Beaugency in Frankreich, seit 1974 Partnerstadt des Stadtbezirks Münster-Hiltrup
- Rishon-Le-Zion in Israel, seit 1981
- Fresno in den USA, seit 1986
- Rjasan in Russland, seit 1989
- Mühlhausen in Thüringen, seit 1990
- Lublin in Polen, seit 1991

Übrigens:
Die Stadt Muenster in Texas wurde nach der Westfalenmetropole benannt.

Rund um die Lambertikirche

Direkt hinter der *Dominikanerkirche* geht es rechts durch die Julius-Voos-Gasse geradewegs zur **Stadtbücherei**. Der postmoderne Bau von 1993 nach den Plänen des Architektenbüros Julia Bolles-Wilson und Peter Wilson wurde weltweit diskutiert. Große Beachtung findet die stadtplanerische Sensibilität für das historische Umfeld. Die Längsachse der *Lambertikirche* wird aufgegriffen und als Gasse zwischen den beiden Bauelementen der Bücherei fortgesetzt. Die acht Meter hohe Skulptur *Überfrau* hinter der Bibliothek hat der New Yorker Künstler Tom Otterness in Kooperation mit den Architekten für diesen Ort geschaffen.

Die historische Fassade der *Dominikanerkirche*

Schöner Lesen in der architektonisch herausragenden Stadtbücherei

Das **Krameramtshaus** links neben der Stadtbücherei stammt aus dem Jahr 1589 und zeigt den Reichtum einstiger Bürgerbauten. Die Architektur ist eine Weiterentwicklung der lokalen Bauweise im Stil der Renaissance. Die Kaufleute errichteten es als repräsentativen Versammlungsort und Warenlager. Zur Zeit der Verhandlungen zum Westfälischen Frieden hatten hier die niederländischen Gesandten ihr Quartier. Als *Haus der Niederlande* verfügt es mit seiner Bibliothek über ein deutschlandweit einzigartiges Medienangebot im Bereich der Niederlandeforschung. Das *Zentrum für Niederlande-Studien* ist die einzige wissenschaftliche Einrichtung in Deutschland, die sich interdisziplinär den Niederlanden und Flandern widmet.

Das *Krameramtshaus*, einziges noch erhaltenes der mächtigen Gilde (1588)

Vom *Krameramtshaus* schaut man auf die Rückseite der Stadt- und Marktkirche **St. Lamberti**. Das Eckhaus links davon, am Lambertikirchplatz 1, hat ein drei Meter hohes Relief des Heiligen Lambertus im Giebel. Etwas kleiner fällt das Bildnis am Kapitell der Ecksäule aus. Hier ist das münstersche Original Philipp

Glockenspiele

Sechs Glockenspiele klingen in Münster. Gegenüber der *Lambertikirche* am Haus Schütte, Alter Steinweg 3, ist eines der weltweit seltenen Porzellanglockenspiele zu hören, und zwar täglich um 15 und 17 Uhr. Nur wenn es sehr kalt ist, kommen die empfindlichen Glocken aus Meißener Porzellan nicht zum Einsatz. Das Glockenspiel im *St.-Paulus-Dom* mit dem Figurenumgang der Heiligen Drei Könige an der Astronomischen Uhr hört man montags bis samstags um 12, sonn- und feiertags um 12.30 Uhr. Mit dem Glockenspiel im *Stadthausturm*, täglich um 11, 15 und 19 Uhr, wird sogar manchmal Live-Musik geboten. Im Schlossgarten kann man täglich um 8, 12 und 18 Uhr sehr gut die Klänge vom Glockenspiel im Schloss hören. Im Landeshaus des *Landschaftsverbandes Westfalen-Lippe*, an der Promenade/Ende Mauritzstraße, werden die Glocken um 8, 13, 18 und 20 Uhr gespielt. Die Weltzeituhr im *Haus Nonhoff* an der Rothenburg 12/13 ertönt täglich um 12, 16, 17 und 18 Uhr.

Münster klingt

Kuhlmann (1849-1921), Küster von *St. Lamberti*, verewigt. An der Salzstraße 11-13 betrieb er eine Kerzenzieherei und Hostienbäckerei. Die Kerzenhandlung war eben noch Station dieses Rundgangs.

Berühmt ist die *Lambertikirche* seit Jahrhunderten für die drei eisernen Käfige am Kirchturm über der goldenen Uhr. Sie stammen aus einem rebellischen Kapitel der Stadtgeschichte, dem Königreich der Täufer (siehe S. 36ff).

Mit *St. Lamberti* ist während der reichen Hansezeiten die in Westfalen entstandene Idee der Hallenkirche perfekt realisiert worden. Die Grundsteinlegung der spätgotischen Markt- und Stadtkirche erfolgte im Jahr 1375. Die Kirche spiegelt den Wohlstand und die Stärke der Kaufleute wider und ist das fünfte Gotteshaus an dieser Stelle. Bis in das Jahr 1000 sind die Anfänge der Marktkirche der Fernkaufleute zurückzuverfolgen.

Der mit Ornamenten geschmückte Innenraum wirkt weit und lichtdurch-

Küster und Kerzenmacher Kuhlmann

flutet. Der imposante neogotische Turm, geschaffen vom Dombaumeister Hilger Hertel, ist angelehnt an das Vorbild des *Freiburger Münsters*. Vollendet wurde der Bau des 90,5 Meter hohen Turmes im Jahr 1898. Der alte Turm, von dem Teile aus dem 12. Jahrhundert stammen, musste wegen Baufälligkeit abgerissen werden. Dabei entdeckte man alte jüdische Grabsteine, die nach der Vertreibung der Juden im Pestjahr 1349/50 als Baumaterial verwendet wurden.

Zu den erhaltenen Kunstwerken gehören die gotische Madonna von 1380 am Pfeiler zwischen den beiden Chorräumen und das Silberexpositorium von 1782 nach den Entwürfen von Wilhelm Ferdinand Lipper, dem Nachfolger Schlauns als Hofbaumeister.

Der berühmte Glockengießer Gerhard de Wou goss 1493 zwei der acht Lambertiglocken. Die Geschichte der *Lambertikirche* ist zugleich ein Blick in die Kirchengeschichte mit Reformation und Herrschaft der Täufer. Während der Französischen Revolution war die *Lambertikirche* ein Refugium für französische Bischöfe und Kardinäle. Der im Jahr 2005 seliggesprochene Kardinal Clemens August Graf von Galen war hier bis 1933 Pfarrer und hielt später als Bischof von der Kanzel seine berühmten Predigten gegen das NS-Regime.

Im *Lambertibrunnen* ist lange keiner mehr baden gegangen.

Spricht man in Münster vom „Brunnen", so ist der **Lambertibrunnen** vor der Kirche gemeint. Hier traf sich in den siebziger und achtziger Jahren die Jugend – von den Hippies über die Punkszene und schließlich auch die etwas braveren Jugendlichen. Das Zusammentreffen verschiedener Subkulturen endete für manch einen nicht selten in einem unfreiwilligen Bad im Brunnen.

Samstags mittags kamen aus allen Schulen Münsters die Pennäler herbei und füllten den Platz, so dass Passanten sich nur schwer den Weg durch die Massen bahnen konnten. Als aber Ende der achtziger Jahre ein Reiseführer den Brunnen als Szene-

Die Türmerin

Die Wiedertäuferkäfige sind nicht die einzige Besonderheit, mit der die Spitze des Lambertikirchturms aufwarten kann. Dort oben, in einer kleinen Stube, sitzt die höchste städtische Angestellte, die Türmerin von *St. Lamberti*. Mit Martje Salje ist 2014 erstmals eine Frau in die Turmstube eingezogen und damit die dritte Turmwächterin Deutschlands. Zum Job der jungen Frau zählt nicht nur das halbstündliche Tuten des Horns zwischen 21.00 Uhr und Mitternacht (außer dienstags), sondern auch das Läuten der Ratsglocke zu besonderen Anlässen und die Brandwache. Bereits 1379 wurde der Lambertiwächter urkundlich erwähnt.

Zwei Türmer aus dem Jahr 1627 wurden schriftlich aufgefordert, „in Zukunft des Nachts ihre Weiber vom Turm zu lassen, sich des Saufens zu enthalten und nüchtern ihre Wacht in Acht zu nehmen."

Im Jahr 1902 bekam ein Türmer zu hören: „Bei Strafe sofortiger Entlassung hat er sich jeder Verunreinigung des Turmes, namentlich des Ausgießens seines Nachtgeschirrs auf dem Umgang oder von diesem herab, zu enthalten."

In den achtziger Jahren versackte ein Aushilfstürmer zwischen zwei Blaseinsätzen in einer Kneipe, so dass er für den Rest des Abends das Tröten vergaß. Es hagelte Beschwerdeanrufe von Anwohnern, die behaupteten, ohne das regelmäßige Tuten nicht schlafen zu können.

Der Aufgang zur Amtsstube der Türmerin ist dem Prinzipalmarkt zugewandt. Die kleine Tür liegt etwas versteckt. Zur Not kann man den steinernen Goethe am Kircheneingang nach dem Weg fragen.

In schwindelerregender Höhe hält die Türmerin Wacht.

treff und somit als Touristenattraktion auswies, blieb die Jugend aus. Wie sehr doch Reiseführer der Kultur einer Stadt schaden können!

Am Westeingang der *Lambertikirche*, zum Prinzipalmarkt hin, begegnet einem der eine oder andere komische Heilige. Rechts neben der Tür steht eine Statue, deren Gesicht zumindest Germanistikprofessoren bekannt vorkommen müsste. Zwei der vier Evangelisten des Bildhauers Anton Rüller weisen nämlich eine bemerkenswerte Besonderheit auf: Lukas trägt die Gesichtszüge von Johann Wolfgang von Goethe und Johannes die von Friedrich Schiller – allerdings des jungen Schiller, darum erscheint dessen Gesicht nicht so vertraut wie das von Goethe.

Der Grund für diese künstlerische Säkularisierung der Säulenheiligen ist nicht überliefert. Vielleicht hatten es Rüller ja die deutschen Dichter besonders angetan, nachdem er mit dem Annette-von-Droste-Hülshoff-Denkmal die erste Portraitbüste Münsters geschaffen hatte. Oder man fühlte sich in Goethes Schuld, dem es in Münster an Gastfreundschaft fehlte, als er im Dezember 1792 die Fürstin von Gallitzin besuchte: „In Münster fuhr ich an einen Gasthof, wo mir aber Zimmer und Bett durchaus versagt

Komischer Heiliger: Dichterfürst Goethe am Westportal der *Lambertikirche*

wurden: Die französischen Emigrierten hatten sich in Masse auch hierher geworfen und jeden Winkel ausgefüllt. Unter diesen Umständen bedachte ich mich nicht lange und brachte die Stunden auf einem Stuhl in der Wirtsstube hin."

Heutzutage hätte man jemanden, der im Sitzen einschläft, als vermeintlichen Besuffski aus der Kneipe geschmissen und ihm womöglich noch das Götz-Zitat hinterhergerufen. Für die Übernachtung auf dem Stuhl an der Rothenburg 2 im Gasthof *Zur Stadt London* – der wurde 1895 abgerissen – musste Goethe auch noch drei Reichsthaler entrichten. Er hat Münster nie wieder betreten.

Das Königreich der Täufer

Die Täufer waren eine im Zuge der Reformation entstandene Glaubensgemeinschaft, deren Ansichten grundlegend von der bis dahin gültigen Kirchenlehre abwichen. Populärer ist der Begriff der „Wiedertäufer", weil sich ihre Anhänger ein zweites Mal taufen ließen.

Sozialromantischer Blick in die Badestube der Wiedertäufer (Kupferstich von Virgil Solis, 16. Jh., im *LWL-Museum*)

In Münster fielen die reformerischen Ideen in einer Zeit der Konflikte der Bürgerschaft mit dem Fürstbischof als Stadtherrn auf fruchtbaren Boden. Den Weg dahin hatte auch der Prediger Bernhard Rothmann bereitet. Mit ihm und seinen für das katholische Umfeld ketzerischen Gedanken hatte Münster einen eigenen Reformator. Dabei verlief die Reformation bis Mitte 1533 nicht anders als in anderen Städten, die wie Münster mehrheitlich lutherisch geworden waren. Doch die Situation wurde immer radikaler. Rothmann wandte sich den reformatorischen Lehren Zwinglis zu: Er brach zur Eucharistie westfälisches Weißbrot und wurde daher „Stutenbernd" genannt. Dann geriet er unter den Einfluss des Täufertums. Er war einer der ersten, die in Münster die Erwachsenentaufe als bewussten Willensakt propagierten – ein ungeheuerlicher Affront gegen den Kaiser, die damaligen Herrscher und deren Einheit von Staat und Kirche, zu der ein durch Geburt festgelegter Glaube gehörte. Sie drohten den erwachsenen Täuflingen mit der Todesstrafe. Auf die politisch und religiös aufgeheizte Stimmung in der Stadt trafen zwei Abgesandte des „Propheten" Jan Mathys, die sich auf erfolgreicher Missionstour befanden und neue Apostel im Schlepptau hatten. Münster wurde zur Hochburg der Täufer: Die religiösen Eiferer rissen die Macht an sich und zwangen den Bischof aus der Stadt. Schließlich zog der Prophet Jan Mathys selbst mit 1400 Jüngern in die Stadt ein und deklarierte sie als „Neues Jerusalem", in dem das Jüngste Gericht erwartet werden sollte. Das hatte er aufgrund seiner seherischen Fähigkeiten auf Ostern 1534 datiert. Die Erwartung, das Weltende könnte vor der Tür stehen, war übrigens durchaus populär zu jener Zeit. Was als frohe Massenbewegung begann, bei der auch die Frauen sehr viel stärker am religiösen Leben teilhaben konnten, nahm bald tyrannische Züge an. Der Druck auf die Täufer wurde nicht nur angesichts der bis an die Zähne bewaffneten Soldaten vor den Stadttoren größer, sondern auch wegen des drohenden Weltendes. Säuberungsaktionen sollten die Stadt auf den Tag vorbereiten. Wer sich nicht taufen ließ, musste ohne Hab und Gut fliehen. Bücher wurden verbrannt; der Bildersturm mit der Zerstörung in den Kirchen setzte ein und die Gütergemeinschaft wurde ausgerufen. Zurück blieben 5 500 Einwohner und 2 500 zugezogene Anhänger der neuen Religion.

Doch Ostern verstrich ohne den erwarteten Untergang. Der kam nur für Jan Mathys selbst, als er mit einem Häuflein Täufer durch das Stadttor geradewegs in die Arme seiner Widersacher ritt. Von seinem zerstückelten Körper blieb nur der aufgespießte Kopf.

Stattdessen begann eine andere Art der Götterdämmerung. Die Stunde von Johann Bockelson war gekommen, besser bekannt unter dem Künstlernamen Jan van Leyden. Die eben noch anarchistischen Wiedertäufer-Rebellen gegen Kaiser, Kirche und Papst errichteten ein totalitäres Regiment. Der ehemaligen Bürgerelite gab van Leyden mit der Herrschaft der „Zwölf Ältesten" ihre Führungsrolle zurück. Mit Bernd Knipperdolling als Statthalter und Scharfrichter sowie Reichskanzler Heinrich Krechting führte er ein Schreckensregime, das jeden Widerstand blutig niederschlug. Jan van Leyden krönte sich selbst, errichtete das Königreich Zions und heiratete Divara, die Witwe des Propheten Mathys. Zepter, Siegelring und Reichsapfel komplettierten die königliche Ausstattung. Der ehemalige Schauspieler, Gastwirt und Tuchhändler spielte seine Rolle glänzend. Anscheinend war er ein großer Rhetoriker und hatte nicht nur hoch zu Ross ein gewinnendes Auftreten. Sein Page war pikanterweise der uneheliche Sohn des Bischofs von Waldeck, der die Stadt belagerte.

Die Gesetze, die van Leyden erließ, waren nicht unoriginell: Getreu dem alttestamentarischen Spruch „Seid fruchtbar und mehret Euch" wurde für gebärfähige

Erst fromm, dann fundamentalistisch: Jan van Leyden und Bernhard Knipperdolling

Drei Irrlichter leuchten durch die Nacht in den Täuferkäfigen an *St. Lamberti*.

Frauen die Ehepflicht ausgerufen. Diese Maßnahme sollte die Frauen wieder in die patriarchalische Gesellschaft zurückholen. Nach den Wirren der Vertreibungen der Nichtgläubigen und dem Zuzug von Missionierten stand das Geschlechterverhältnis in Münster Kopf: Nur 1 800 Männer zählt die Statistik, aber 4 900 Frauen und 1 200 Kinder. Hurerei und Ehebruch wurden ebenso wie Murren und Aufruhr gegen die Obrigkeit mit dem Tode bestraft.

Die Vielweiberei hatte Jan van Leyden offensichtlich nicht ganz uneigennützig eingeführt, er selbst ging mit der bescheidenen Anzahl von 16 Frauen die Ehe ein. Eine von ihnen, Elisabeth Wandscherer, enthauptete er eigenhändig auf dem Marktplatz inmitten einer Volksversammlung. Sie hatte sich angemaßt, ihm Prasserei angesichts eines hungernden Volkes vorzuwerfen.

Der Druck auf die Täufer in der Stadt wurde größer. Die Vorräte gingen zu Ende, abtrünnige Täufer, die aus der Stadt fliehen konnten, verrieten dem Bischof Schwachstellen in der Verteidigung. In der Nacht vom 24. auf den 25. Juni 1535 eroberten die Soldaten des Bischofs Franz von Waldeck mit Hilfe des Landgrafen Phillip von Hessen die Stadt zurück. Die Rache des Bischofs war furchtbar, die Leichen der Wiedertäufer pflasterten die Straßen der Stadt. Für seine wichtigsten Gefangenen hatte sich von Waldeck etwas Besonderes ausgedacht. Ein halbes Jahr lang wurden sie verhört und gefoltert, doch in allen wesentlichen Glaubensfragen blieben sie standhaft. Am 6. Januar 1536 fällte ein Inquisitionsgericht in Wolbeck das Todesurteil über drei prominente Täufer: die Anführer Bernd Knipperdolling und Jan van Leyden sowie Heinrich Krechtings Bruder Bernd. Letzterer musste sein Leben lassen, weil der Reichskanzler fliehen konnte. Heinrich Krechting starb erst 1580 als hoch geachteter Mann.

Die aus heutiger Sicht grausame Hinrichtung entsprach der damals geltenden Rechtsauffassung und war nicht unüblich. Sie fand am 22. Januar vor dem Rathaus statt. Die Verurteilten wurden mit glühenden Zangen brutal gefoltert und schließlich mit einem Dolch erstochen. Ihre zerfetzten Leiber hängte der Bischof zur Abschreckung in den drei eisernen Körben am Kirchturm von *St. Lamberti* auf, wo die Reformation durch Bernhard Rothmann ihren Ausgangspunkt genommen hatte. Dieses

Symbol für die Strenge der Apostolischen Kirche wurde erst mit dem Abbruch des alten Turms am 3. Dezember 1881 zum ersten Mal vorübergehend abgenommen. Die Käfige als Grabstätten sollten verhindern, dass die Seelen der drei ins Himmelreich einzögen. Zwar war die Präsentation von Verbrechern im 16. Jahrhundert nicht ungewöhnlich – Hingerichtete und dann ihre Gräber über Jahrhunderte zur Schau zu stellen, ist jedoch nur aus Münster bekannt.
Die Nachfahren der Täufer gehörten zu den Gründern der USA; unter anderem wanderten sie als Mennoniten aus den Niederlanden nach Amerika aus.
Seit 1987 erinnert eine Installation mit drei Glühbirnen in den Käfigen an die verlorenen Seelen der Täuferführer. Sie trägt den Namen *Drei Irrlichter* und wurde vom Künstler Lothar Baumgarten im Rahmen der Skulpturen-Ausstellung 1987 geschaffen. Ein lichtempfindlicher Regler schaltet die Lampen bei einbrechender Dunkelheit ein. Wie Totenlichter bewegen sie sich im Wind. Der herausragenden künstlerischen Arbeit gelingt es, an die fanatische Schreckensherrschaft der Täufer zu erinnern, aber auch an die Beharrlichkeit der Kirche, ihre Macht zu demonstrieren. Selbst nach den Zerstörungen an der Kirche im Zweiten Weltkrieg wurden die Käfige wieder aufgehängt.
Die vielschichtige Historie der Täufer-Herrschaft inspirierte Dichter, Musiker, Filmschaffende und Theatermacher: Jürgen Kehrer schrieb den Krimi Wilsberg und die Wiedertäufer (der 2007 für das ZDF verfilmt wurde), Friedrich Dürrenmatts das Drama Die Wiedertäufer. Auch Heine erwähnt in seinem Wintermärchen die Täufer und „jene Körbe von Eisen, die hoch zu Münster hängen am Turm, der St. Lamberti geheißen". Giacomo Meyerbeer gelang mit seiner Oper Le Prophète 1849 in Paris der Durchbruch zum international führenden Opernkomponisten seines Jahrhunderts. Das Werk eroberte die großen internationalen Bühnen.
Zur 1200-Jahr-Feier der Stadt wurde die Oper „Divara – Wasser und Blut" uraufgeführt, für die der damalige Generalmusikdirektor Will Humburg den Komponisten Azio Corghi und für das Libretto den späteren Nobelpreisträger José Saramago gewinnen konnte. Ein literarisches Meisterwerk anderer Sorte ist das Bastei-Heft Wiedertäufer-Vampire aus der Gruselromanserie um den Dämonenjäger Mark Hellmann. Darin wird der Universitätsprofessor Uhlengang nach Münster gerufen, um gegen die als Vampire zurückgekehrten Täufer zu kämpfen.
Giacomo Meyerbeer dramatisierte mit seiner Oper *Le Prophète* 1849 ebenfalls die Geschichte der Täuferbewegung. Er wurde damit zum international führenden Opernkomponisten seines Jahrhunderts: Von Paris aus ging das Werk innerhalb weniger Jahre über alle führenden Bühnen der Welt.

Hohe Literatur von 1999

Kiepenkerlviertel

Wenn Sie wieder auf den *Prinzipalmarkt* stoßen, stehen Sie vor dem Geschäftshaus mit den rot-weißen Fensterläden, ehemals Traditionscafé Kleimann, Hausnummer 48. Der Giebel des Hauses stammt aus dem Jahr 1627 und ist der einzige original erhaltene am Prinzipalmarkt. Außerdem enthält der Bau ein Stück Original-Mauer (ca. 1275) der Dom-Immunität. Die Mauer verlief als Vertragsgrenze zwischen dem Dom und der Bürgerstadt. Hinter der Lambertikirche liegt der Drubbel.

Der Straßenname zeigt an, dass hier die Häuser einmal sehr eng zusammen standen. Pflastersteine im Bogen markieren die alte Bebauung. Nun geht es durch Roggenmarkt und Bogenstraße in das **Kiepenkerlviertel**.

Vom Brunnen auf dem Platz mit dem großen Handwerkerbaum blickt ein bronzener Herr herab. Den Korb, den der Kollege auf dem Buckel hat, nennt man Kiepe – hier ist sie gefüllt mit Eiern, Kartoffeln und einem Hasen. Männer wie dieser schleppten bis vor etwa hundert Jahren landwirtschaftliche Produkte auf ihrem Rücken direkt von den Bauernhöfen auf die Märkte der Stadt. Die Kiepenkerle waren nebenbei auch wandelnde Auskunfteien, gelegentlich sogar Heiratsvermittler. Pfeife, Knotenstock und Leinenkittel gehörten fest zum Outfit der Kiepenkerle. Die beiden alteingesessenen Restaurants neben dem Denkmal sind nach ihnen benannt.

Am Samstag des 7. April 2018 steuerte ein psychisch gestörter Münsteraner seinen Kleinbus in die Menschenmenge und tötete vier Menschen, 20 weitere wurden verletzt. Die Amokfahrt erschütterte die Stadt, doch die Bürgerinnen und Bürger zeigten ein hohes Maß an Solidarität und Hilfsbereitschaft. Eine schlichte Gedenktafel am Rande des Platzes, im Gehweg gegenüber dem Aufgang zum Dom, erinnert an die Opfer.

Jeff Koons, der amerikanische Objektkünstler, nahm die bronzene Kiepenkerlfigur während der Skulptur-Ausstellung 1987 aufs Korn.

TIPP!

Dort, wo der Roggenmarkt in die Bogenstraße übergeht, lohnt sich ein Blick nach rechts in die Neubrückenstraße. Sie sehen dort das **Stadttheater**, in dessen Bau 1955 die Ruine des *Romberger Hofes* sehr elegant integriert wurde. Schräg gegenüber des Theaters steht die evangelische **Apostelkirche**, der erste gotische Kirchenbau Münsters.

Münster-Fan Theodor Heuss zwischen zwei Kiepenkerlen (1953)

Der furiose Macher der Ausstellung *Skulptur Projekte*, Kasper König, hatte es in Deutschland als erster gewagt, den umstrittenen Künstler einzuladen. Koons ließ die Traditionsfigur in Edelstahl abgießen, auf Hochglanz polieren und tauschte den alten Kiepenkerl für die Dauer der Ausstellung gegen die hochglänzende Kopie aus, die heute in Washington steht. Der Künstler spielte damit auch auf die Geschichte des Denkmals an, das die Bombardierung im Krieg überstanden hatte, während ringsherum alles in Schutt und Asche lag. Die Nazis missbrauchten das Bild des standhaften Kiepenkerls inmitten der Trümmer, um den Durchhaltewillen der Bevölkerung zu stärken. Dann aber zerschoss ein alliierter Panzerfahrer das Denkmal. Noch in den Kriegstrümmern wurde eine Nachbildung der Bronzestatue in Anwesenheit von Bundespräsident Theodor Heuss eingeweiht. Seither pflegte jener zu sagen: „Wenn ich in einer schönen Stadt war, habe ich immer gesagt, sie sei die zweitschönste in Deutschland. Damit pro-

Wi staoht fast – Wir bleiben standhaft: Ein Plakat als Instrument der Durchhaltepropaganda. Das Kiepenkerldenkmal hatte den Luftangriff vom 10. Oktober 1943 überstanden.

vozierte ich die Frage, welche denn die schönste sei. Und dann habe ich gesagt: Münster."

Gegenüber vom Kiepenkerl liegt das *Hotel Busche*, Schauplatz des Kultfilms *Alle Jahre wieder*, der 1967 mit Sabine Sinjen in einer der Hauptrollen gedreht wurde.

Die Nikolausstatue von 1966 an der Hausecke erinnert an eine kleine Nikolauskapelle, die sich zu Karolingerzeiten in der Domburg befand.

Domplatz

Am *Hotel Busche* geht es die Stufen hinauf in Richtung **Dom**, vorbei an der Häuserzeile am **Horsteberg**, die sich oberhalb der Treppe nach rechts erstreckt. Ein Stück weiter auf der linken Seite sieht man zwischen den Bäumen das Denkmal des Kardinals Clemens August Graf von Galen.

Je nach Sonnenstand und Jahreszeit leuchtet der Sandstein des *St.-Paulus-Doms* und zaubert damit eine ganz besondere Atmosphäre. Große Teile wurden aus Baumberger Sandstein geschaffen, dem „westfälischen Marmor". Auch für das Rathaus, den *Friedenssaal*, einige Fassaden des Prinzipalmarktes und das Schloss wurde dieser besondere gelb-braune Naturstein aus den Steinbrüchen der nahe gelegenen, hügeligen Landschaft der Baumberge eingesetzt. Die imposante Bischofskirche ist zwar 109 Meter

Westfälische Reihe unterm Kreuz: Edith Stein, die selige Anna Katharina Emmerick aus Coesfeld, Kardinal von Galen und Jan van Leyden im Abseits

Der Löwe von Münster

Der Pfarrer der münsterschen *Lambertikirche*, Clemens August Graf von Galen (1878–1946), wurde 1933, im Jahr von Hitlers Machtübernahme, zum Bischof von Münster berufen. Im Sommer des Jahres 1941 hielt er gegen die nationalsozialistische Rassenideologie und die Euthanasiemorde drei mutige Predigten, die ihn als „Löwen von Münster" berühmt gemacht haben. Gestärkt durch den großen Rückhalt in der Bevölkerung konnte er einer Verhaftung durch die Staatsmacht entgehen und unzählige Ermordungen im Münsterland verhindern.
Galens reservierte Haltung zur Demokratie und die Befürwortung des Zweiten Weltkrieges werden allerdings von Historikern kritisch beurteilt.
Im Jahr 1946 wurde er von Papst Pius XII. zum Kardinal ernannt. Er ist noch im selben Jahr verstorben. Papst Benedikt XVI. sprach von Galen am 9. Oktober 2005 selig.

Als Kardinal kehrt von Galen am 16. März 1946 aus Rom nach Münster zurück. Junge Messdiener begrüßen ihn vor der zerstörten *Lambertikirche*.

Bistum Münster:
www.bistummuenster.de

lang, doch das Hauptgebäude hat nur eine Höhe von 27 Metern. Die Türme messen jeweils 55 und 57 Meter. Die Architektur der Basilika ist romanisch geprägt, die verschiedenen Anbauten aus dem 16. Jahrhundert sind gotischen Stils. Das Innere des Doms überrascht mit seiner Helligkeit, die aus dem Zusammenspiel der weit gespannten Bögen zwischen den Hoch- und Seitenschiffen mit den gotischen Fenstern entsteht.

Über das so genannte Paradies, die heutige Haupteingangshalle, gelangt man von der Südseite in den Dom. Aus einiger Entfernung ist über diesem Vorbau ein runder Skulpturenschmuck in Form eines großen Rades zu sehen, das aus der Erbauungszeit stammt. In der Mitte erkennt man den mächtigen Kopf des heiligen Paulus, Patron von Bistum und Dom. Im Kreis angeordnet sind das Haupt von Johannes dem Täufer sowie Löwe und Lamm aus der Apokalypse des Johannes.

Wie Münster entstand

Das Zentrum Münsters befindet sich schon seit über 1 200 Jahren auf dem Domhügel. Archäologen graben und puzzeln hier nach wie vor eifrig, um neue Erkenntnisse über die exakten ersten Ansiedlungen zu gewinnen. Die erste Siedlung Mimigernaford, im 7. Jahrhundert n. Chr. von den Sachsen erbaut, lag vermutlich jenseits der Aa nahe der heutigen *Überwasserkirche*.
Karl der Große war es, der die Sachsen unterwarf und sie in sein neues christlich-römisches Reich zwang. Die so zu Christen bekehrten Menschen schienen von ihrer Religion anfangs nicht sonderlich begeistert zu sein – Karl schickte daher im Jahr 793 den friesischen Missionar Liudger in das westliche Sachsenland. Dieser war aber kein Anhänger der imperialen Methode des Missionierens, stattdessen wollte er die Menschen friedlich bekehren. Das gelang ihm hier auch mit großem Erfolg. Auf dem Domhügel entstand so ein neues Mimigernaford mit einem ersten Kloster nahe dem heutigen Horstebergs. Liudger legte damit den Grundstein für die rasante Entwicklung zur Stadt und später zum Bischofssitz. Von „Monasterium" (lateinisch für „Kloster") leitet sich auch der heutige Name „Münster" ab.
797 gründete der später heiliggesprochene Liudger eine Domschule für Mönche – das heutige Gymnasium *Paulinum*, das mit dem Gymnasium *Carolinum* in Osnabrück um den Titel „älteste Schule Deutschlands" wetteifert. Mangels handfester

Der Horsteberg, ein ebenso romantischer wie geschichtsträchtiger Ort am Dom urkundlicher Beweise wird dieser Streit manchmal auch sportlich, nämlich auf dem Fußballfeld, ausgetragen.

Der Missionar Liudger wurde 805 zum ersten Bischof Münsters geweiht, seine Siedlung stieg schon im Jahr 900 zur befestigten Domburg mit einem mächtigen Wallgraben auf, vor dem sich die ersten Kaufleute niederließen. Die Wirtschaft florierte – und der Bischofssitz entwickelte sich zur mittelalterlichen Metropole. Die Bürger des frühen Münsters gewannen nach und nach Einfluss und Macht, so dass dem Fürstbistum um das Jahr 1170 vom Bischof schließlich die Stadtrechte verliehen wurden. Der neue Status wurde mit dem Bau einer Stadtmauer unterstrichen, die dort stand, wo heute der Promenadenring verläuft.

Liudger wird 805 zum Bischof geweiht.

Münsters wirtschaftlicher und politischer Einfluss wuchs weiter, auch als Mitglied mächtiger Städtebünde und schließlich der Hanse. Ihren Reichtum demonstrierten die Händler mit Bauten wie dem Rathaus samt Schmuckgiebel, das ab circa 1370 entstand.

Zur Zeit der Verleihung der Stadtrechte lebten auch schon Juden in Münster, vor allem in der Gegend des heutigen Syndikatsplatzes mit der Synagoge und dem rituellen Bad. Als 1349/1350 die Pest in Münster wütete, richtete sich der Zorn der Bürger gegen die jüdische Gemeinde, deren Mitglieder getötet oder vertrieben wurden.

Während der Herrschaft der Täufer büßte Münster die Stadtrechte wieder ein. Im Jahr 1534/35 erlangte es diese zurück, wurde aber 1661 vom „Bombenbernd", dem Fürstbischof Christoph Bernhard von Galen, unterworfen und verlor Unabhängigkeit und Selbstverwaltung. Als Haupt- und Residenzstadt wurde Münster zum Garnisonsstandort. Auch unter den folgenden Fürstbischöfen schwand der politische Einfluss der Stadt zusehends.

Im 18. Jahrhundert wandelte sich Münsters Stadtbild – mit der Domkurie, Klöstern und barocken Adelshöfen, die der Landadel als Winterquartiere nutzte. Anfang des 19. Jahrhunderts besetzte Preußen mit General Blücher die Stadt. Ihm folgte für acht Jahre – bis 1813 – die Herrschaft Napoleons. In den Freiheitskriegen übernahm wiederum Preußen die Macht, nicht gerade zur Begeisterung der katholischen Münsteraner. Ab Ende des 19. Jahrhunderts begann Münster dann zur Großstadt zu wachsen.

Der Grundstein für den heutigen Dom wurde im Jahr 1225 gelegt.

In der Eingangshalle erinnern die Fotografien an den Wänden an die Zerstörung im letzten Krieg und den späteren Wiederaufbau.

Das prächtige gotische Portal an der Westseite wurde nach dem Krieg trotz eines Sturms der Entrüstung in der Bevölkerung nicht wieder aufgebaut. Stattdessen gab der damalige Bischof Michael Keller einen Vorbau mit 16 modernen Rundfenstern, geordnet zu einem Rad, in Auftrag. Im Volksmund wird es „Seelenbrause" genannt, weil es an einen Duschkopf erinnert. Ältere Menschen in Münster sahen darin auch eine Telefonwählscheibe – zu Zeiten, als 16-Jährige diese Art von Telefon noch kannten. Die Glaskunst im Dom von Ewald Mataré aus dem Jahr 1956 symbolisiert die vier Evangelisten.

Ein Schmuckstück im Inneren des Domes ist die **Astronomische Uhr** im Chorumgang der Domhalle, die aus dem Jahr 1540 stammt. Mittags um Punkt zwölf Uhr begeben sich in acht Metern Höhe die Heiligen Drei Könige auf einen kleinen Rundgang, begleitet von Glockenklang und den Blicken zahlreicher Touristen. Die Uhr hat nur einen Zeiger, der sich auch noch links herum bewegt. Das ist zunächst verwirrend, reicht dank eines 24-Stunden-Ziffernblattes aber aus, um Uhrzeiten exakt anzuzeigen. Auf dem äußeren Kreis lassen sich die Minuten ablesen.

Die *Astronomische Uhr* ist ein Gemeinschaftsprodukt des Mathematikers Dietrich Tzwyfel, des Schmiedes Nikolaus Windemaker und des Mönchs Johann von Aachen. Für die künstlerische Ausgestaltung war der münstersche Maler Ludger tom Ring der Ältere zuständig.

Vor allem für Kirchgänger interessant ist auch der kleine Kuckuck an der Orgel. Angeblich meldet er sich flügelschlagend zu Wort, wenn die Predigt (mal wieder) zu lang gerät.

Auch ohne Chip zuverlässig:
Die *Astronomische Uhr* im Dom

Der *St.-Paulus-Dom*:
Ein Kunstwerk voller Kunstwerke

Im 17. Jahrhundert ließ der machtbesessene Fürstbischof Christoph Bernhard von Galen die drei **Galenschen Kapellen** an dem Dom bauen und schuf sich so schon zu Lebzeiten eine feudale Grabstätte. Der „Kanonenbischof" belagerte Münster drei Mal, um seinen absolutistischen Herrschaftsanspruch durchzusetzen und die alte Hansestadt gegen den Widerstand der Bürger zu erobern. Als ihm das schließlich gelang, endete die Hoffnung Münsters, eine freie Reichsstadt zu werden. Das Bürgertum musste sich dem absolutistischen Herrscher beugen.

In einer der Kapellen ruhen die Gebeine des Fürstbischofs, in einer an-

TIPP!

Treffpunkt Marktcafé

Einen sehr schönen Blick auf den Dom haben Sie vom **Marktcafé** aus, besonders am späten Nachmittag im Licht der untergehenden Sonne. Alle Generationen Münsters mögen diese Atmosphäre, daher trifft man hier stets eine bunte Mischung an Gästen. An der Theke, die Gastronom Jürgen Köhn aus Paris importiert hat, haben schon Ernest Hemingway und Marlon Brando gestanden.

deren die sterblichen Überreste des Kardinals Clemens August Graf von Galen.

Das *LWL-Museum für Kunst und Kultur* erstrahlt seit 2014 in neuem Glanz.

Der heutige Bischof wohnt nur einen Steinwurf vom Dom entfernt. Die ehemalige Domdechanei, eine Dreiflügelanlage aus dem Jahr 1732, ist das bischöfliche Palais und Generalvikariat. Mit dem Dom im Rücken und dem *Marktcafé* vor Kopf liegt sie rechter Hand.

Eine Sammlung beeindruckender mittelalterlicher und moderner Kunst zeigt das **LWL-Museum für Kunst und Kultur** schräg gegenüber dem Dom. Es wurde zu Beginn des 20. Jahrhunderts gebaut und hundert Jahre später durch die *Staab Architekten* (Berlin) erneuert zur Wiedereröffnung im Herbst 2014. Das *LWL-Museum* veranstaltet alle zehn Jahre die berühmte Schau *Skulptur Projekte* und hält alle Informationen für deren Besucher bereit.

Geomuseum

Gegenüber dem *LWL-Museum* entlang der Pferdegasse liegt die Museumsmeile der münsterschen Universität. Das **Fürstenberghaus** beherbergt das *Archäologische Museum* mit vielen Kostbarkeiten. An der Pferdegasse 3 steht der Neubau des **Geomuseums**, in dem bald Millionen Jahre alte Fundstücke zu sehen sind, zum Beispiel von Mammuts, Dinosauriern oder Korallen. Raritäten rund um die Heilige Schrift des Christenstums sind im **Bibelmuseum** zu bestaunen.

Immer mittwochs und samstags: Südländisches Flair auf dem westfälischen Wochenmarkt vor der Domkulisse

MEIN MÜNSTER

„Münsters Markt: Das ist mein Luxus. Mit dem Fahrrad aus dem Kreuzviertel zu einem der Kaffeestände fahren, Leute beim Schlendern und Kinder beim Spielen beobachten – das ist Leben pur für mich. Im Frühling mag ich die Blumen; im Sommer das frische Obst und Gemüse. Mein Favorit: Eine frische Waffel mit Milchkaffee. Weil ich als Kind eine Kaninchenzucht hatte, schaue ich immer auch am Kaninchenstand vorbei. Und zum Abschluss esse ich eine Erbsensuppe von Rölver. Die bestelle ich auch schon mal für Veranstaltungen am Stall; das kennen die Gäste noch aus Vaters Zeiten."

Ingrid Klimke
(Olypmpiasiegerin und Reitmeisterin)

Das Fürstenberghaus und Franz von Fürstenberg (1729–1810)

Das Fürstenberghaus am Domplatz gegenüber dem *LWL-Museum* birgt nicht nur das *Archäologische Museum*. Im völlig überfüllten Hörsaal 1, der sich damals noch in diesem Unigebäude befand, saßen am 28. Juni 1963 viele Studierende vor einem neuen Professor: Joseph Ratzinger, der spätere Papst Benedikt XVI., lehrte hier bis 1966 und galt damals noch als aufgeschlossener Theologe der jüngeren Generation. Über Münster sagte er damals: „Eine schöne, ja geradezu vornehme Stadt. Hier korrespondiert große Vergangenheit mit dynamischer Gegenwart. Beeindruckend."

Gleich in der Nachbarschaft, auf dem Rasen neben dem *Fürstenberghaus*, steht ein Denkmal (1855–1876) des Reformers und Uni-Gründers Franz von Fürstenberg. Die Borte wird von studentischen Witzbolden regelmäßig mit einer anderen Farbe angepinselt. Kritiker warfen dem Erbauer des Standbilds vor, es sei ein Plagiat des Entwurfs der Bildhauerin Elisabet Ney, den die Stadt aus Kostengründen nicht realisiert hatte. Angesichts dessen, was Staatsmann Franz Friedrich Wilhelm Freiherr von Fürstenberg während seiner Amtszeit auf die Beine stellte, dürfte mancher Minister im heutigen Berlin vor Neid erblassen. Mit seinen aufklärerischen Ideen brachte der westfälische Adlige nicht nur frischen Wind in das Münster des 18. Jahrhunderts. Mit seiner Vorstellung eines modernen Staates zog er Menschen weit über

Ein echter Macher mit Geist und Weitblick war Staatsmann und Reformer Franz von Fürstenberg.

Rothenburg und Königsstraße

Zwischen *LWL-Museum für Kunst und Kultur* und *Geomuseum* geht es zur nächsten Querstraße, der Johannisstraße (siehe Tipp Seite 52). Der Rundgang führt nach links in die **Rothenburg**. In dieser Straße – an der Hausnummer 33 – stand das Ge-

Tafel am Geburtshaus des Originals und Zoogründers Prof. Dr. Hermann Landois

UNTERWEGS IN MÜNSTER

die Region hinaus in seinen Bann. Fürstin Amalie von Gallitzin und Franz von Fürstenberg waren als Duo der Dreh- und Angelpunkt des *Kreises von Münster*. Fürstenberg war außerdem Chef des Domkapitels (seit 1748) und Generalvikar des Kurfürsten (1762–1780). Es gelang ihm, seine fortschrittlichen Ideen auch politisch umzusetzen: Er sollte den maroden Haushalt – eine Folge des Siebenjährigen Krieges – sanieren, die Universität gründen (1773), ein Komödienhaus errichten (1775), eine moderne Medizinalverordnung durchsetzen (1776), die Justizverwaltung verbessern, das Polizeiwesen neu regeln – und vor allem: Er reformierte das Schulwesen von Grund auf und beispielhaft. Eltern zogen nach Münster, um ihre Sprösslinge in diesem neuen Stil unterrichten zu lassen. Allerdings musste Fürstenberg schließlich eine politische Niederlage hinnehmen, nachdem er sich für die Einführung eines stehenden Heeres eingesetzt hatte. Mit diesem Vorstoß verlor er sein Ministeramt, blieb aber Generalvikar und war damit weiterhin verantwortlich für das Schulwesen. Sein Freund Bernhard Heinrich Overberg unterstützte ihn bei den Reformen. Im Gymnasium wurde der Fächerkanon zugunsten der Mathematik und der Naturwissenschaften erweitert, die Schulpflicht wurde verschärft und Elementarschulen neu geordnet.

Auch vor der Geistlichkeit machte Fürstenberg mit seinen Vorschlägen nicht halt und ließ sie besteuern – gegen den heftigen Widerstand der Kirchenmänner. Die Weiterbildung von Geistlichen war ihm ebenso ein Anliegen wie das Klosterleben.

burtshaus des Zoogründers Landois, an den eine alte Gedenktafel erinnert. Ein paar Türen weiter lebte sein Onkel, der Kupferschmied Franz Essink.

Diesen beiden münsterschen Originalen und dem nicht minder berühmten Baron Bomberg hat der Uhrmachermeister Wilhelm Nonhoff mit einer **Weltzeituhr** an der

Die Weltzeituhr an der Rothenburg

TIPP !

Wer am Ende der Pferdegasse nach rechts in die Johannisstraße blickt, sieht das Werk **Bus Shelter IV** von Dennis Adams. Der amerikanische Künstler hat 1987 auch in Münster eine Bushaltestelle gestaltet. Er setzte sich mit der deutschen Nachkriegszeit auseinander und hat die Reklamekästen mit Fotos des Naziverbrechers Klaus Barbie und seines Verfolgers Jacques Verges versehen.

Rothenburg 12/13 ein Denkmal gesetzt. Zum Glockenspiel (S. 31) erscheinen die drei Herren als Figuren hinter den Arkaden.

Als der erste Bauabschnitt der Uhr am 26. November 1950 eingeweiht werden sollte, ergaben sich allerdings technische Probleme: Die Zeiger rührten sich nicht. Um eine Blamage abzuwenden, musste sich kurzerhand ein Lehrling ins Gehäuse zwängen und die Zeiger im Minutentakt von Hand bewegen. Heutzutage wäre der Azubi vermutlich heulend zur Gewerkschaft gerannt. Das Konterfei von Wilhelm Nonhoff ist auf einer Gedenktafel an der Hauswand zu sehen.

Ganz in der Nähe, gegenüber der Einmündung Königsstraße, an der Rothenburg Nr. 44, ist das einzige Gebäude in dieser Straße mit Arkaden zu sehen: Das *Haus Guldenarm*, ein Patrizierhaus im Renaissancestil von 1583. Die Fassade aus rotem Backstein, verziert mit Sandstein, ist noch im Originalzustand. Die Sandsteinfassade des Kaufmannshauses daneben stammt aus dem 18. Jahrhundert.

Gegenüber davon geht es jetzt in die Königsstraße. Zehn prächtige Adelshöfe prägten bis zum Zweiten Weltkrieg ihr Bild; einige sind noch erhalten. Hinter der Originalfassade des ehemaligen *Druffelschen Hofes* (1784/88) zu Beginn der Königsstraße auf der linken Seite ist das **Kunstmuseum Pablo Picasso**

Das *Haus Guldenarm* mit originaler Fassade von 1583

Spektakuläre Werke des großen Künstlers im *Picassomuseum*

entstanden. Über die klassizistische Freitreppe betritt man das Museum oder das schöne Museums-Café. Das Kunstmuseum bewahrt beinahe das gesamte lithographische Werk Picassos sowie exzellente Beispiele seines Spätwerks. Das Museum hat einen direkten Zugang zur Einkaufspassage *Münster Arkaden*.

Am 9. September 2004 hat Pop-Ikone und Affenfreund Michael Jackson in den Räumen des *Picassomuseums* für seinen Vater zum Geburtstag ein klassisches Konzert veranstalten lassen. Papa Joseph Jackson war gerade auf Lesetournee in Deutschland und ein großer Picasso-Fan. Es wurde ein reichhaltiges Büfett aufgefahren, von dem der Jubilar allerdings nur die Erdnüsse gegessen hat. Jacko selbst ist dem Konzert ferngeblieben.

Auf der anderen Straßenseite, ungefähr auf Höhe des Kunstmuseums, stand bis zum letzten Krieg der *Kettelersche Hof*. 2006/2007 wurde hier ein Geschäftshaus und ein Restaurant errichtet. Picassos Porträt im Straßenpflaster daneben ist nur aus der Vogelperspektive erkennbar.

Ein Stück weiter, an der Königsstraße 47, befindet sich der älteste noch erhaltene Adelspalast mit bedeutender Renaissancefassade von 1546, der **Heeremannsche Hof** (siehe Tipp Seite 54), Sitz des Oberverwaltungsgerichts. Der rückwärtige Teil enthält noch Steinwerk von 1549.

Zu den Adelshöfen, die an der Königsstraße noch erhalten sind, zählen auch der *Sendensche Hof* (Hausnummer 39), der 1974 elegant in den Neubau der *Commerzbank* integriert wurde und der besonders schöne **Oersche Hof** an der Königsstraße 42. Auf der einen Seite des Gebäudes lockt ein Restaurant und auf der anderen die Kunst des Buchdrucks in der *Galerie Kleinheinrich*.

TIPP !

Wenn Sie einen Blick auf die von Johann Conrad Schlaun entworfene **Aegidiikirche** werfen wollen: Entlang des *Heeremannschen Hofes* führt die Krumme Straße zu dem Gotteshaus, das ursprünglich ein Kapuzinerkloster war. Im Inneren finden sich Edward Steinles Malereien von 1857 im Stil der Nazarener, einer Vereinigung, die die religiöse Malerei erneuern wollte.

Die *Aegidiikirche* mit Malereien im Stil der Nazarener

Ludgeristraße

Die mächtige **Ludgerikirche** am Ende der Königsstraße ist die vermutlich älteste Stufenhallenkirche im Münsterland. Das Mittelschiff ist nur wenig höher als die Seitenschiffe, der Ursprung reicht ins 12. Jahrhundert zurück. Die Kirche wurde nach der Kriegszerstörung rekonstruiert. Bedeutend sind die Chorstuhlschnitzereien und das Tafelgemälde sowie das Taufbecken aus dem 16. Jahrhundert. Die Jesusfigur des Kreuzes am Westende des südlichen Seitenschiffs, erschaffen vom Künstler Heinrich Bäumer, verlor durch Bomben beide Arme, das Loch im Herzen stammt von einem Bombensplitter. Das von Stadtdechant Vennemann in den fünfziger Jahren zitierte Bibelwort ist die heutige Inschrift: „Ich habe keine anderen Hände als die Euren".

Jesusfigur mit Bombensplitter in der Brust und Inschrift: „Ich habe keine anderen Hände als die Euren"

Auf der Verkehrsinsel vor der *Ludgerikirche* am Marienplatz erinnert die Skulptur der **100 Arme der Guan-yin** von Huang Yong Ping an die buddhistische Göttin Tausendarmige Guan-yin. Zugleich nimmt das Kunstwerk der Skulpturenausstellung 1997 Bezug auf das Kruzifix von *St. Ludgeri* und den berühmten *Flaschentrockner* von Marcel Duchamp, einem Pionier der Konzeptkunst.

Mariensäule: Die große Schwester steht in München.

Der Marienplatz direkt vor der Kirche verdankt seinen Namen der **Mariensäule** von 1899, einem Geschenk des Kunstmäzens Joseph Hötte junior. Die Madonnenfigur dürfte vielen Betrachtern bekannt vorkommen: Das Original steht in München vor dem Rathaus.

Die *Ludgerikirche* ist eine der ältesten westfälischen Stufen-Hallenkirchen.

Durch die Fußgängerzone **Ludgeristraße** gelangt man zu den **Münster Arkaden**, einer Einkaufswelt auf zehntausend Quadratmetern. Man kann nach Herzenslust sein Geld ausgeben oder es sich bei einem Gläschen Wein gemütlich machen, um den nächsten Spaziergang zu planen. In die *Münster*

The Lord of the Board

Skater Alex Fiedler beim Hardflip

Titus Dittmann ist der Pionier des Skateboardings in Deutschland. Jeder Jugendliche kennt *Titus*, oder zumindest seine Trendsportartikel, Skate- und Streetfashion – in diesem Bereich ist das Unternehmen schon seit den achtziger Jahren Marktführer. Der unkonventionelle Münsteraner, leidenschaftliche Skater, Oldtimer-Fan und Rennfahrer brachte die Subkultur Millionen Menschen nahe. Münster wurde Austragungsort der Skateboard-Weltmeisterschaften, der *Münster Monster Masterships*, die 1982 erstmalig stattfanden, damals noch auf einem kleinen Parkplatz vor handverlesenen Fans.

Angefangen hat die Erfolgsstory Ende der siebziger Jahre, als Titus Boards aus den USA mitbrachte und seinen Schülern – er war damals noch Lehrer – zum Selbstkostenpreis verkaufte. Heute deckt das Unternehmen sämtliche Bereiche des Jugendmarktes ab und versorgt nicht nur Kids mit Skateboards, passenden Schuhen, Kleidung und Accessoires. Der Vertrieb läuft über den Versandhandel, 36 Shops in Deutschland und das Jugendkaufhaus in Münster im ehemaligen Filmtheater *Apollo* an der Königsstraße 32. Mit der Initiative *skate-aid* bringt Titus Jugendlichen in Krisengebieten Hoffnung auf vier Rädern. Die Stiftung ist in Ländern wie Syrien, Afghanistan, Uganda, Ruanda, aber auch in Deutschland aktiv.

Arkaden wurde die Rückseite des *Picassomuseums* architektonisch mit einbezogen. Die Ludgeristraße endet am **Prinzipalmarkt**, wo man geradewegs auf den Stadthausturm zusteuert, den letzten noch erhaltenen Teil des ehemaligen Stadthauses von 1907. Beliebt ist der *Maxi-Turm* bei Eltern und Kindern: Während die Großen bummeln, werden die Mädchen und Jungen fachkundig betreut.

Shopping in den *Münster Arkaden*

Der Prinzipalmarkt, die älteste Marktstraße der Stadt mit ihren Giebelhäusern und Bogengängen, gehört zu den Lieblingsorten in Deutschland.

VON DER CITY ZUM SCHLOSS

Vorbei an der Überwasserkirche zur Promenade

Vom Rathaus führt der Weg zum Schloss quer über den Domplatz. Die Straße, die den Domhügel hinunter bis zur kleinen Brücke über der Aa führt, heißt Spiegelturm. Von hier aus geht es geradeaus weiter zur **Liebfrauen-Überwasserkirche**. Der zweite Namensteil rührt daher, dass sie vom Dom aus gesehen jenseits der Aa, also „über dem Wasser", gelegen ist. Das Überwasserviertel entstand um die Kirche und die Immunität des früheren *Liebfrauenstiftes* als Vorstadt mit eigenem Gericht und Markt. Zusammen mit dem Kuhviertel – der Name ist auf die Ackerbürger zurückzuführen – erinnert es an eine längst vergangene Zeit um das Jahr 1900, als in den Gassen noch der alte münstersche Dialekt Masematte gesprochen wurde. Manch Bewohner des Viertels war berüchtigt, jeder kannte den Spruch: „Tasche, Brink und Ribbergasse – Messerstecher erster Klasse." Mit dem Wiederaufbau nach dem Krieg verschwanden die kleinen Gassen. Entstanden ist ein Viertel, das mit einer bunten Vielfalt an inhabergeführten Geschäften und Betrieben mit dem Rosenplatz im Zentrum zum Bummeln einlädt.

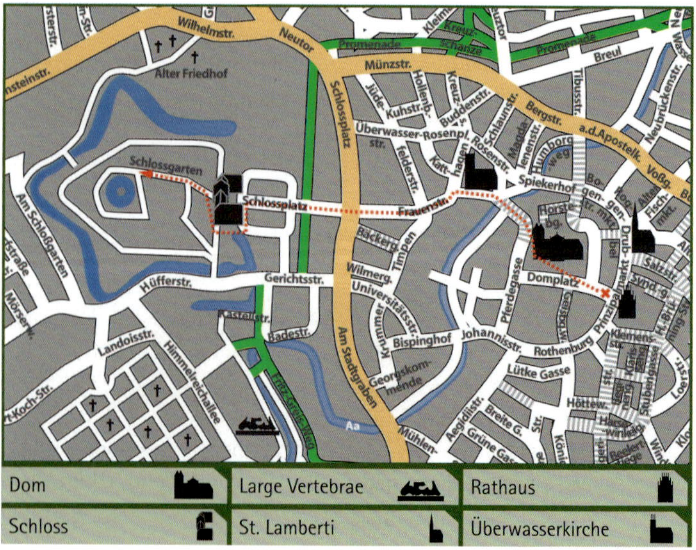

Die *Überwasserkirche* mit der Diözesanbibliothek

Die Mitte des 14. Jahrhunderts gebaute *Überwasserkirche* zählt zu den schönsten gotischen Hallenkirchen Westfalens. Die Wiedertäufer sägten den Dachstuhl ab, ließen die Kirchturmspitze unter gewaltigem Krachen herabstürzen, um die Geschütze auf das Lager der bischöflichen Truppen in Stellung zu bringen. Zu ihrer Rechtfertigung zogen die Täufer die Bibel heran: „Das Hohe soll erniedrigt und das Niedrige erhöht werden". Sie rissen die gotischen Steinfiguren vom Westportal und verstärkten mit diesem wertvollen Baumaterial die Stadtwälle. Die wiederaufgebaute Turmspitze überstand einen Orkan im Jahre 1704 nicht. Seitdem ist der Kirchturm flach geblieben.

Direkt an der Kirche befindet sich der architektonisch besonders gelungene Neubau der **Diözesanbibliothek**, in die das neo-romanische ehemalige Priesterseminar integriert wurde. Mit 600 Jahre alter Tradition, 750 000 Bänden und Tausenden alter Handschriften ist es die größte theologische Spezialbibliothek nördlich der Alpen. Sie ist der Öffentlichkeit zugänglich.

Gegenüber dem Haupteingang der *Überwasserkirche*, in den Räumlichkeiten des Restaurants *royals & rice* an der Frauenstraße 51-52, befand sich in den achtziger Jahren Münsters innovativer Musikclub, das *Odeon*. Legendäre Konzerte von Bands wie *Red Hot Chili Peppers*, *Die Ärzte* oder *Die Toten Hosen* zogen Fans aus dem ganzen Land an. Musiker wie die *H-Blockx*, DJ RAW von *Dune*, Götz Alsmann oder WestBam

Achtziger-Jahre-Show: Götz Alsmann und Ukulele 1987 im *Odeon*

zählten hier am Anfang ihrer Karrieren zu den Szenestars. Auch Mode-Profi Guido Maria Kretschmer saß hier an der Theke.

Direkt neben dem ehemaligen *Odeon* liegt das **Antiquariat Solder**, das sich regelmäßig in das *Antiquariat Wilsberg* verwandelt. Privatdetektiv Georg Wilsberg, gespielt von Leonard Lansink, ist in den beliebten ZDF-Krimis

Wilsberg-Fans stürmen das Antiquariat.

Münsters Verbrechern auf der Spur. Links vom Antiquariat führt die abknickende Frauenstraße zum Schloss. Kurz vor der großen Ampelkreuzung heißt eine Kneipe wie ihre Adresse: **Frauenstraße 24**. Das Haus war

Edith Stein (1891–1942)

Eine Station auf dem Lebensweg der 1998 in Rom heiliggesprochenen Jüdin und Katholikin, Philosophin, Nonne und Frauenrechtlerin Edith Stein war das *Collegium Marianum* an der Frauenstraße 3. Das Jugendstil-Haus wurde 1945 völlig zerstört. Seit 1952 hat das Marianum eine neue Bedeutung als Studentenheim in kirchlicher Trägerschaft.
1931 holte der Leiter des *Deutschen Instituts für wissenschaftliche Pädagogik* in Münster, Johann Peter Steffes, die zum katholischen Glauben konvertierte Edith Stein in die Stadt. Schon 1933 bekam sie Berufsverbot, trat in den Orden des Kölner Karmel ein und musste nach Holland fliehen. Anfang August 1942 wurde sie dort von der Gestapo zusammen mit 986 Männern, Frauen und Kindern inhaftiert und nach Auschwitz deportiert. Edith Stein wurde am 9. August 1942 in der Gaskammer umgebracht.

Im Marianum leben rund hundert Studierende aus allen Erdteilen, vor allem aus Afrika. Das *Café Milagro* der *Katholischen Studentengemeinde* macht die Gäste für kleines Geld satt.

Anfang der siebziger Jahre ein ungeliebtes Spekulationsobjekt. Makler, die das Haus abreißen wollten, bissen sich an den bockigen Bewohnern die Zähne aus: Die zogen einfach nicht weg und stellten 1972 auch noch die Mietzahlungen ein. Nach zehn Jahren Querelen entspannte sich erst 1982 die Lage, als das Land Nordrhein-Westfalen das Gebäude erwarb und sich mit den Bewohnern einigte.
In der Kneipe hängen neben einem erstklassigen Che-Guevara-Porträt noch Fotos aus glorreichen Besetzertagen.

Das Haus Frauenstraße 24 ist der Polizei längst kein Dorn mehr im Auge.

Ein Stück weiter gelangt man über eine Fußgängerampel auf den **Schlossplatz** und weiter zum Schloss. 1977 gab es die Ampel noch nicht und man musste die erschreckend hässliche Fußgängerunterführung neben dem Hörsaal H1 an der Bäckergasse nutzen.
Der Künstler Joseph Beuys entdeckte an deren Eingang einen keilförmigen Hohlraum, der ihn zu einer spektakulären Aktion inspirierte: Der Künstlerstar und Provokateur goss einen Nachbau des verdreckten Hohlraums mit Rindertalg aus und zerschnitt den klobigen Keil. Die so entstandene *Skulptur Unschlitt/Tallow (Wärmeskulptur auf Zeit hin angelegt)* wurde damals im Lichthof des *LWL-Museums für Kunst und Kultur* präsentiert.
30 Jahre später war die Unterführung erneut Schauplatz für Kunst, bei einer Video-Installation der französischen Künstlerin Valérie Jouve und 2017 für ein Werk von Aram Bartholl.
Vom Schlossplatz hat man nach links Sicht auf das denkmalgeschützte Amtsgericht, ehemals *Königlich Preußisches Amtsgericht.* In frühen *Wilsberg*-Filmen fungierte es als Rathaus.
Von 1927 an war der heutige Schlossplatz noch nach Paul von Hindenburg benannt, dem Erfinder der Dolchstoßlegende, der als Reichspräsident Hitler zum Kanzler berief. Erst 2012 kam es nach heftigen Diskussionen in der Stadt zur Umbenennung.
Auf dem großen innerstädtischen Platz lockt dreimal im Jahr Münsters berühmte Kirmes, der **Send**, mit Karussells, Pottmarkt und Feuerwerk. Der Name „Send" ist von Synode

Auf dem *Send*, der größten Kirmes im Münsterland

abgeleitet, der seit dem 9. Jahrhundert halbjährlich stattfindenden Versammlung der Geistlichen und führenden Vertreter des Bistums Münster. Vermutlich seit dem 11. Jahrhundert war der Synode ein Markt angeschlossen, der Vorläufer des Sends. Zur Einhaltung des Marktfriedens mahnte das Sendschwert, das heute noch während der Sendtage am Rathaus ausgestellt wird.

Das historische Sendschwert wurde während des Herbstsends 2000 gestohlen und ist nicht wieder aufgetaucht. Seitdem müssen sich die Münsteranerinnen und Münsteraner mit einer Rekonstruktion begnügen, die der Oberbürgermeister umgehend anfertigen ließ.

Auch der Karnevalszug startet auf dem Schlossplatz. Münster ist in Sachen närrisches Treiben übrigens eine wahre Hochburg: Es gibt über dreißig Karnevalsgesellschaften in der Stadt. Da kann man sehen, wie die Menschen hier feiern können. Wer behauptet da noch, in Münster sei man stur? Die Menschen sind doch nur angenehm unaufdringlich. Und im Karneval fühlen sie sich wie die Brasilianer Europas.

Auf dem Weg vom Schlossplatz zum Schloss überquert man die **Promenade**, den grünen Rad- und Spazierweg, der rund um Münsters Altstadtkern führt. Wo heute im Frühling die Linden duften, stand fünf Jahrhunderte lang die mittelalterliche Stadtmauer. Sie wurde im 18. Jahrhundert auf Betreiben des Universitätsgründers Franz von Fürstenberg abgerissen und von dem Baukünstler Johann Conrad Schlaun zur Promenade umgebaut. Die Spaziergänger und Radfahrer danken es den Herren noch immer.

Reste der Befestigungsanlagen mit elf Toren und sieben Wehrtürmen sind der *Zwinger*, früher sowohl Gefängnis als auch Hinrichtungsstätte, und der *Buddenturm*. Die aus der Innenstadt führenden Straßen kreuzen die viereinhalb Kilometer lange Promenade heute genau an den Stellen, wo früher die Stadttore standen.

Vor der traumhaften Kulisse des Schlosses schlängelt sich an vier Samstagen im Jahr auch einer der größten Flohmärkte Deutschlands bis zum Aasee. Am Schlossplatz haben die Profis ihre Stände, rund um die Promenade bieten Kinder und Erwachsene als Hobbyhändler ihre Schnäppchen feil.

Weil viele ihre Stände bereits freitagabends aufbauen, kommen die Schnäppchenjäger schon nachts zum Flohmarkt. Deshalb gibt es jetzt auch einmal im Jahr offiziell einen Nachtflohmarkt; manch ein Käufer wundert sich allerdings am nächsten Tag über das, was er da erstanden hat.

Ebenfalls nahe am Schloss liegen spiegelbildlich zwei ehemalige Wachhäuschen des Schlosses an

Von Mai bis September stürmen Schnäppchenjäger den Flohmarkt an der Promenade.

MEIN MÜNSTER

„Münster hat nicht nur viele Fahrräder, sondern auch die meisten Reithallen in Deutschland. Bei uns ist Reiten ein Volkssport und nicht elitär. Um etwas typisch Westfälisches zu erleben, ist das alljährliche *Turnier der Sieger* erste Wahl. Ein Ereignis vor der traumhaften Schlosskulisse und auf der Westerholtschen Wiese. Alle fünf Jahre finden dabei die deutschen Spring- und Dressur-Meisterschaften statt. Hier spürt man, dass das Turnier traditionell von Freunden gestaltet wird und nicht von Turniermanagern."

Wolfgang Hölker *(Verleger)*

Die nationale Elite trifft sich beim Reitereignis *Turnier der Sieger.*

der Promenade. Im linken sind die Büros des *AStA* untergebracht, die Interessenvertretung der Studierenden an der *Westfälischen Wilhelms-Universität.* Ende der fünfziger Jahr war auch die spätere Terroristin Ulrike Meinhof im *AStA* aktiv. Im rechts vom Schloss gelegenen Kavaliershäuschen, wo heute eine Beratungsstelle untergebracht ist, promovierte einst Götz Alsmann in Musikwissenschaften.

Wachhäuschen des Schlosses

Schloss Münster

Mit dem Bau des Residenzschlosses erfüllte sich Stararchitekt Schlaun einen Lebenstraum.

Das Fürstbischöfliche Schloss Münster wurde von 1767 bis 1787 aus Baumberger Sandstein erbaut und ist das letzte in Deutschland gebaute Barockschloss. Der Baumeister starb allerdings vier Jahre vor der Fertigstellung des Schlosses, das sein Nachfolger Wilhelm Ferdinand Lipper vollendete. Erster Hausherr war der Fürstbischof Max Friedrich. Nach der Inbesitznahme Münsters durch die Preußen im Jahre 1802 zogen die Repräsentanten der neuen Regierung ein: Freiherr vom Stein und General Blücher, dem man seinen Ausspruch „Münster und die Münsteraner gefall'n mich nich'!" nie verziehen hat.

Den goldenen Engel auf dem Schlossdach kann man bei gutem Wetter noch aus der Hügellandschaft der dreißig Kilometer entfernten Baumberge sehen. In dem geschwungenen Mittelpavillon mit Glockentürmchen ist das barocke Motiv über dem Haupteingang besonders eindrucksvoll, das von Leben und Tod erzählt. An den vorderen Fenstern sind die Monate des Jahres mit dazugehörenden Tierkreiszeichen dargestellt.

Für das Fürstbischöfliche Schloss (1767 bis 1787) wählte Baumeister Schlaun wieder seine Lieblingsmaterialien roten Backstein und Baumberger Sandstein.

Johann Conrad Schlaun (1695–1773)

Dem Baumeister Johann Conrad Schlaun, einem der letzten bedeutenden Architekten des deutschen Barock, verdankt Münster einige seiner schönsten Bauten. Die Verbindung von militärischer Laufbahn mit der Tätigkeit als Architekt war im Zeitalter des Barock durchaus üblich. So wechselte Schlaun vom Infanterieregiment des Fürstbistums Paderborn zum Militär nach Münster. Der Landesherr, der Kölner Kurfürst Clemens August I. von Bayern, machte ihn zum Landingenieur und Generalmajor der Artillerie und ermöglichte Schlaun längere Reisen nach Italien, Frankreich und Süddeutschland. Schlaun entwarf *Schloss Augustusburg* in Brühl, *Schloss Clemenswerth* im Emsland oder den historischen Ortskern von Nottuln in den Baumbergen – nur eine halbe Stunde Autofahrt von Münster entfernt.

Schlau(nsch)er Kopf mit dicker Nase

Nach dem Zweiten Weltkrieg wurde die stark beschädigte Fassade des Schlosses originalgetreu restauriert, das Gebäudeinnere im modernen Stil der Fünfziger wieder aufgebaut. Seither dient das Schloss als Verwaltungs- und Hörsaalgebäude der *Westfälischen Wilhelms-Universität.*

Westfälische Wilhelms-Universität

Die *Westfälische Wilhelms-Universität* (kurz *WWU*) ist mit knapp 43 000 Studierenden die drittgrößte Universität Deutschlands. In fünfzehn verschiedenen Fachbereichen können über 120 Fächer belegt werden. Die *WWU* gehört zur ersten Adresse in Sachen Forschung und Lehre. Freiherr Franz von Fürstenberg gründete die Hochschule 1773, ihr späterer Namensgeber ist Kaiser Wilhelm II. Als erste Frau schrieb sich im Sommersemester 1908/09 die gebürtige Osnabrückerin Auguste Rannenberg als Mathematikstudentin ein – heute sind knapp 54 Prozent der Studierenden an der Uni weiblich. Die Gründung hat allerdings einen Anlauf von einigen Jahrhunderten gebraucht: Erst kam den Gelehrten der Domschule das Täuferreich dazwischen, dann brach 1618 der Dreißigjährige Krieg aus. Und als es schließlich geschafft war, wurde die Uni 1818 vom preußischen König gleich wieder ausgebremst: Er hatte den Rheinländern versprochen, dass sie in Bonn eine Universität gründen durften. Münster musste den Lehrbetrieb vorerst einstellen.

Die *WWU* ist keine Campus-Universität, ihre Gebäude und Einrichtungen sind stattdessen über die ganze Stadt verteilt. Die vielen Studierenden aus Europa und von anderen Kontinenten sowie rund 200 Gastwissenschaftler sorgen für internationales Flair. Das Begegnungszentrum *Die Brücke* in der Wilmergasse ist ein beliebter Treffpunkt für die ausländischen Studierenden. Es wurde für deren gute Betreuung auch schon ausgezeichnet und sorgt zum Beispiel jedes Jahr für musikalische und kulinarische Köstlichkeiten aus aller Welt beim Internationalen Sommerfest vor dem Schloss. Der Ursprung der „Brücke" war das „British Centre", das von der britischen Militärregierung schon 1947 gegründet wurde, um Münster englische Kultur und demokratisches Gedankengut näherzubringen. 1956 entstand daraus das heutige Begegnungszentrum.
Wissenschaft, Forschung und Technologiebereiche der Universität und der Fachhochschulen arbeiten eng mit den Unternehmen in Münster und dem Münsterland zusammen und die Medizinische Fakultät der *WWU* ist eine der größten Deutschlands. In über hundert Kliniken, Polikliniken, Zentren und Instituten werden jährlich rund 560 000 Menschen versorgt.
An der *WWU* bekommen übrigens seit jeher besonders viele Wissenschaftler den höchstdotierten Förderpreis für Forschung Deutschlands, den *Leibniz-Preis*, verliehen. Zur Zeit lehren und forschen hier zehn seiner Träger in Medizin und Mathematik, Chemie und Zellbiologie, Geschichte, Theologie und Islamwissenschaften.
Mit der Aktion und dem Programm *Elternalarm* lockt die Stadt zudem regelmäßig Mütter und Väter der Studierenden ein Wochenende lang an die Uni und die anderen Hochschulen. Die Eltern können sich so davon überzeugen, dass ihr Kind in der Stadt gut aufgehoben ist.

WWU: www.uni-muenster.de

Studentinnen in der regionalen „Wissenshauptstadt"

Der Schlosspark

Durch das Eisentor an der linken Seite des Schlosses gelangt man in den Schlosspark. Wer allerdings in den späten Abendstunden herkommt, könnte das Tor verschlossen vorfinden. Dann bleibt nichts anderes übrig, als durch das Gitter zu sehen und den folgenden Ausführungen Glauben zu schenken.

An der hinteren Ecke des Schlosses zeigt ein Bronzerelief Johann Conrad Schlaun, dessen große Kartoffelnase zeitgenössischen Schilderungen zufolge keineswegs übertrieben dargestellt ist. Der Baumeister hatte die Grünanlagen als Barockgarten französischer Art geplant, sein Nachfolger Lipper wiederum ließ den Garten im Stile des strengeren Klassizismus bepflanzen. 1854 wurde er als Englischer Garten neu angelegt und bekam damit im Wesentlichen die heutige Form. Auch die Rückseite des Schlosses wird von Figuren geschmückt, die in bildhafter Sprache die Planeten wie Venus mit Amor darstellen.

Klosterzelle für Künstlerseelen

Im *Kapuzinerkloster* in der Nähe des Schlosses fühlen sich Künstler wie in Abrahams Schoß – und das nicht erst, seit der Rückzug in Kloster populär geworden ist. Bühnenstars und Prominente aus Film und Fernsehen fliehen gern aus ihrem Alltag hierher und suchen dann vor allem den Mönch Bruder Bruno auf, der ein gutes Händchen für Menschen hat und auch Prominente so nimmt, wie sie sind. Sein Arbeitszimmer hängt voller Fotos von Stars, zum Beispiel von Sting, der sich eine Audienz beim Papst wünschte und Bruder Bruno um Einsatz bat, oder Günter Strack, der Rat für eine Rolle als Pfarrer brauchte. Auch andere Schauspieler wie Jan Josef Liefers, Jutta Speidel oder Diana Körner ziehen sich regelmäßig in die Klosterzelle zurück, Künstler wie Robert Atzorn oder Hans Korte haben hier aus den Büchern, die das Kloster veröffentlicht, gelesen, Musikerinnen geben Konzerte, wie die Sopranistin Caroline Thomas. Die Kapuzinermönche haben es also mit einer bunten und vielfältigen Mischung an Aufgaben und Arbeiten zu tun. Im Mittelpunkt stehen dabei immer die Seelsorge und die Gottesdienste in der Kapelle mit der wertvollen Madonna. Das Kloster ist außerdem Träger der philosophisch-theologischen Hochschule (PTH Münster) und ein Missionszentrum für Indonesien und Mexiko.

Unter der Telefonnummer (0251) 9 27 60 können Klosterführungen verabredet werden. Das Kapuzinerkloster im Netz finden Sie unter: www.kapuziner.de/standorte/muenster

Der Eingang zum Botanischen Garten liegt direkt gegenüber und hinter dem Pavillon des Schlossgartens, der regelmäßig zur Bühne für kulturelle Ereignisse und Konzerte wird.

Der **Botanische Garten** mit rund 8000 Pflanzenarten ist eine wissenschaftliche Einrichtung der Uni und zugleich eine Oase der Ruhe und Erholung mitten in der City. Hier kann man durch die Flora des Mittelmeerraumes ebenso schlendern wie durch das Sukkulentenhaus mit seinen wüstentauglichen Gewächsen, durch den alten westfälischen Bauerngarten oder Gewächshäuser, die Ferienstimmung vermitteln. Die Orangerie aus dem Jahr 1840 steht unter Denkmalschutz.

Geöffnet ist der Botanische Garten von ca. Ende März bis Ende Oktober von 8 bis 19 Uhr. Im Winter schließt er schon um 16 Uhr. Der Eintritt ist frei.

TIPP !

Rund um Schloss und Schlossgraben lädt pure Natur zu ausgedehnten Spaziergängen ein. An der Wilhelmstraße liegt der verwunschene **alte Friedhof** mit Grabmalen wie dem des Philosophen Johann Georg Haman, der im *Kreis von Münster* um die Fürstin Amalie von Gallitzin aktiv war.

Die Grabstätte des Generals von Schreckenstein auf dem Friedhof an der Wilhelmsstraße könnte auch Kulisse eines schönen Vampirfilms sein.

Verlässt man den Schlossgarten an der anderen Seite und überquert die Promenade in Richtung Aasee, so gelangt man zum Gebäude der *LBS*, in dem zuvor die *WestLB* untergebracht war. Neben dem Parkplatz hat der englische Künstler Martin Boyce die unscheinbare Fläche durch sein Bodenrelief verwandelt: *„We are still and reflective (Wir sind still und reflektieren - 2007).*
Hinter der WestLB liegt die Skulptur **Large Vertebrae** (1967/68) von Henry Moore.

Large Vertebrae (1967/68), eine der schönsten monumentalen Skulpturen von Henry Moore

MEINMÜNSTER

„Im Herbst 1971 hatte sich Henry Moore einige Stunden für meinen Besuch in seinem kleinen Haus im Norden Londons Zeit genommen. Drei große Plastiken, die ihm selbst am besten gefallen hatten, waren auf einem Hügel aufgestellt. Eine davon, *Large Vertebrae*, hätte ich allzu gerne für den Park der WestLB an der Himmelreichallee erworben. Doch sein abschließendes Wort lautete: ‚Für eine Bank? Nein, dafür gebe ich keines meiner Werke her.' Die Übergabe einer Leihgabe meiner Bank an das *Landesmuseum* (heutiges *LWL-Museum für Kunst und Kultur*) bot mir die Gelegenheit, Henry Moore nach Münster zu locken. Ich führte ihn zu dem Platz, wo ich diese Plastik gerne hätte stehen sehen. Henry Moore musterte die Szene, nahm den Aasee, den kleinen Flusslauf, den weiten Rasen, die alten Bäume und das weiße, weit gefächerte Gebäude ins Auge: ‚Aber dies ist ja gar keine Bank, dies ist Architektur im Park. Ich würde mich freuen, wenn meine Plastik hier ihren Platz finden würde.'" (Zum Standort siehe Karte auf S. 58)

Ludwig Poullain *(ehemaliger Chef der WestLB, †2015)*

Der Botanische Garten mit der Orangerie von 1840

DAS SCHICKE KREUZVIERTEL

Der historische Stadtteil

Das Kreuzviertel mit zahlreichen denkmalgeschützten Häusern gehört zu den schönsten Stadtteilen Münsters. Die begehrte Wohngegend liegt nördlich der Altstadt, nur durch die Promenade vom Zentrum getrennt. Bevor hier ab Ende des 19. Jahrhunderts stattlich-städtische Bürgerhäuser entstanden, wurden in den Feldern und Gärten Kohl und Gemüse geerntet und das Vieh über die von Hecken gesäumten Sandwege getrieben. Kleine Feldmarkhäuser (wie das in der Stierlinstraße 10) erinnern an diese Zeit.

Zunächst wohnten Gärtner in der Gegend oder Ackerer, es folgten Handwerker mit ihren kleinen Betrieben, wie Korbmacher oder Böttcher. Im Sonntagsstaat unternahm man Ausflüge zur Wienburg und spazierte auf dem breiten Sandweg, der heutigen Kanalstraße.

Private Bauunternehmer hatten um die Wende zum 20. Jahrhundert erkannt, dass in der neuen Einkommensschicht der Stadt ein hoher Bedarf an repräsentativem Wohnraum bestand. Auf dem einstigen Ackerland wurden Häuser mit großen Mietwohnungen und Einfamilienhäuser mit bis zu zehn Zimmern gebaut. Professoren und Dozenten, die mit der Universitätsgründung nach Münster gekommen waren, Beamte der Behörden, Adelsfamilien oder Geschäftsleute bekamen hier ein schickes Zuhause. Der Kreis der ersten Bewohner gehörte wegen der nahen Kasernen überwiegend dem Militär an – vom Offizier bis zum Hoboisten, der in der Militärkapelle die Oboe spielte. Münster gehörte damals zu den größten Garnisonsstädten Deutschlands.

Eine bunte Mischung aus Handwerkern, Lokalprominenz, Intellektuellen und Wissenschaftlern, die auch über die Stadtgrenzen hinaus bekannt waren, bevölkerte das neue Viertel.

Im Laufe der 1970er und -80er Jahre entwickelte sich das Kreuzviertel zusehends zum Studentenviertel. Die großzügigen Altbauten wurden von Wohngemeinschaften genutzt, Pulks von Fahrrädern versperrten die Gehsteige. Den wilden Jahren und heftigen Diskussionen über Adorno und Foucault in Studenten-WGs folgte ein etwas gesetzteres Leben von Doppelverdiener-Pärchen in inzwischen luxuriösen Altbauwohnungen. Der teure Wohnraum ist für Studierende oder Familien mit Kindern heute kaum mehr bezahlbar.

Dennoch: Die meisten der zahlreichen münsterschen Studentenverbindungen residieren auch heute noch in Kreuzviertelvillen. Die Wappen und Fahnen an den Fassaden zeigen, dass es sich um Verbindungshäuser handelt. Manchmal hört man auch junge Männerkehlen das in konservativen Kreisen so beliebte Münsterlied schmettern.

Eher sportlichen Interessen hatte sich der Student Jens Lehmann verschrieben, der in der Kinderhauser Straße am *Schloßtheater* wohnte. Später glänzte er als Nationaltorwart, unter anderem auch bei der Fußballweltmeisterschaft. *Take That*-Star Howard Donald lebte jahrelang im Schatten der *Kreuzkirche*. Die Häuser dieses historischen Stadtteils spiegeln jeweils den Geschmack der Zeiten, in denen sie entstanden sind: Für die Gründerzeit waren reich dekorierte Fassaden und stilistische Anleihen aus Gotik oder Renaissance typisch; der Geist der Sachlichkeit zeigt sich ab 1910 und die Bauweise mit Backstein folgte ab den dreißiger Jahren. Nicht zu übersehen sind allerdings auch Bausünden, die noch vor wenigen Jahrzehnten begangen wurden. Manch schönes altes Haus wurde ohne Genehmigung in einer Nacht- und Nebelaktion abgerissen und musste liebloser Architektur weichen.

Die Studentenverbindung *Ravensberg* in Aktion (1969)

Ein kleiner Spaziergang

Der *Buddenturm*, Relikt der alten Stadtbefestigung

Der Rundweg startet am **Buddenturm** am südlichen Rand des Kreuzviertels. Der ehemalige Wehrturm ist ein Relikt der mittelalterlichen Stadtbefestigung, die Mitte des 12. Jahrhunderts entstand. Die Dimensionen der einstigen Stadtmauer lassen sich angesichts der noch erhaltenen Reste an der Seite des Turms gut erahnen. Der *Buddenturm* blieb vom Abriss verschont, weil er auch nach dem Schleifen der Stadtmauer 1764/67 ständig genutzt wurde: als Pulvermagazin, Gefängnis oder 1879 auch als Wasserturm. Zeitweilig war er romantisch verklärt mit Zinnen wie aus dem Mittelalter verziert, nach 1945 bekam er aber wieder das ursprüngliche Kegeldach. Gegenüber dem *Buddenturm*, wo die evangelische Studentengemeinde residiert, stand einst das Elternhaus von Hermann Löns, dem Heimatdichter und angesehenen Naturforscher. Als die Nacktschneckenzucht des kleinen Hermann eines Tages ausbüchste und die Tierchen zu hunderten ihre nasse Spur durch das ganze Haus zogen, war dies nur eines von vielen Malen, dass er Mama und Papa zur Weißglut brachte. Seine spätere Alkoholsucht führte zum Bruch mit den Eltern.

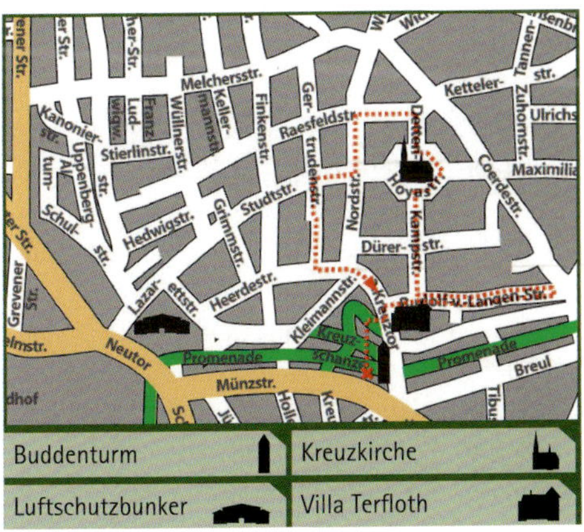

Der Name „Kreuzviertel" stammt vermutlich von der traditionellen Kreuzprozession, die bis in die Täuferzeit hinein durch das nördliche Tor der Altstadt führte, ebenso wie „Kreuzschanze" oder der Straßenname „Am Kreuztor". Das historische Kreuztor befand sich ganz in der Nähe des *Buddenturms*. Von hier aus eroberten die bischöflichen Truppen in der Johannisnacht 1535 die Stadt von den Wiedertäufern zurück.

Die **Kreuzschanze** ist die grüne Idylle mit Teichanlage und dem sogenannten Liebeshügel hinter dem *Buddenturm*. Das lauschige Plätzchen lässt kaum ahnen, dass sich hier während der Täufer-Herrschaft eine schwer gesicherte Bastion befand. Die Truppen des Bischofs konnten hier nur einmarschieren, weil Überläufer die Stadttore öffneten.

Als die *Kreuzschanze* im Jahr 1898 nach den Plänen des engagierten Stadtrats Adolph Kleimann gärtnerisch umgestaltet werden sollte, setzte sich der damalige Student und spätere Direktor des *Landesmuseums* (heute: *LWL-Museum für Kunst und Kultur*), Max Geisberg, dafür ein, dort Grabungen vorzunehmen. Der angehende Kunsthistoriker vermutete an dieser Stelle wichtige Funde. Mit seinen Kommilitonen nahm er den Spaten selbst in die Hand und machte eine Entdeckung, die ihn in der Kunstwelt auf einen Schlag berühmt machte: Er fand kostbare Monumentalskulpturen aus dem 14. bis 16. Jahrhundert. Mit diesen Figuren als Füllmaterial – unter anderem vom Westportal der *Überwasserkirche* – hatten die Wiedertäufer die Verteidigungsanlage befestigt. Die kostbaren Werke – unter anderem von Heinrich Brabender – sind beispielhaft für die Blüte der Bildhauerkunst vor der Täufer-Herrschaft und befinden sich heute im Besitz des *LWL-Museums für Kunst und Kultur*.

Am Eingang der *Überwasserkirche* fehlen Apostelfiguren. Die Täufer befestigten damit den Stadtwall an der Kreuzschanze.

An der *Kreuzschanze* gedenkt die Stadt Münster sehr verschämt einer der größten deutschen Dichterinnen, Annette von Droste-Hülshoff, die nicht nur bei Havixbeck, sondern auch zeitweise in Münster lebte. Das Marmordenkmal der Dichterin steht gut versteckt zwischen den Bäumen. Es ist die erste Porträtbüste der Stadt; Anton Rüller hatte sie zusammen mit Heinrich Fleige geschaffen. Sie wurde 1896 aber zunächst an anderer Stelle aufgestellt. Das Denkmal wirkte auf manche sehr unerwartet: Dem sonst immer zu einem Schabernack aufgelegten Zoodirektor Professor Landois wurde angesichts der Annette-Büste so poetisch ums Herz, dass er seine Verehrung für die „elfengleiche Gestalt, vom Haar umwallt" in Versform fasste.

Auf der Wiese vor dem Denkmal installierte die Künstlerin Nicole Eisenman im Rahmen der *Skulptur Projekte 2019* ihr Werk *Sketch for a Fountain*, das für viele ein magischer Ort wurde. Eine Initiative von Münsters Kunstbegeisterten und Geschäftsleuten kämpfte für die Rückkehr des Brunnens an diesen Platz.

Auf der anderen Seite der Straße, Am Kreuztor 1, wirkt die um 1905 erbaute wuchtige **Villa Terfloth** mit ihren Rundbögen und Werksteinquadern wie eine Burg. Der Architekt hatte jahrelang für reiche Amerikaner Häuser wie europäische Burgen gebaut und setzte seinen Stil an der Promenade für den Zucker- und Bonbon-Großhändler Terfloth um. Als er auf dem Grundstück stand und den *Buddenturm* auf der anderen Seite sah, hatte er schon die erste Idee

Die „Zuckervilla" ließ der Bonbon-Großhändler Terfloth circa 1905 bauen.

und entwarf den runden Eckturm. Im Sims zwischen dem ersten und zweiten Obergeschoss hat er Tierchen versteckt: Wer genau hinsieht, entdeckt zum Beispiel Schildkröte oder Eichhörnchen. Die Stadt verkaufte die denkmalgeschützte „Zuckervilla" 2001 an den Designer Dieter Sieger, der sie restaurierte und hier mit seiner Frau bis zum Verkauf des Millionenobjekts 2019 lebte.

Entlang der Villa geht es weiter geradeaus, und dann vor dem Supermarkt rechts in die **Rudolf-von-Langen-Straße**, die nach dem münsterschen Humanisten und Schulreformer (1433–1519) benannt wurde. Sehenswert ist das Eckhaus Rudolf-

Die neogotische *Kreuzkirche* aus dem Jahr 1902 im Zentrum des Viertels

Figuren und Ornamente im gründerzeitlichen Haus von 1906 in der Kampstraße 2

von-Langen-Straße/Kampstraße 2 von 1906, eines der schönsten Exemplare gründerzeitlichen Bauens mit Erker und figürlichen sowie ornamentalen Stuckverzierungen. In der Rudolf-von-Langen-Straße 34 entstand ein zweigeschossiges Haus im schlichten Stil des Spätklassizismus. Es wurde 1875 gebaut, kurz bevor das Kreuzviertel planmäßig besiedelt wurde. Der charakteristische Giebel wurde der Fassade zugefügt, der neue Eigentümer, ein Steinmetz, brachte die Symboltiere Eule, Katze und Hund an den Giebelstaffeln an.

Etwas weiter sieht man rechts den prachtvollen Bau mit der Hausnummer 11, in dem der berühmte Physiker und Chemiker Johann Wilhelm Hittorf wohnte, der von 1852 bis 1889 Professor an Münsters Uni war.

Seine Arbeiten waren eine wichtige Voraussetzung für die Entwicklung der Röntgenröhren. Eine Gedenktafel an der Hausseite erinnert an ihn. Nun geht es zurück bis zur Kampstraße und durch diese zur **Kreuzkirche**.

Die münstersche Autorin Jutta Balster kennt das Kreuzviertel wie ihre Westentasche und hat alte Adressbücher studiert. Sie geben ein buntes Bild des illustren Völkchens ab, das hier lebte: Berufe wie Zuckerkocher, Büchsenmacher, Hühneraugenoperateur und Plakatsäulenpächter waren damals so aktuell wie Geldzähler oder Postwagenreiniger. Auch kleine Fabriken entstanden im Viertel, etwa die Pianofortefabrik in der Kampstraße, 1910 gegründet von den beiden Instrumentenmachern Bernhard Samson und Theodor Bennemann.

Die 1902 fertiggestellte neogotische *Kreuzkirche* baute der damals bekannte Architekt und Dombaumeister Hilger Hertel. Der Turm folgte erst ein paar Jahre später.

Wenn man entlang der Kirche ein Stück nach rechts geht, gelangt man zu einem Haus auf der rechten Seite der **Hoyastraße**, an der Nummer 20. Der Name Hoya erinnert an ein altes Adelsgeschlecht in Münster, aus dem auch zwei Bischöfe hervorgingen. Das Haus aus dem Jahr 1910 im neubarocken Stil ist eine Reminiszenz an

In der Hoyastraße 20 traf sich in den zwanziger Jahren des letzten Jahrhunderts die feine Gesellschaft. So heiter wie auf diesem Gruppenbild anlässlich der Silberhochzeit von Mia und Ferdinand Ebert ging es im Haus des Kaufmanns zu. In der Mitte der hinteren Reihe: Kunsthistoriker Prof. Dr. Max Geisberg, berühmt geworden auch durch die Skulpturenfunde in der Kreuzschanze

Häuser mit Jugendstildekor in der Raesfeldstraße

Baumeister Schlaun. Der reiche Kaufmann Ferdinand „Tobby" Ebert hatte es bei dem Architekten Alfred Hensen in Auftrag gegeben. Es war der Dreh- und Angelpunkt der Gesellschaft jener Zeit. Hier trafen sich das Offizierskorps, Kaufleute und der Adel; der namhafte Kunsthistoriker Prof. Dr. Max Geisberg war ein enger Freund der Familie.

Wenn man die Kirche halb umrundet hat, geht es nach rechts in die Dettenstraße und nach einigen Metern links in die **Raesfeldstraße**. Sie wurde praktisch in einem Zug bebaut und beeindruckt als einheitliches Ensemble. Gleich auf der Ecke an der Raesfeldstraße 4 steht das Gebäude, in dem Franz-Josef Henke 1906 sein Kolonialwaren- und Delikatessengeschäft mit Kaffeerösterei eröffnete. Bis Februar 1989 weckte die originale Einrichtung beim Einkauf nostalgische Gefühle – die man jetzt im *Stadtmuseum* genießen kann, wo der Tante-Emma-Laden wieder aufgebaut wurde. Charakteristisch ist auch das Haus Nummer 18: Es stammt ungefähr aus dem Jahr 1907, hat einen Giebel über dem Fassadenerker, immer noch die originale Grundstücksumgrenzung und erstrahlt in eigenwilligem Jugendstil-Fassadendekor.

An der nächsten Kreuzung führt der Gang nach links in die Nordstraße, und dann rechts in die **Studtstraße**. Wer sich jetzt Blasen gelaufen haben sollte, kann beim Traditionsschuhmacher Surmund an der Studtstraße 62 Hilfe bekommen.

TIPP !

Werfen Sie von der Nordstraße noch einmal einen Blick in die Hoyastraße. Auf der linken Seite liegt das legendäre Restaurant **Nordstern**, das 1908 gegründet wurde. Generationen von Nachschwärmern haben hier ihr Hähnchen verspeist und im wenig schmeichelhaften Licht die resolute Bedienung der unvergessenen Kellnerin Helga erduldet. Das Ambiente ist eine konsequente Mischung aus westfälischer Gemütlichkeit und Bahnhofswartehalle. Im Kontrast dazu gleichen die Toiletten einer Hochsicherheitsanlage.
Die **Eisdiele Santelia** gegenüber ist der Treffpunkt des Viertels. Wenn die Kinderhorte ihre Türen schließen, bevölkern Eltern mit ihrem Nachwuchs die Terrasse. Viertelbewohner versuchen vom Frühling bis in den Spätherbst, nach Feierabend hier noch ein paar Sonnenstrahlen zu erhaschen.

Ein Stück weiter geht es links in die Gertrudenstraße, die früher „Professorenstraße" genannt wurde. Der Architekt und Bauunternehmer Hermann Borchard prägte mit seinem Stil das Gesicht dieser und anderer Straßen. Sein ehemaliges Stammhaus von 1911 steht in der Lazarettstraße 25. Er hatte für die gut situierten Bürger eine neue Wohnform entwickelt: das Einfamilienhaus mit acht bis zehn Zimmern.

Der alte Gebäudeteil des *Schillergymnasiums* auf der rechten Seite der Straße wurde im Jahr 1907 fertiggestellt. Ein Fußweg entlang der Schule führt geradewegs weiter zur Heerdestraße, an der

Das Haus an der Heerdestr. 1 wurde 1902 erbaut.

Der Luftschutzbunker an der Lazarettstraße 32

Ein Jahr nach den ersten Bombenangriffen auf Münster entstand 1941 der Luftschutzbunker mit drei Stockwerken für 530 Menschen. Er ist ein Beispiel für die neohistorische Bunkerarchitektur des Nazi-Regimes. Der Betonbau sollte als mittelalterliche Festung mit Grabenanlage, Zugangsbrücke, Rundtürmen und den Ziegeln, die ihn umkleiden, harmlos und sicher wirken.

ebenfalls einige schöne Villen liegen. Hier geht es nach links. In dieser Straße lebte Ende des 19. Jahrhunderts der Zuckerbäcker Louis Midy. Der Franzose eröffnete später das historische Kaffeehaus *Hofkonditorei Middendorf* in der Bogenstraße, in der der Tolle Bomberg mit seinen Kumpanen für Stimmung sorgte. In der Heerdestraße wiederum nahmen in dieser Zeit eine Mineralwasseranstalt und eine Likörfabrik ihren Betrieb auf. Am Ende der Straße steuert man geradewegs auf das kleine Café *roestbar* an der Nordstraße 2 zu, wo Sandra Götting und Mario Joka das Geheimnis guten Kaffees lüften. Aus eigener Rösterei bieten sie einen der besten Kaffees der Stadt, köstliche Kuchen und herzhafte Brote oder Trinkschokolade an, die man sich auf der Zunge zergehen lassen sollte. Von hier geht es nach rechts zurück zum *Buddenturm*.

Köstlicher Kaffee in der *roestbar*

REIN INS VERGNÜGEN: DAS HAFENVIERTEL

Klein-Muffi und das Hansaviertel

Wenn man einen Masematte-Seeger bei einem Kower eine Lowine und einen Pilo bestellen hört, sitzt man wahrscheinlich gerade in einer Gaststätte rund um die Wolbecker Straße in Klein-Muffi. Zusammen mit dem Hansaviertel am Hafen gehörte es schon früher zu den aufregenden Stadtvierteln – in den übrigen Vierteln oft als „schofle Bendine" (üble Gegend) beschimpft. Das schlechte Image machte den Bewohnern so sehr zu schaffen, dass sie wirklich in die Luft gingen: Sie wollten es den anderen Vierteln mal so richtig zeigen und bauten mit der *Herz-Jesu-Kirche* das Gotteshaus mit dem höchsten Kirchturm Münsters. Der Turm von 1900 überragt mit 94,63 Metern sogar *St. Lamberti* und die *Kreuzkirche*.

Der Bau des *Dortmund-Ems-Kanals*, der 1899 beendet wurde, sorgte für einen Strom von Arbeitern aus Polen, Italien und den Niederlanden. Von dem damaligen Schimpfwort Muffen, das Holländern galt, soll das Viertel seinen Namen haben. Handwerker, Kleingewerbetreibende und „Malocher" lebten in Klein-Muffi, das bis zum Zweiten Weltkrieg eine Hochburg der Kommunisten war. Hier entwickelte sich jenseits des Großbürgertums ein Stück Münster, das in der Stadt für so manchen Gesprächsstoff sorgte. In den Straßen wurden Platt und die Sondersprache Masematte gesprochen. Die Gegend um die Ewaldi-, Huberti- und Lambertistraße war ein Dorf in der Stadt; für die Kinder war das eigene Viertel der reinste Abenteuerspielplatz. In den Erinnerungen schwärmen die Bewohner vom Gemeinschaftsgefühl und dem engen Nachbarschaftsleben, von den Originalen und dem gemeinsamen Gläschen Wermut, „eenen ut de Stükern", einem bewährten Heilmittel bei Zahnschmerzen und Liebeskummer.

Tätowierprofi Tanina Palazzolo

Kleiner Masematte-Sprachführer

Die münstersche Geheimsprache Masematte entwickelte sich als Mischung aus Jiddisch, Rotwelsch und Hebräisch. In vier Stadtvierteln wurde im 19. Jahrhundert Masematte gesprochen. Neben Klein-Muffi gehörte das Kuhviertel dazu, sowie Pluggendorf und die Gegend zwischen Wevelinghofergasse, Sonnen- und Hörsterstraße. Sie alle gehörten zu den sozial schwächeren Wohngebieten Münsters, in denen Handwerker und Arbeiter, aber auch Scherenschleifer, Entfesselungskünstler, Lumpensammler, Prostituierte, Landfahrer und Tagelöhner lebten. Die Kehrseite des abenteuerlich und bunt klingenden Alltags war oft die große Armut der Menschen.

Obwohl heute niemand mehr mit Masematte groß wird, ist eine Fülle von Masematte-Wörtern lebendig und gehört zum Alltags-Wortschatz in der Stadt:

Masematte	Deutsch
abnippeln	sterben
achilen	essen
Anim	Mädchen
ausbaldowern	ausdenken
Bendine	Gegend, Umgebung
Bosse	Hose
Chalo	Bauer, Kerl
Döppen	Augen
Fleppe	Gesicht, Führerschein
Jontef	Spaß
jovel	klasse, toll
Kaline	Mädchen, Frau
Keilof	Hund, Köter
kneistern	sehen, schauen
Kower	Kellner
Leeze	Fahrrad
Lobbe	Gesicht
Lowine	Flasche Bier

Masematte	Deutsch
meschugge	dumm
Murmelschuppen	Kirche
Nerbloköster	Spinner, Verrückter
Pani	Wasser
Pilo	Schnaps
Plinte	Unterhose
plümpsen	schwimmen, baden
poofen	schlafen
Seeger	Mann, Kerl
Schock	Kirmes, Send
schofel	gemein, schlecht
Schond	Toilette
Schore	Diebesgut, gestohlene Ware
schoren	stehlen
sierften	klauen
unwies	verrückt

Das Gebiet zwischen Hafen und Hauptbahnhof wird Hansa- oder Hafenviertel genannt.

Rund um dessen Lebensader, den Hansaring, findet sich eine bunte Mischung aus kultigen Kneipen oder witzigen Läden wie *Tätowiersucht*, dem Studio der Tattookünstlerin Tanina Palazzolo. Der Bezirk ist insbesondere für junge Leute und Studierende ein attraktives Wohngebiet geworden. Das dortige Nachtleben beschreibt Münsters Alternative-Rock-Band *Donots* in ihrem Song „Hansaring, 2:10 Uhr".

Der Hafen am Dortmund-Ems-Kanal

Den Charme des ersten Industriegebietes am Binnenhafen Münsters haben einige Pioniere schon in den siebziger Jahren entdeckt, lange bevor am nördlichen Ufer der sogenannte *Kreativkai* entstand. Der Hafen stand schon damals für ein urbanes Lebensgefühl, mit dem es höchstens noch das Freibad *Coburg* im Hochsommer aufnehmen konnte. Wenn sich das Hafenbecken auch sehr bescheiden ausnimmt angesichts der stolzen Binnenhäfen anderer Städte, ist die Gegend doch von ganz besonderem Flair geprägt. Im Stadthafen findet man eine gelungenes Nebeneinander von Arbeit und Freizeit sowie Kunst und Kultur – ein inspirierendes Stück Münster also.

Mit Blick auf Kräne und Lagerplätze der ehemaligen Handelsfirmen wurden Kontorhäuser und ehemalige Kornspeicher liebevoll restauriert, neue Architektur entstand neben alten Backsteinhäusern. Auf der anderen Seite der Hafenmeile, Am Mittelhafen, entsteht derweil in einem alten Lagerhaus die so genannte *B-Side*, ein gemeinnütziges Projekt, das von Akteuren aus der alternativen Kunst- und Kulturszene Münsters ins Leben gerufen wurde und bezahlbare Büroflächen für Kreative sowie freien Raum für Kunst bieten soll.

Auch das *Wolfgang Borchert Theater* und die *Kunsthalle Münster* sind an den Stadthafen gezogen. Tagsüber und abends kann man sich hier in den vielen Restaurants, Kneipen und Bars vergnügen. Der Ort zieht auch Künstler wie das *Theater Titanick* an, das Stücke wie *Alice On The Run* am Hafen zeigte und für die Show *Treibgut* sogar ins Wasser ging. Dieses münstersche Straßentheater zählt zu den besten der Welt und ist international unterwegs.

Der Hafen war schon in den zwanziger Jahren eine Vergnügungsstätte.

Das Open-Air-Theater *Titanick* zeigt auf dem Hafenplatz *Alice on the Run.*

Modernes Design, historische Gebäude und der Charme alter Industrieanlagen im Stadthafen

Die *Weiße Flotte* mit *Undine* und *Münsterland* schipperte mit den Ausflüglern über den Kanal nach Senden, Greven, Hiltrup oder Amelsbüren. Die Weltwirtschaftskrise machte dem frohen Treiben auf dem Wasser ein Ende.

Neben modernen Gebäuden und restaurierten Speichern sind hier auch die Relikte alter Industrieanlagen zu sehen. Beim Betrachten kann man im Verborgenen noch immer Spektakuläres entdecken und sich an den Details scheinbar banaler Bauten erfreuen, vor allem im südlichen, industriellen und – noch – ruppigen Teil des Hafengeländes, wo die *B-Side* entsteht. Solange der Kohlenspeicher hier in Betrieb war, wurden Schiffsladungen im Hafen gelöscht. Mit dem Start des neuen Dampfturbinen-Kraftwerks wurde es um die traditionelle Hafennutzung endgültig ruhig. Zwischen den Industriebetrieben des Mittelhafens werden die Gebäude aber immer wieder und häufiger von Kreativen entdeckt. Allen voran zogen Anfang 2005 einige Musikprofis hierher. So bezog *Jovel-Music-Hall*-Erfinder Steffi Stephan seine Büros. Der Musiker und Veranstalter gründete mit Udo Lindenberg das *Panikorchester* und tourte jahrelang mit Peter Maffay. Mit der kulturellen Aufwertung des Mittelhafens entstehen heute weitere Projekte. Die bereits erwähnte *B-Side* entsteht hier als kultureller Freiraum für Kreative, die *Stadtwerke Münster* residieren hier bereits, ebenso wie die *Hafenkäserei.*

Kleine Geschichte des Hafens

An der Entstehung von Münsters Hafen im Jahr 1899 hatte Kaiser Wilhelm II. ebenso großen Anteil wie am Matrosenlook, in den kleine Jungs und Mädchen damals gezwängt wurden. Die kaiserliche Leidenschaft für alles Maritime – was sich allerdings auch im verheerenden Bau der Kriegsflotte ausdrückte – bescherte dem Kanalbau einen kräftigen Schub. Den Empfang des Monarchen im Jahr 1907 ließ sich Münster gar einen Festetat von 100000 Mark kosten. Das Ergebnis war immerhin auch ein bisschen Frieden zwischen dem erzkatholischen Münsterland und dem stockprotestantischen Preußen.
Die Hafengebiete brachten Münster einen bedeutenden Schritt näher zur Großstadt. Mit dem Bau des Stadthafens entstanden kommunale Versorgungsbetriebe am Albersloher Weg, beispielsweise das erste Elektrizitätswerk. Der Strom sollte aber keineswegs Licht in dunkle Straßen und Häuser bringen, sondern den Start der Straßenbahn im Jahr 1901 ermöglichen.

Bis zum Ersten Weltkrieg war Getreide das wichtigste Importgut im Hafen, vor allem Futtergerste aus dem Baltikum für die Schweinemast. Bald bekam der florierende Handel über den Wasserweg einen kräftigen Dämpfer, denn die Eisenbahn konkurrierte stark mit dem Gütertransport. Der Zweite Weltkrieg brachte den Hafenbetrieb endgültig zum Stillstand.

Die Postkarte zeigt den Hafen vor rund 100 Jahren.

In der Nacht vom 14. auf den 15. Mai 1940 fielen die ersten Bomben auf Münster; sie galten dem Hafengebiet. Die Schäden wurden später vor allem mit Hilfe von Zwangsarbeitern und Kriegsgefangenen beseitigt. Bei Kriegsende waren über 70 Prozent der anliegenden Wohnungen zerstört, ebenso wie der Hafen selbst samt Gleis- und Umschlaganlagen, Kränen und Lagerhäusern. Seine echte Blütezeit erreichte der Hafen im Jahr 1962, als mit 4300 Schiffen und mehr als 1,3 Millionen Tonnen Gütern ein einmaliger Rekord aufgestellt wurde. Der allmähliche Rückgang des Güterumschlags führte dazu, dass Firmen das Hafengebiet verließen und ungenutzte Betriebsgelände sowie brachliegende Grundstücke fortan das Bild prägten.

Der tapfere Feuerwehrmann

Dank der zügigen Wiederaufbauarbeiten nach dem Zweiten Weltkrieg konnte der Hafenbetrieb bereits im März 1946 erneut aufgenommen werden. Bei den Bombenentschärfungen half ein Arbeitsloser mit Namen Georg Ruhmöller, den man im Schnellverfahren zum Feuerwehrmann ausgebildet hatte. In ihrem Buch *Geschichte im Gespräch: Kriegsende 1945 und Nachkriegszeit in Münster* hat Sabine Heise einen Erlebnisbericht dieses Mannes veröffentlicht.

Feuerwehrmann Ruhmöller erzählt darin, wie er mit seinen Kollegen im Hafenbecken auf eine Fünfzentnerbombe stieß. Nach dem Krieg hatte man das Wasser aus dem Becken abgelassen und reichlich Schiffswracks und Blindgänger gefunden. Besagte Bombe ließ sich aufgrund des verbogenen Zünders nicht entschärfen. Eine Sprengung im Hafen hätte die umliegenden Gebäude in Mitleidenschaft gezogen. Ruhmöller fand eine sehr eigenartige Lösung des Problems, war davon aber ziemlich überzeugt: Er schrieb mit Kreide das Wort „Hochexplosiv" auf den Sprengkörper und hielt die Angelegenheit damit für erledigt – ganz im Gegensatz zu seinen Vorgesetzten.

Schließlich erklärte sich ein Lasterfahrer namens Franz bereit, die Bombe zum Sprengfeld nach Amelsbüren zu fahren, falls sich eine Begleitung fände. Als einzig Unverheirateter wurde Ruhmöller schnell zum Freiwilligen erklärt.

Die Bombe wurde in einer waghalsigen Aktion auf die Ladefläche eines LKW gehoben – und los ging der hochgefährliche Transport durch einige Wohngegenden am Albersloher Weg, in Hiltrup und in Amelsbüren. Der tapfere Feuerwehrmann hatte sich auf die Bombe gesetzt, um Erschütterungen abzufedern. Georg Ruhmöller beruhigte sich rückblickend mit dem Gedanken: „Haftbar hätte mich nie einer machen können. Wenn die Bombe hochgegangen wäre, hätte man von mir ja nichts mehr gefunden."

Ein Spaziergang am Hafenbecken

Gestartet wird auf dem Hafenplatz vor dem Gebäude der *Stadtwerke Münster*, den viele Skater als Treffpunkt und Sportplatz nutzen. Auf der anderen Seite der Straße liegt der Glaspalast des **Cineplex-Kinos** mit weit sichtbaren Lichtinstallationen –

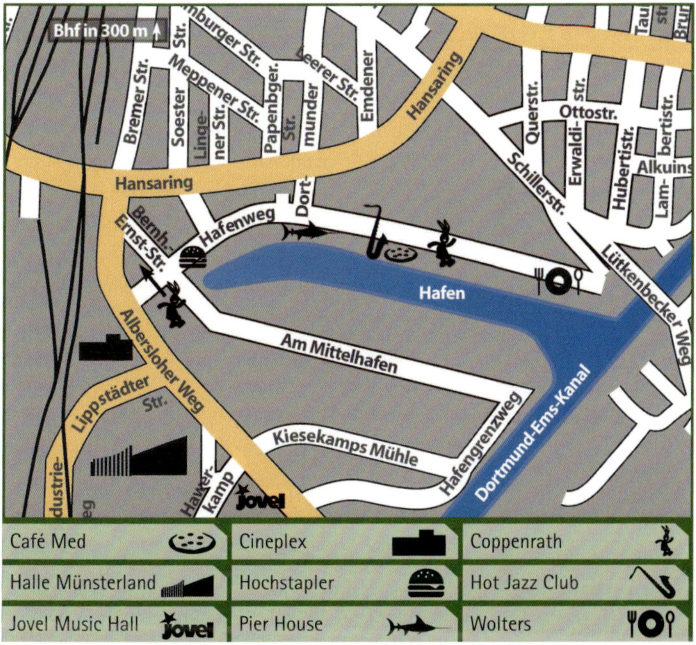

Das Kino *Cineplex* am Stadthafen

aus der oberen Etage des Gebäudes hat man einen weiten Blick auf das Hafenbecken und den Dortmund-Ems-Kanal. Der Spaziergang führt nun zuerst an der nördlichen Hafenseite entlang, an der Rückseite der *PSD-Bank* vorbei, bis zum Ende des Hafenbeckens. Unterwegs lockt in alter und neuer Architektur viel gastronomisches Leben mit Kneipen, Cafés und Restaurants und einigen Läden. Einer der ersten Neubauten hier wurde vom Architekten Josef Paul Kleihues entworfen. Unten im Gebäude liegt das Restaurant **Pier House**, das 1999 vom Pionier der münsterschen Gastronomieszene Jürgen Köhn eröffnet wurde. Investor Elmar Grimm verwirklichte mit dem Haus die Idee, am Hafen Künstlerateliers und Büroraum für Dienstleister zu schaffen. Es geht weiter

Siggi Spiegelburg präsentiert am Hafen fantasievolle Kreationen.

vorbei am **Hot Jazz Club**, einem beliebten Szenekeller mit reichem Programm aus Jazz- und Blueskonzerten sowie Kulturveranstaltungen. Die Terrasse zum Hafenbecken ist im Sommer ebenso gut besucht wie die der anderen Läden ringsum. Auch das italienische Restaurant **Café Med** ein paar Häuser weiter, das in den Räumen einer einstigen Druckwerkstatt entstanden ist, besitzt einen schönen Außenbereich zum Wasser. Im obersten Stock des **Speichers II**, der nebenan liegt, ist die *Kunsthalle Münster* untergebracht. In den anderen Etagen des Gebäudes sind 32 Ateliers entstanden, in denen seit 2004 Künstlerinnen und Künstler aus verschiedenen Bereichen der bildenden Kunst ideale Arbeitsbedingungen vorfinden. Das Erdgeschoss und ein Teil des ersten Stockwerks werden von kulturwirtschaftlichen Unternehmen genutzt. Neben der druckgrafischen Werkstatt *mike karstens graphics* bietet die Designerin Siggi Spiegelburg hier individuelle Mode an. Ihr Mann ist Wolfgang Hölker, der mit dem ehemaligen Getreide-Speicherhaus nebenan mit seinem *Coppenrath-Verlag* eine poetisch-bunte Welt geschaffen hat. Dieses Gebäude wurde schon 1899, also mit der Eröffnung des Hafens, in Betrieb genommen. Es ist ein typisches Beispiel für die

Alte Speicher aus der Frühzeit des Hafens, umgebaut für kluge Köpfe und andere Künstler. Das schöne *Coppenrath*-Verlagshaus kann man nur von außen besichtigen – innen wird gearbeitet.

damalige Industriearchitektur und eines der wenigen aus der Frühzeit des Hafens übriggebliebenen Bauwerke.

Hingegen wurden die früher dahinterliegenden sogenannten *Osmohallen*, einstmals Holzlager der Firma *Ostermann & Scheiwe*, zugunsten

Felix und der Coppenrath Verlag

Vom Verlagsgebäude *Coppenrath* aus erobern die Kinderlieblinge Hase Felix und Prinzessin Lillifee die ganze Welt. Von Island bis Israel, von Australien bis Amerika gehen Kinder in 30 Ländern mit dem Bilderbuch-Hasen auf Reisen um den Globus. Die Felix-Bücher mit über sieben Millionen Exemplaren sind ein Beispiel für Wolfgang Hölkers kleine Revolution auf dem Büchermarkt. Der gelernte Grafiker hatte von Beginn seiner Verlegerkarriere Ende der siebziger Jahre an besondere Ideen für die liebevolle Aufmachung seiner Bücher, wie bei seinem Klassiker, dem Kochbuch mit Fettflecken. In den Felix-Büchern wiederum stecken kleine Briefchen, geschrieben in krakeliger Hasenschrift. Seit 2008 residiert der Verlag auch in der denkmalgeschützten, schmuckvoll renovierten alten Feuerwache in der nahe des Hafens gelegenen Bernhard-Ernst-Straße.

Coppenrath Verlag: www.coppenrath.de

Weißer Sand und heiße Nächte am sommerlichen *Coconut Beach*

von Büros und Wohnflächen abgerissen. Daher musste der Party-Ort *Heaven* 2018 innerhalb des Hafenbereichs umziehen.

Wer hier am Ufer weiter promeniert, gelangt zu dem Restaurant *Wolters*, der Mietlocation *EsCape* sowie dem Friseursalon *Cabelo*, wo sich Komikerin Lisa Feller und Schlagersänger Roland Kaiser schon mal auf einen Haarschnitt treffen.

Speicher II:
www.speicher2.de

Der Hawerkamp

Wer vom Hafen aus gesehen das Cineplex rechts liegen lässt, läuft weiter in Richtung *Halle Münsterland*. Die Rolling Stones gaben hier ihr erstes Deutschland-Konzert. Hinter der Halle rechts abgebogen beginnt die Straße *Am Hawerkamp*. In das erste Gebäude auf der Ecke, in dem früher ein Autohaus untergebracht war, zog 2008 die Konzert-Location *Jovel Music Hall* ein. 2016 folgte die Disco *Amp*.

Ganz am Ende der Straße, auf dem ehemaligen Werksgelände der Betonfirma *Pebüso* (*Peter Büscher & Sohn*) mit alten Gebäuden und Schienensträngen, entstand in den neunziger Jahren eine alternative Kulturzone in Münster. Davor liegt links einer der gefragtesten Ausgeh-Orte in Münster. Im Sommer entsteht hier mit tonnenweise aufgeschüttetem Sand eine Strandlandschaft zum Feiern: der **Coconut Beach**. Die dafür verantwortliche *Dockland-Agentur* um Gastronomie-Impresario Pitti Duyster betreibt direkt daneben den Tanzclub **Heaven** und veranstaltet hier jeden Sommer das *Docklands Festival* für rund 12 000 Fans elektronischer Musik.

In dem Soziotop hinter dem Beach entwickelte sich eine alternative Kultur- und Clubszene, die heute aus Münster nicht mehr wegzudenken ist. Der Hawerkamp hat außerdem weit mehr zu bieten als „nur" ein reichhaltiges Party-Angebot. Hier findet sich ein origineller Mix aus Kunst, Kultur, Feier- und Musiklocations sowie altem Industrie-Ambiente. Im Sommer veranstaltet das Programmkino *Cinema* hier eine Open-Air-Filmreihe, das *Kampflimmern*. Der authentische Charakter dieses Kultur-Areals zieht jedes Jahr rund 150 000 Gäste an, die häufig auch von weit her anreisen. Und auf dem angrenzenden Gelände findet alljährlich für Punk- und Metalfans das *Vainstream Rockfest* statt.

Künstlergemeinschaft Hawerkamp 31:
www.am-hawerkamp.de

Alternatives Party-Areal Hawerkamp

AUSFLÜGE UND FREIZEITVERGNÜGEN

Falls Sie nach dem Asphalttreten Lust auf pure Natur haben, müssen Sie in Münster nicht lange suchen. Nur ein paar Fußminuten vom innerstädtischen Schaufensterbummel entfernt laden grüne Ausflugsziele zum Durchatmen ein. Auch für die weitere Umgebung haben wir einige Tipps zusammengestellt.

Grüne Oasen

Die Promenade

Der viereinhalb Kilometer lange Spazier- und Radweg um die Altstadt entstand im 18. Jahrhundert. Nach dem Siebenjährigen Krieg (1756–1763) war Franz von Fürstenberg, Minister und Generalvikar, der Meinung, dass Münster keine Verteidigungsanlage mehr brauche und ließ die Stadtmauer abreißen, um an ihrer Stelle die Promenade entstehen zu lassen. Für die Gestaltung der Grünanlage war Johann Conrad Schlaun zuständig.

An beiden Seiten der Allee, die ursprünglich nur von Linden gesäumt war, laden kleine Parks und lauschige Orte oder Spielplätze zum Verweilen ein. An einigen Stellen sind noch die Spuren des einstigen Walls zu entdecken. Zum Beispiel ist an der Kleimannstraße eine alte Wasserwehr erhalten geblieben, die man „Wasserbär" nennt.

Auch der so genannte *Zwinger* gehörte früher zur Stadtbefestigung und zählt mit einem Durchmesser von 24 und einer Wandstärke von

Wasserbär und Reste der Stadtmauer, die Freiherr von Fürstenberg zur Promenade umbauen ließ. Baukünstler Schlaun fertigte die Pläne.

Der alte *Zwinger* von 1532 hat eine wechselvolle Geschichte: Festungsturm, Zuchthaus, Künstlerdomizil, Hinrichtungsstätte der Gestapo. Die Skulptur *Das gegenläufige Konzert* (1987) der Künstlerin Rebecca Horn erinnert an die schrecklichen Ereignisse.

4,60 Metern zu Deutschlands bedeutendsten Wehrtürmen. 1732 war Johann Conrad Schlaun für den Bau eines Zuchthauses als Gefängnis für besonders schwere Straftäter zuständig und bezog auch den *Zwinger* in diese Anlage ein. Um 1850 wurde nur einen Steinwurf entfernt an der Gartenstraße ein neues Gefängnis gebaut, das auch nur noch in Teilen in Betrieb ist. Um den Erhalt des Gebäudes und den Standort eines Neubaus streiten sich die Stadt Münster und das Land NRW.

Die Stadt kaufte den *Zwinger* im Jahr 1911. Zunächst nutzten ihn Maler als Wohnung und Atelier. Während des Nationalsozialismus war das historische Gebäude „Kulturheim der münsterschen Hitlerjugend", später Inhaftierungsanstalt der Gestapo, die hier Menschen hinrichtete.

Durch die Installation *Das gegenläufige Konzert* von Rebecca Horn ist der *Zwinger* 1987 zu einem Mahnmal geworden, das an die Verbrechen während des Nazi-Regimes erinnert. Das Kunstwerk stellt eine Symbiose zwischen Natur und dem dort geschehenen Unrecht her. Mit flackernden ewigen Lichtern, metallenen, rhythmisch klopfenden Hämmern und dem stetigen Klang eines Wassertropfens, der zwölf Meter tief in eine Zisterne fällt, schafft Horn eine beklemmende Atmosphäre. Zur Ausstellung *SkulpturProjekte* 1997 wurde das Werk leicht verändert neu installiert.

Aaseitenweg

Das Flüsschen Aa entspringt in den Baumbergen bei Havixbeck, fließt von Südwesten nach Münster und verlässt die Stadt im Norden. Der Name kommt von „Ahwa", dem altsächsischen Wort für Wasser. Die innerstädtischen Uferwege laden zum Spazieren ein, allerdings muss man unterwegs immer wieder Straßen überqueren.

Man kann am *Zwinger* starten, schöner wird es ab dem Kiepenkerlviertel. Begleitet wird der Weg von Tafeln des stadtökologischen Lehrpfads *Naturerlebnisse*.

Die Aa führt vorbei an Universitätsbibliothek und *Petrikirche*. Die Türen des Westportals der dreischiffigen Emporenbasilika gotischen Stils

Dolomit zugeschnitten von Ulrich Rückriem (1977) an der *Petrikirche*, wichtiges Kunstwerk der ersten Skulpturenausstellung

schuf 1969 der Roxeler Bildhauer Rudolf Breilmann. Sie zeigen den Lebensweg des heiligen Paulus in figürlicher Darstellung. Die neun keilförmigen Steinrohlinge neben dem Gotteshaus sind ein Werk des Künstlers Ulrich Rückriem, eine der

Die *Petrikirche* wurde von den Jesuiten gegründet. Sie ließen sich 1588 im Zuge der Gegenreformation unter heftigem Protest des Stadtrats in Münster nieder.

Frischen Wind um die Nase genießen Spaziergänger und Sportler am Aasee.

ersten im Jahr 1977 aufgestellten Skulpturen, mit dem Titel *Dolomit zugeschnitten*. Das Kunstwerk nimmt Bezug auf das einstige Jesuitenkolleg an dieser Stelle.

Ein Stück weiter die Aa hinauf, an der Johannisstraße 12-20, liegt die alte Sternwarte. In dem Unigebäude ist das *Ehrenpreis-Zentrum für Swift-Studien*, eine Sammlung von Weltrang, untergebracht. Der Satiriker Jonathan Swift, einer der prägenden Intellektuellen der englischen Aufklärung, hat damit eine Heimat in Westfalen gefunden. Lange wurde der Schöpfer von *Gullivers Reisen* als Kinderbuchautor missverstanden, weil sein Werk gekürzt, verharmlost und der beißenden Kritik an den gesellschaftlichen Zuständen des 18. Jahrhunderts beraubt wurde.

Aasee

Noch zu Beginn des letzten Jahrhunderts erstreckten sich an der Stelle des Aasees ausgedehnte feuchte und sumpfige Wiesen, durch die sich die Aa schlängelte. Wenn das Flüsschen von Herbst bis Frühjahr über die Ufer trat, wurden die Wiesen vor dem Aegidiitor überschwemmt. Bei Frost entstand eine spiegelnde Eisfläche. Zu den begeisterten Schlittschuhläufern zählte auch der Zoogründer Landois, der mit hohem Zylinder und langer Tabakspfeife auf dem Eis eine gute Figur abgab.

Er hatte die Idee, für große Wassermengen einen Stausee anzulegen, um bei dem ständig wiederkehrenden Hochwasser Überschwemmungen zu verhindern.

Landois' Pläne wurden allerdings

erst 1936, 21 Jahre nach seinem Tod, realisiert. So war es ihm nicht mehr vergönnt, auf Eisenkufen über den Aasee zu gleiten.

Mit dem Umzug des Zoos wurde der See bis 1976 südlich der großen Torminbrücke auf das Doppelte erweitert. Die vierzig Hektar große Wasserfläche ist Münsters große Frischluftschneise und ein Freizeit- und Sportparadies mit zwei kleinen Häfen sowie Segel- und Tretbooten.

Was das Aaseeufer Kunstfreunden zu bieten hat, ist im Kapitel Kunst und Kultur ab Seite 159 nachzulesen. An der Nordseite locken indes das *Freilichtmuseum Mühlenhof*, das *LWL-Museum für Naturkunde* mit Planetarium und der *Allwetterzoo* mit Pferdemuseum. Zu diesen Attraktionen fährt auch das Aaseeschiff *Solaaris*, das täglich mehrere Male zu einer kleinen Kreuzfahrt auf dem Aasee einlädt.

Wer lieber sein eigener Kapitän sein möchte, chartert ein Tretboot, zum Beispiel das in Form eines großen Schwans. Im Frühjahr 2006 machte ein weiblicher Trauerschwan seinem Namen alle Ehre: Er verliebte sich in das Tretboot und wich ihm fast drei Jahre lang nicht mehr von der Seite.

Aaseepark:
www.aaseepark.de

MEINMÜNSTER

„Wohl jeder Münsteraner tritt irgendwann in Kontakt zur Segelschule *Overschmidt*, sei es als Eleve des Segelsports oder aber als Tretbootkapitän, zumindest aber als Beifahrer eines schwitzenden und unermüdlich strampelnden Papas, der seinen Sprösslingen das Gefühl vermitteln will, eine alte Teerjacke zum Vater zu haben.

Wer dann später als Dreikäsehoch oder doch erst als Erwachsener seinen Segelschein bei *Overschmidt* macht, wird in Peter Overschmidt, einem mit allen Wassern gewaschenen Seebären mit rauhbeinigem Charme, und seiner sympathischen Crew begeisterte Segler kennenlernen, die es schaffen, jeden für den Rest seines Lebens mit dem Segelvirus zu infizieren."

Seemannsgarn spinnen und Knoten üben: Die Leichtmatrosen der Götz Alsmann Band im Jahr 2006 bei Overschmidt

Götz Alsmann *(Entertainer)*

Der kleine Schwan, ‚Schwarze Petra' genannt, hatte sich unsterblich in das weiße Boot verliebt.

Wienburgpark

Der naturbelassene Park mit Wiesen, Wegen und einem großen Kinderspielplatz liegt im nördlichen Aatal. In einem renaturierten Feuchtbiotop haben Wasservögel neuen Lebensraum gefunden. Zum Einkehren lädt das Hotel-Restaurant *Wienburg* mit gepflegter Gastronomie und idyllischem Biergarten ein.

Ausflüge zum Stadtrand

Rieselfelder

(ca. 9 km vom Zentrum)

Das *Europareservat Rieselfelder Münster* ist eines der wichtigsten Vogelschutzgebiete der Europäischen Union, nördlich des Stadtteils Coerde gelegen. Höchst seltene Vogelarten wie Uferschnepfen, Grünschenkel und Turmfalken sind in diesem einmaligen Flachwasser-Biotop zuhause. Seit dem Jahr 1901 und noch bis zum Bau einer Großkläranlage 1975 erfüllten die Rieselfelder ihren namensgemäßen Zweck: Hier wurden die Abwässer der Stadt geklärt. Im Jahr 1968 gründeten Umweltschützer und Ornithologen die *Biologische Station Rieselfelder Münster*. Dieser Einrichtung ist es zu verdanken, dass das viereinhalb Quadratkilometer große Gebiet heute ein wichtiger Rast- und Mauserplatz für zahlreiche Vogelarten ist.

Vogelschutzgebiet Rieselfelder:
www.rieselfelder-muenster.de

Die Rieselfelder, einst Kloake, heute Naturschutzgebiet mit seltenen Vogelarten

Pleistermühle

(ca. 6 km vom Zentrum)

Inmitten der Bauernschaft Werse, am gleichnamigen Flüsschen, idyllisch zwischen hohen Bäumen am östlichen Stadtrand von Münster gelegen, liegt der *Landgasthof Pleister Mühle*. Von hier aus kann man die Landschaft rund um die Werse erkunden – zu Fuß, zu Pferde, per Fahrrad oder Kanu.

Handorf

(ca. 7 km vom Zentrum)

Das „Dorf der großen Kaffeekannen" ist eines der Ausflugs- und Ferienziele an der Werse. Reizvoll ist eine Tour über die kleinen Wege, die typischen münsterländischen „Pättkes", von der Warendorfer Straße links in die Dyckburgstraße und vorbei am Boniburger Wald, in dem Schlaun das *Haus Dyckburg* errichtete. Die *Loreto-Kapelle* wählen Verliebte gerne, um sich das Ja-Wort zu geben. Über die Sudmühlenstraße geht es weiter nach Handorf. An dieser Straße liegt auch das *Westfälische Pferdezentrum*, ein Mekka der Pferdefreunde und Auktions- und Turnierplatz.

Handorf: www.handorf-aktuell.de

Angelmodde

(ca. 8 km vom Zentrum)

Die Flüsse Angel und Werse fließen durch Angelmodde mit seinem malerischen Zentrum und der romanischen Saalkirche. An dieser *St. Agatha*, einer typischen Dorfkirche des Münsterlandes, kann die Grabstätte der Fürstin von Gallitzin besucht werden. Das *Gallitzin-Haus* widmet ihr außerdem eine Dauerausstellung.

Historischer Postkarten-Gruß aus dem Dorf der großen Kaffeekannen (1898)

Knapper Name, knappes Outfit: Am liebsten FKK am KÜ

Wolbeck

(ca. 10 km vom Zentrum)
Die Bischöfe von Münster residierten ab dem 13. Jahrhundert auf einer Burg in Wolbeck. Im *Westpreußischen Landesmuseum* im ehemaligen *Drostenhof* werden Exponate aus dieser 750-jährigen Geschichte Westpreußens und des Freistaates Danzig gezeigt. Südöstlich von Wolbeck liegt der 240 Hektar große, sehr schöne Tiergarten, in dem eine Begegnung mit Kröten und Feuersalamandern nicht selten ist. Der Wolbecker Hochwald ist das ehemalige Jagdrevier der Bischöfe.

Wolbeck: www.wolbeck-muenster.de

KÜ (Kanalüberführung)

(ca. 10 km vom Zentrum)
Im Sommer freuen sich nicht nur die FKK-Fans, wenn die Schiffe über eine Brücke fahren: An diesem Ort wird der alte Dortmund-Ems-Kanal mittels einer denkmalgeschützten, mehrbogigen Überführung aus Sandstein über die Ems hinweg geführt. Der alte Wasserweg zwischen Gimbte und Gelmer misst gut zwei Kilometer und ist ideal für Wasserfreunde, Sonnenanbeter und Familien mit kleinen Kindern. Obwohl der Sprung ins erfrischende Kanalwasser hochoffiziell untersagt ist, tummeln sich hier viele Badefreunde.

Ziele außerhalb der Stadt

Telgte und das Krippenmuseum

(ca. 10 km vom Zentrum)

Das 1200 Jahre alte Städtchen ist ein bedeutender Wallfahrtsort. Bekannt ist das Krippenmuseum in einem markanten Gebäude des Architekten Josef Paul Kleihues. Es gibt auch ein Kornbrennerei-Museum. Und: Der New Yorker Künstler Josef Zutelgte stellte 2006 das Kunstverständnis seiner Geburtsstadt wortwörtlich auf den Kopf, indem er das Telgter Wahrzeichen, eine alte Eiche, in einer sechs mal fünf Meter großen Skulptur einfach umdrehte.

Telgte: www.telgte.de

Burg Hülshoff

(ca. 12 km vom Zentrum)

Die Dichterin Annette von Droste-Hülshoff wurde 1797 auf diesem Wasserschloss mit Parkanlage und *Droste-Museum* geboren. Das *Center for Literature* lädt hier zur Auseinandersetzung mit gesellschaftlichen Themen ein und setzt Projekte um. Sei es ein Literaturmuseum in der Burg oder ein Lyrikweg von hier zum *Rüschhaus*.

Burg Hülshoff:
www.burg-huelshoff.de

Auf *Burg Hülshoff* wurde die Dichterin Annette von Droste-Hülshoff geboren.

Baumberge

(ca. 20 km vom Zentrum)

Wo das Münsterland am höchsten und schönsten ist, ruht tief im Boden der berühmte Kalksandstein, der „Marmor des Münsterlandes", aus dem zum Beispiel der *St.-Paulus-Dom* in Münster gebaut wurde. Weitere prominente Beispiele für die Verwendung dieses Baustoffes sind der *Ludgerus-Dom* in Billerbeck und die Ausstattung der Abtei Gerleve zwischen Coesfeld und Billerbeck. Auch im Raum der alten Hanse, zum Beispiel in Lübeck und Riga, existieren Figuren aus diesem Stein. Das Baumberger *Sandstein-Museum* in Havixbeck erzählt die Geschichte dieses Materials.

Der Geograph, Zoologe und Schüler von Landois, Dr. Fritz Westhoff, der wegen seiner 1,92 Meter „Longinus" genannt wurde, war ab 1896 erster Vorsitzender des Baumberge-Vereins. Der *Longinus-Turm* auf dem Westerberg, dem höchsten Punkt der Baumberge, wurde nach ihm benannt. Zum Turm gehört das *Café 18|97*.

Die traumhafte Gegend rund um die Orte Havixbeck, Billerbeck, Nottuln, Rosendahl und Coesfeld bietet eine schöne Hügellandschaft mit idyllisch gelegenen Wasserburgen und gemütlichen Einkehrmöglichkeiten in den kleinen Orten.

Baumberge:
www.baumberge.net
Baumberge-Tourismus:
www.baumberge.com

Sandstein-Museum:
www.sandsteinmuseum.de
18|97 Café am Longinusturm:
www.longinusturm.com

Lüdinghausen

(ca. 30 km vom Zentrum)
Am Rande der mittelalterlichen Stadt im südlichen Münsterland liegen drei Wasserburgen, unter anderem die *Burg Vischering*, eine der eindrucksvollsten und ursprünglichsten Bauten. Im Rittersaal finden Konzerte und Ausstellungen statt.

Lüdinghausen:
www.luedinghausen.de
Burg Vischering:
www.burg-vischering.de

Wahrhaft ritterlich: *Burg Vischering* ist eine der schönsten Wasserburgen im Münsterland.

Gottfried Laurenz Pictorius, Spross der berühmten westfälischen Baumeisterfamilie, schuf unter anderem das *Wasserschloss Nordkirchen* (1703-1712).

Das Wasserschloss von Nordkirchen

(ca. 35 km vom Zentrum)

Zu Beginn des 18. Jahrhunderts schufen die Baumeister Pictorius und Schlaun das „Westfälische Versailles" mit angelegtem Park und breitem Wassergraben nach französischem Vorbild für den Fürstbischof Friedrich Christian von Plettenberg. Im Schlosspark liegt die Oranienburg, das Gesellenstück des Barockbaumeisters Schlaun.

Restaurant und Schloss Nordkirchen:
www.lauter-nordkirchen.de
Wasserschlösser im Münsterland:
www.100schloesserroute.de

Wildpferde im Merfelder Bruch

(ca. 35 km vom Zentrum)

Im *Merfelder Bruch* in der Nähe von Dülmen liegt das einzige Wildpferdegestüt Europas mit dreihundert Pferden. Die Herzöge von Croy richteten zum Schutz der Tiere vor 150 Jahren ein Reservat für sie ein. Von März bis November ist die Wildpferdebahn für den Besuch freigegeben und bei gutem Wetter samstags, sonntags und an Feiertagen von 10 bis 18 Uhr geöffnet.

Wildpferde im Merfelder Bruch:
www.wildpferde.de

Traditioneller Wildpferdefang am letzten Mai-Samstag

Das Hockende Weib am Hermannsweg

(ca. 35 km vom Zentrum)
Die *Dörenther Klippen* im Tecklenburger Land sind ein gutes Klettergebiet. Die Felsenlandschaft liegt am Hermannsweg, der entlang des Teutoburger Waldes verläuft. Ein Felsen gleicht einer Frau mit Kindern auf den Schultern: Das ist das *Hockende Weib*. Der Sage nach musste die Mutter vor der Flut auf den Berg flüchten und erstarrte hier zu Stein.

Tecklenburg

(ca. 40 km vom Zentrum)
Das nördlichste Bergstädtchen Deutschlands liegt in beachtlichen 230 Metern Höhe. Die Fachwerkstadt ist Mittelpunkt des Tecklenburger Landes mit der bekannten Freilichtbühne in der Burgruine des Grafen von Tecklenburg. Hier kann man die Bastion mit unterirdischen Gewölben und das Torhaus besichtigen, in dem früher Leinen geprüft und mit Gütesiegel versehen wurde.

Tecklenburg:
www.stadt-tecklenburg.de
www.ommt.de

Für Sportfreunde

Ballsport

Ja, Münster hat eine Bundesliga-Mannschaft. Die Volleyballerinnen des *USC* gehören mit zahlreichen Meister-, Pokaltitel und Europapokalsiegen sogar zu den erfolgreichsten deutschen Volleyballvereinen. Das *Volleydrom* im Stadtteil Berg Fidel wird mit 4500 Zuschauern bei den Spielen der Damen zum Hexenkessel. Damit laufen sie den Jungs vom *SC Preußen 06* zweifelsohne den Rang ab. Der Fußballverein war zwar 1951 deutscher Vizemeister und 1963 Gründungsmitglied der Bundesliga, doch dann folgten 25 Jahre Regionalliga. Die vielen Fans blieben ihren Helden tapfer treu und freuten sich 2011 über den Aufstieg in die 3. Bundesliga.
Auch viele treue Anhänger hat die Basketball-Herrenmannschaft des *UBC Münster*, seit 2015 als WWU Baskets unterwegs. Das Team ist ebenso erfolgsverwöhnt wie die Rollstuhlbasketballer.
Seit 1983 gibt es mit den *Münster Mammuts* sogar American Football in dieser Stadt.
Wie man mit Küchengeräten Hochleistungssport betreibt, zeigen die Cracks auf den Speckbrettplätzen. Dieser einzigartige Sport stammt aus dem Westfalen der zwanziger Jahre. Das Speckbrett wird ähnlich wie ein Tennisschläger eingesetzt. 30 Plätze, aber auch Parks und Schulhöfe werden in Münster zum Spielen genutzt.

USC:
www.usc-muenster.de
SC Preußen Münster:
www.scpreussen-muenster.de
UBC:
www.ubc.ms
Abt. Rollstuhlbasketball des UBC:
www.ubc-rollis.de
Münster Mammuts:
www.mammuts.com

Pferdenarren

Münster hat eine lange Tradition im Pferdesport und zählt zu den erfolgreichsten Zuchtgebieten der Welt. Im Stadtgebiet stehen allein rund 2000 Pferde und es gibt über 10 Reitervereine sowie viele Reithallen. Mit insgesamt mehr als 100 000 Tieren ist das Münsterland eine der pferdereichsten Regionen Europas. Rund 80 000 Menschen betreiben hier Reit- und Fahrsport. In Münster und Umland finden sich über tausend Pferdehöfe – idyllische Fachwerkbauten, rustikale Ställe oder hochmoderne Pferdesportanlagen. Wer es ländlich mag, findet in so

Ballonfahren

Wer bei schönem Wetter in Münster zum Himmel schaut, kann schon mal fliegende Eistüten und Teekannen oder Bierflaschen entdecken. Seit 1951 entwickelte sich das Münsterland zu einer Hochburg der Heißluftballonfreunde. Jedes Jahr am letzten Augustwochenende treffen sich Ballonfahrer aus aller Welt auf den Aaseewiesen zur größten Ballonsportveranstaltung Deutschlands, der *Montgolfiade*.

genannten Heuherbergen mitsamt Vierbeinern eine Bleibe; Ponyhöfe schaffen den Kleinen unvergessliche Ferienerlebnisse. Im Münsterland sind zudem Olympiasieger, Welt- und Europameister aus allen Pferdesportdisziplinen zu Hause. Zu den besten deutschen Mannschaftsreiterinnen gehören in Münster Helen Langehanenberg (Olympische Silbermedaille und Weltcup-Siegerin) und natürlich die mehrfache Olympiateilnehmerin Ingrid Klimke, die mit der Mannschaft 2012 in London Gold und 2016 in Rio de Janeiro Silber gewann. Ihr Vater, der 1999 verstorbene Dressurreiter Reiner Klimke, gehörte mit sechs Gold- und zwei Bronzemedaillen zu den erfolgreichsten Olympiateilnehmern aller Zeiten.

Ein Reitsport-Event der Spitzenklasse und eines der wichtigen gesellschaftlichen Ereignisse ist das große Dressur- und Springturnier *Turnier der Sieger* vor dem münsterschen Schloss, ein Kräftemessen nationaler Turniersieger am Saisonende. Von den überdachten Tribünen aus haben die Zuschauerinnen und Zuschauer den direkten Blick auf das sportliche Geschehen mit Olympiasiegern und Weltmeistern. Mit der *Riders Tour* ist das jährliche Turnier in Westfalen, Bestandteil der international ausgeschriebenen höchstdotierten Serie im Reitsport.

Ingrid Klimke:
www.ingrid-klimke.de
Turnier der Sieger:
www.turnierdersieger.de

Trimm Dich!

Die Grünoasen sind auch bei Laufsportlern beliebt. Die Jogging-Strecke rund um die Promenade ist viereinhalb Kilometer lang, man kann außerdem weiter zum Aasee laufen. Oder man startet direkt hier und umrundet den See auf gut fünf Kilometern Strecke.

Die ganz Sportlichen können alljährlich am zweiten Sonntag im September zum *Münster-Marathon* antreten. Die Strecke ist bei den Läufern sehr beliebt, weil sie sowohl durch schöne Straßen der Innenstadt als auch durch reizvolle Landschaft führt.

Die in Münster geborene Läuferin Tatjana Pinto wurde 2019 zweifache Deutsche Meisterin im 100- und 200-Meter-Sprint. Zuvor war sie schon im Staffel-Lauf und bei den Olympischen Spielen erfolgreich.

Mehrere tausend Menschen rollen bei der *Skatenight* auf Inline-Skates rund 20 Kilometer durch Münster.

Die Marathonläuferinnen und -läufer lieben die Strecke rings um Münster und durch die historische Stadt.

Von Mai bis September startet die Tour an jedem ersten und dritten Freitag des Monats um 20 Uhr auf dem Schlossplatz.

Der Münsteraner Lieblingssport ist und bleibt jedoch das Radeln. Die Stadt hat mehr Fahrräder als Einwohner. Eigene Lichtsignale, Schleusen zwischen dem motorisierten Verkehr, freie Fahrt durch Einbahnstraßen und Sackgassen, eigene Spuren und Fahrstreifen zeigen: In Münster haben Radfahrer Vorfahrt. In der Fahrradhochburg sitzt statistisch betrachtet jeder täglich 15,6 Minuten auf der Leeze. 80000 Berufspendler sind bereits auf das sportliche Zweirad umgestiegen. Fast 35 Prozent fahren mit dem Rad zur Arbeit, knapp 50 Prozent in die Schule oder zur Uni.

Zum *Münsterland-Giro* am 3. Oktober treffen sich die Profis und Hobbyfahrer zu einem der wichtigsten Radrennen vor rund 100000 Zuschauern. Der ehemalige Radrennprofi Fabian Wegmann war hier stets dabei, bis er 2016 seine aktive Laufbahn beendete. Seither ist er sportlicher Leiter des Giros.

Wo es reichlich Leezen gibt, werden sie natürlich auch gerne geklaut. Darum hat die Münsteraner Polizei die Sonderkommission *Speiche* eingerichtet. In der größten Radstation Deutschlands direkt vor dem Hauptbahnhof verschwinden die Räder

Pfeilschnelle Sprinterin: Mehrfache Meisterin und Olympia-Teilnehmerin Tatjana Pinto

unterirdisch – da werden Diebe erst gar nicht in Versuchung geführt. 3300 Fahrräder können hier auf zwei Etagen geparkt werden. Eine Waschanlage bringt die Leezen sogar wieder auf Hochglanz. Und wer kein Rad hat, kann hier eins mieten und damit die über 250 Kilometer Radwegenetz im Stadtgebiet erobern. Entsprechendes Kartenmaterial gibt es im örtlichen Buchhandel.

Münster-Marathon:
www.volksbank-muenster-marathon.de
Skatenight Münster:
www.skatenight-muenster.de
Münsterland-Giro:
www.sparkassen-muensterland-giro.de
Fabian Wegmann:
www.fabianwegmann.de

FREIZEITADRESSEN

Sportliches

Skater's Palace

Das lässigste Jugendzentrum der Stadt. Im Skatertreff mit Halfpipe gibt es auch HipHop-, Hardcore- und Punkrock-Veranstaltungen.

Dahlweg 126 | ✆ (0251) 5 20 00 56
Variable Öffnungszeiten auf der Homepage nachzulesen.
www.skaters-palace.de

Julian Mahlberg beim Nosegrind im *Skater's Palace*

Eisbahn am Germania Campus

Open-Air-Eislaufen von Dezember bis März.

An der Germania Brauerei 5
✆ (0172) 6 93 87 00
Mo-Do 14-20 Uhr (in den Ferien 12-20 Uhr)
Fr, Sa 12-22 Uhr; So, Ft 10-20 Uhr
3€, Leih-Schlittschuhe gegen Gebühr

Golfclub Münster-Tinnen e.V.

Der 1992 gegründete Club verfügt über einen Par-72-Meisterschaftsplatz mit 18 Spielbahnen. Auch Gäste mit *DGV-Ausweis* sind willkommen.

Am Kattwinkel 244
✆ (02536) 3 30 10 11
www.gc-tinnen.de

MEINMÜNSTER

„Mein Lieblingsort ist natürlich der *Skater's Palace*, betrieben vom Verein zur Förderung der Jugendkultur. Skaten ist ideal auf dem dornigen, zornigen Weg zum Erwachsensein im Dschungel der Pubertät. Wir brauchen die unkonventionellen Jugendlichen, die harten Jungs und Mädchen, Skateboarder, Graffitikünstler, Breakdancer, BMXer, Rocker oder Hip Hopper. Da ist der *Skater's Palace* ein unkonventionelles Zuhause, an dem einfach mein Herz hängt."

Titus Dittmann *(Skate-Pionier)*

Schick und schön ist es auf dem Green des Golfplatzes Wilkinghege.

Sport-Center Borkstraße

Tennis, Squash und Kegeln.

Borkstraße 17b | ☽ (0251) 9 79 13 33
Mo-Fr 8-23.30 Uhr | Sa, So 10-23.30 Uhr
www.sport-center-borkstrasse.de

Cosmo Bowling

Trauttmansdorffstraße 101
☽ (0251) 23 90 89 90 | Mo-Fr ab 15 Uhr
Sa ab 14 Uhr | So ab 10 Uhr
www.cosmo-bowling-muenster.de

Soccer-Halle Rummenigge

Betreiber Michael Rummenigge ist der kleine Bruder von Karl-Heinz.

Trautmannsdorffstraße 111
☽ (0251) 3 22 67 90
Mo-Fr 10-24 Uhr | Sa, So 10-22 Uhr
Im Sommer nach Buchungslage geöffnet.
www.soccer-halle.de

Monolith Boulderhalle Münster

Kletterhalle für Anfänger und Profis.

Eulerstr. 2
☽ (0251) 74 74 76 55
Mo-Fr 12-23 Uhr
Sa, So 10-22 Uhr

Schwimmbäder

Der Eintrittspreis in den städtischen Bädern beträgt 4 €, ermäßigt 2 €.

Städtisches Hallenbad Mitte

Badestraße 8 | ☽ (0251) 4 84 13 53

Städtisches Freibad Stapelskotten

Laerer Werseufer 2 | ☽ (0251) 31 18 20

Freibad DJK Coburg

Grevener Str. 125/127 | ☽ (0251) 9 22 03 30

Infos zu allen Bädern auf der Webseite des Sportamtes:
www.stadt-muenster.de/sportamt

Glückliche Kinder und glückliche Tiere auf dem Ponyhof Schleithoff in Havixbeck

Ponyhöfe im Umland

Ponyhof Schleithoff

Familiär geführter Hof für Kinder von 7 - 14 Jahren in den Baumbergen, ca. 20 km von MS-Zentrum. Auch Ferienwohnungen.

Herkentrup 4
48329 Havixbeck
✆ (02507) 12 27
www.ponyhof.de

Ponyhof Georgenbruch

Unterricht und Reitferien für Kinder, ca. 20 km von MS- Zentrum.

Müssingen 25
48351 Everswinkel
✆ (02582) 12 16
www.ponyhof-georgenbruch.de

Verkehrsmittel – ganz zum Vergnügen

Aaseeschiff Solaaris

Von April bis Oktober legt das Solarschiff zwischen 10 und 17 Uhr zu jeder vollen Stunde von der *Goldenen Brücke* am Anfang des Aasees ab. Die Fahrt geht vorbei am Mühlenhof zum Zoo und von dort stündlich zwischen 10.30 und 17.30 Uhr zurück. Die Tickets gelten auch für Busse, z.B. die Linie 14 zum Anleger.

✆ (0251) 8 49 30 00
www.aaseeschifffahrt.de

Kanuverleih Pleistermühle

Pleistermühlenweg 196
✆ (02571) 9 82 73
www.kanuverleih-pleistermuehle.de

Overschmidt
Tretbootverleih und Segelschule am Aasee.

Annette Allee 1
☏ (0251) 8 49 30 00
Saison April bis Oktober
10-19 Uhr (wetterabhängig)
www.overschmidt.de

Canu Camp
Kanuausrüster mit Verleihstationen in Münster-Angelmodde (Homannstraße 64) und Münster-Handorf (am *Café Nobis*, Warendorfer Straße 512).

☏ (02535) 9 50 52
www.canucamp.de

Ballonsportfreunde Münster/Greven
☏ (02571) 58 16 66
www.ballonsport-münster.de

Fun Flight
Lassen Sie sich in einem Ultraleichtflugzeug über das Münsterland fliegen, z.B. um die Wasserschlösser von oben zu sehen.

☏ (02504) 9 87 99 99
www.Schnupperflug24.de

Kutschfahrten
☏ (02504) 6 97 96 73
☏ (0172) 2 70 24 16
www.muenster-kutsche.de

Der Münsterbus
Münsters Doppeldecker verspricht bei gutem Wetter Cabrio-Feeling. So erkundet man die Stadt bequem aus einem Stockwerk höher. Tickets und Fahrpläne gibt es z. B. in der Münster Information (Adresse auf S. 264).

www.muensterbus.ms

Prinzipal-Express
Elektro-Kutsche – ohne Pferd, trotzdem nostalgisch schön.

☏ (02506) 14 49
www.elektrokutsche-muenster.de

Fahrradverleih-Adressen stehen auf Seite 268.

Mit der *Solaaris* zum *Allwetterzoo* – da wird schon die Anreise zum Vergnügen.

Der Tolle Bomberg reitet durch das *Café Midy*.
Den Tafelsprung malte Fritz Grotemeyer.

GESCHICHTE UND TRADITIONEN

Das hat Tradition! | Frauen machen Geschichte | Originale | Das NS-Regime | Die Stadtgeschichte im Überblick

DAS HAT TRADITION!

Bräuche

Junggesellen-Abschied und andere Feste

Ihnen kommt eine Truppe außer Rand und Band entgegen, mittendrin eine Gestalt, als Kloschüssel, Frosch oder Krankenschwester verkleidet? Jemand will Ihnen aus einem kleinen Bauchladen ein Kondom verkaufen? Sie bekommen außerdem einen Lutscher, eine Blume oder einen Kuss geschenkt? Dann lernen Sie soeben die westfälische Variante des Junggesellen-Abschieds kennen. Auf diese Weise feiern Paare in der Region – streng nach Geschlechtern getrennt – ihren letzten Abend vor dem Start in das Eheglück.

Einen ähnlich karnevalistischen Eindruck machen die Cliquen, die vor dem *Friedenssaal* den 30. Geburtstag eines ledigen Freundes feiern. Die Meute kippt dann meistens einen Bollerwagen voller Kronkorken auf die Rathaustreppe. Das Geburtstagskind muss die Schweinerei wegfegen – und nur der Kuss einer Jungfrau kann es davon erlösen. Angeblich ist dieser Ritus aber nicht der einzige Grund für die steigende Zahl der Singles in der Domstadt.

Wenn jemand Sie hierzulande um Weihnachten einlädt, *Stephanus* zu steinigen, brauchen Sie nicht zu fürchten, dass es sich dabei um eine Barbarei handelt, bei der Menschen zu Schaden kommen. Stattdessen geht es schlicht ums Trinken: Im Münsterland des 19. Jahrhunderts war es für junge Leute am zweiten Weihnachtsfeiertag obligatorisch, ein Wirtshaus zu besuchen – und der 26. Dezember ist zugleich der Tag des

Solche Anzeigen sind in Münsters Tageszeitungen keine Seltenheit.

Märtyrers *Stephanus*, deshalb heißt dieser Ritus „Stephanus steinigen". Bis heute ist es Brauch, sich am zweiten Weihnachtstag zum hemmungslosen Alkoholverzehr zu treffen.

Der Gute Montag

Es heißt, dass drei münstersche Bäckergesellen Wien vor der Eroberung durch die Türken bewahrt haben, als sie sich im Jahr 1683 dort aufhielten. Während der Nachtarbeit sollen sie unter der Backstube, in der sie arbeiteten, etwas gehört haben. Sie meldeten das schnurstracks dem Stadtkommandanten – und der konnte dank dieses Tipps den Tunnelbau der Türken vereiteln. Zur Belohnung schenkte die Stadt Wien den Bäckern den *Guten Montag*, also einen freien Tag.

Im heutigen Münster feiern die Bäcker diesen Tag alle drei Jahre. Dann ziehen sie durch die Stadt und machen den Bürgern per Fahnenschlag ihre Aufwartung. Zum Schluss wird vor dem Rathaus die neue Bäckerkönigin gekürt.

Lambertussingen

Am 17. September, dem Tag des heiligen Lambertus, ziehen Münsters Kinder mit Laternen durch die Straßen, rufen „Kinder, kommt runter, Lambertus ist munter", pilgern gemeinsam weiter zur Lambertuspyramide und tanzen um einen als Bauer mit Kiepe verkleideten Erwachsenen.

Lambertussingen in Münster, 1958

Gegen Ende des 18. Jahrhunderts feierten die Großen den Lambertus-Tag bis spät in die Nacht – Mitte des 19. Jahrhunderts war das Fest zum derben Trinkgelage unter Mägden und Arbeitergesellen verkommen. Darauf reagierte die Stadt 1850 mit dem Gebot: „Das Aufstellen der Pyramiden in engen und häufig befahrenen Straßen ist verboten; ebenso lautes Schreien und Rufen und das Absingen unanständiger Lieder". Da die Lambertussinger trotzdem nicht von Alkohol-Exzessen und Grölereien abließen, wurde das Fest 1873 ganz verboten. Der Brauch verschwand aus dem öffentlichen Leben, in Vereinen und Nachbarschaften wurde das Lambertussingen aber fortgeführt und besteht heute als Kinderfest weiter.

Feste Termine

JANUAR

|| Reit- und Springturnier in der *Halle Münsterland*

|| Das *Internationale Jazzfestival* in den „ungeraden" Jahren im *Theater Münster*; in den „geraden" Jahren gibt es *Jazz Inbetween*

www.jazzfestival-muenster.de

FEBRUAR

|| Altweiberfastnacht am Donnerstag vor Rosenmontag in (fast) allen Kneipen

|| Karnevalsumzug am Rosenmontag ab 12.11 Uhr in der Innenstadt

MÄRZ

|| Kirmeszeit: vom Donnerstag vor dem vierten Sonntag nach Aschermittwoch bis zum folgenden Montag Frühjahrssend auf dem Schlossplatz, Feuerwerk am Freitag

www.send.muenster.de

Märkte

Mittwochs und samstags von 7 bis 14.30 Uhr verwandelt sich der Domplatz in einen einzigartigen Wochenmarkt mit südländischer Geschäftigkeit – eine Tradition, die schon tausend Jahre alt ist. Über 150 Händler bieten hier ihre Waren an. Freitags auf dem ökologischen Bauernmarkt (12 bis 18 Uhr) werden Bio-Lebensmittel aus der Region und Spezialitäten verkauft. Ob Beamte der Bezirksregierung oder junge Familien, alle lassen sich an langen Holztischen Bio-Bratkartoffeln mit Kringelwurst oder ein Stück Quiche nebst Holunderbrause schmecken.
Ab dem ersten Advent bestimmt Münsters berühmter Weihnachtsmarkt für einige Wochen das Stadtbild. Dann schlendern Gäste hinterm Rathaus, am Aegidiimarkt oder rund um *Lambertikirche* und Kiepenkerldenkmal zwischen festlichen Ständen umher, schmücken sich mit Nikolaus-Mützen und Elch-Geweihen, trinken Glühwein oder kaufen handgemachte Geschenke. Das alles trägt zu der besonderen Atmosphäre auf einem der schönsten Weihnachtsmärkte Deutschlands bei.
Ebenfalls berühmt ist Münsters Flohmarkt. Er findet an vier Samstagen zwischen Mai und September auf der Promenade statt und windet sich auf mehr als einem Kilometer vom Schlossplatz zum Aasee; im Sommer gibt es außerdem einen Nachtflohmarkt. Das Spektakel zählt bundesweit zu den größten seiner Art unter freiem Himmel und zieht seit Jahrzehnten Tausende aus dem In- und Ausland an. Für Hobby-Verkäufer fällt keine Standgebühr an.

Markt am Dom: www.wochenmarkt-muenster.de
Ökologischer Bauernmarkt: www.oekomarkt-ms.de
Münsters Flohmarkt: www.flohmarkt-muenster.de
Weihnachtsmarkt am Rathaus: www.weihnachtsmarkt-muenster.com

APRIL

|| In den „ungeraden" Jahren im April oder Mai: Internationales Lyrikertreffen, mit der Verleihung des „Internationalen Preises für Poesie" der Stadt Münster
www.lyrikertreffen.muenster.de

MAI

|| An einem Samstag im Mai: *Tag der internationalen Hanse.* Die münsterschen Kaufleute empfangen auf dem Prinzipalmarkt an der festlich dekorierten Hansetafel mit Schnittchen und Pinkus-Bier.

|| An einem Samstag im Mai oder Juni: *Internationales Sommerfest* vorm Schloss

|| Der *Gute Montag*, im Mai oder Juni jedes dritten Jahres (2016, 2019, 2022...)

|| *Hafenfest* mit vielen Musikbühnen – in der Regel am Wochenende nach Fronleichnam von Freitag bis Sonntag.
www.ms-hafenfest.de

Juni

|| Am Fronleichnam-Wochenende von Donnerstag bis Sonntag: *Motorradtage* mit großem Korso durch die Innenstadt

|| Kirmeszeit: ab donnerstags vor dem letzten Sonntag im Monat Juni bis zum folgenden Montag Sommersend auf dem Schlossplatz, Feuerwerk am Freitag
www.send.muenster.de

|| Bücher- und Bouquinisten-Markt auf dem Rosenplatz dreimal im Sommer.

|| Docklands Festival: Elektronische Musik unter freiem Himmel am Hawerkamp
www.docklands-festival.de

|| Vainstream Rockfest: Open-Air am letzten Juni-Samstag, nahe Halle Münsterland
www.vainstream.de

JULI

|| *Münster verwöhnt* vor dem Schloss: Restaurants des Münsterlandes präsentieren die Finessen ihrer Kochkunst.
www.muenster-verwoehnt.de

|| Im Juli oder August: *Turnier der Sieger* – die Deutschen Meisterschaften im Spring- und Dressurreiten – auf dem Schlossplatz

|| Polopicknick auf dem Hugerlandshof für einen guten Zweck

AUGUST

|| Hammer-Straßen-Fest am ersten August-Wochenende (Samstag/Sonntag).

|| Letztes August-Wochenende: *Montgolfiade* am Aasee

|| Erster Samstag/Sonntag nach den Schulsommerferien in NRW: Kreuzviertelfest

Hunderte von Bikern heizen jedes Jahr bei den *Motorradtagen* durch die City.

MEIN MÜNSTER

„Ich mag besonders die Tradition der *Hansetafel* auf dem Prinzipalmarkt, bei der die dort ansässigen Kaufleute die Bürger Münsters an einem langen Tisch auf einem roten Teppich mitten im Herzen der Stadt bewirten. Auch *Münster verwöhnt* vor dem Schloss ist ein kulinarisches Highlight, bei dem man sich oft kaum entscheiden kann, was man zuerst probieren soll. Auch kulturelle Veranstaltungen, wie z. B. der *Schauraum* mit der Nacht der Museen, sind wunderschön und geprägt von einer außerordentlichen, guten Stimmung. Alle 10 Jahre freue ich mich außerdem auf die Ausstellung *Skulptur Projekte*, ein echtes Münster-Bonbon, bei dem inzwischen die ganze Welt auf uns schaut."

Barbara Müller
(Inhaberin der Brauerei Pinkus Müller)

|| Open-Air-Kino vor dem Schloss
|| Münster Mittendrin: Drei Tage Stadtfest mit Livemusik
www.mittendrin.ms

SEPTEMBER

|| *Schauraum – Fest der Museen und Galerien* am ersten September-Wochenende.
|| Stadtschützenfest am ersten Septemberwochenende von Donnerstag bis Sonntag.
|| Münster-Marathon am zweiten Sonntag im September.
|| Lambertusfest am 17. September.
|| *Handorfer Herbst.* Stadtteilfest am letzten Sonntag im September mit Flohmarkt und verkaufsoffenen Geschäften.
|| Wilsbergs Promikellnern: Unter der Schirmherrschaft von Leonard Lansink lässt man sich einen Sonntag lang am Aasse zugunsten der Krebsberatung von Berühmtheiten bedienen.
|| Oktoberfest: Die Wiesn am Albersloher Weg gehört zu den zehn größten in Deutschland.
www.oktoberfest-muenster.de
|| In den ungeraden Jahren: *Filmfestival Münster.*
www.filmfestival-muenster.org

OKTOBER

|| Radrennen Münsterland Giro am 3.10.
|| Kirmeszeit: Vom Donnerstag vor dem vierten Sonntag im Monat Oktober bis zum folgenden Montag Herbstsend auf dem Schlossplatz. Feuerwerk am Freitag.
www.send.muenster.de

FRAUEN MACHEN GESCHICHTE

Frauenrechte und Lebensläufe

Welch ein weiter Weg war es bis zu jenem Tag, an dem eine Frau an der Spitze der Stadt residierte und die Staatschefs Europas zum 350. Jahrestag des Westfälischen Friedens begrüßen durfte! Die SPD-Politikerin und Oberbürgermeisterin Marion Tüns hatte im Jahr 1998 diese ehrenvolle Aufgabe – und zwar mit gewagtem Hut auf dem Kopf, der selbst Pferderennen-erprobte Königinnen vor Neid erblassen ließ.

Marion Tüns beeindruckt mit extravaganter Kopfbedeckung.

Es hatte auch in Münster Jahrhunderte gedauert, bis die Frauen hier ein eigenständiges Leben führen konnten. Im Mittelalter gab es kaum eine Alternative zu Ehe und Familie, außer in den Häusern der Beginen und in Klöstern. Später entstanden sogenannte Damenstifte, die nach der Reformation aus den Klöstern hervorgingen. Sie dienten erstmals nicht nur der religiösen Erbauung, sondern bedeuteten auch ein Leben jenseits der traditionellen weiblichen Rolle – ohne Keuschheits- oder Armutsgelübde, aber mit dem Recht an Privateigentum. Allerdings war das nur ein kurzes Zwischenspiel, ebenso wie die Rolle der Frau im religiösen Leben der sozialreformerisch bewegten Täuferherrschaft. Der selbsternannte Täuferkönig Jan van Leyden zeigte, wie kopflos allzu selbstbewusste Frauen unter seiner Herrschaft enden konnten: Er enthauptete eine seiner Ehefrauen öffentlich, als sie ihm widersprach.
Die Hexenverfolgung erreichte auch Münster, doch kam es nicht annähernd zu der massenhaften Verfolgung, die in der frühen Neuzeit in Mitteleuropa zur Ermordung tausender Frauen führte. Ein Grund war vielleicht, dass die Herren in der Ratskammer des *Friedenssaals* selbst kaum an Hexensabbat und vermeintlichen Sex mit Luzifer glaubten – und der Reichtum der Stadt tat sicherlich zunächst sein Übriges. Als es dann aber zwischen

1627 und 1635 zur wirtschaftlichen Flaute in Münster kam, stieg auch hier die Zahl der grausamen Verfolgungen von Frauen und der Prozesse gegen angebliche Hexen. Zwischen 1552 und 1644 wurden ungefähr vierzig Gerichtsverfahren, davon 30 gegen Frauen, geführt, angeklagt der Zauberei, Wunderheilung oder Geisterbeschwörung. Bezeichnend ist in diesem Zusammenhang der Lynchmord an Anna Holthaus. Auslöser für ihr Martyrium waren die Schilderungen eines achtjährigen Jungen, der als Pflegekind bei ihr gelebt hatte und behauptete, sie habe ihn mit zum Hexentanz genommen. Der Rat war in schwerer Beweisnot, dennoch wurde Anna Holthaus unter den Augen des Scharfrichters gefoltert und dann der Stadt verwiesen. Vor den Toren fiel sie völlig entkräftet einer Bande von Straßenjungen in die Hände, die die alte Frau steinigten und sie in den Stadtgraben warfen, wo sie ertrank. Dieser tragische Fall aus dem Jahr 1644 gehört zu einem der letzten Prozesse, die wegen schwarzer Magie oder Hexerei geführt wurden. Zu den Hingerichteten gehören Elsa Buddenboems, die als eine von fünf Münsteranerinnen wegen des Teufelspakts zum Tode verurteilt wurde, und Greta Bünichmann. Bezeichnend für die Macht der konservativen Stimmen in der Stadt: Selbst 300 Jahre später war es erst nach massiven Protesten möglich, eine Straße nach Bünichmann zu benennen.

Besonders mühsam war für Frauen auch der Weg in einen eigenen Beruf. Es gehörte früher schon eine gehörige Portion Mut dazu, um offen zu entscheiden, dass frau für sich selbst sorgen wollte – wie bei Felicitas Abt, die als Wanderbühnendarstellerin arbeitete und von der feinen Gesellschaft dafür naserümpfend beäugt wurde. Trotzdem spielte sich die junge Bildungsbürgerin auf der münsterschen Schaubühne des Komödienhauses am Roggenmarkt in die Herzen der Zuschauer – auch in die des Bürgertums.

Mehr noch als berufstätige Frauen verachtete die Gesellschaft wohl nur alleinerziehende Mütter. Das erlebte die Münsteranerin Mathilde Franziska Anneke (1817–1884) während ihrer Lebenszeit hautnah. Dennoch gelang es ihr damals, die Scheidung von ihrem Mann und das Sorgerecht für ihr Kind durchzusetzen. Sie engagierte sich fortan in der Politik und wurde schließlich ein führendes Mitglied der amerikanischen Frauenbewegung in

New York. Die spätere „Sufragette" betätigte sich als religiöse Schriftstellerin und bewunderte Annette von Droste-Hülshoff, die ihrerseits den Kontakt mit der Geschiedenen allerdings vermied.

Mit Starrsinn und Eigeninitiative gelang es auch der Münsteranerin Elisabet Ney (1833–1907), einen akademischen Grad zu erlangen und sich in der bildenden Kunst einen Namen zu machen. Damit gehörte sie zu den wenigen Künstlerinnen, die das im 19. Jahrhundert durch eigene Initiative schafften. Als erste Frau überhaupt studierte sie Bildhauerei an der Kunstakademie in München. 1855 ging sie nach Berlin zum berühmten Bildhauer Christian

Elisabet Ney

Daniel Rauch, durch den sie Kontakt zu aristokratischen und intellektuellen Kreisen sowie auch erste Aufträge bekam. 1860 kehrte sie nach Münster zurück und richtete sich am Bohlweg ein Atelier ein. Elisabet Ney schuf hier Portraitbüsten europäischer Persönlichkeiten, zum Beispiel von Alexander von Humboldt, Arthur Schopenhauer, Bismarck und König Ludwig II. Auch international, wie auf der Pariser Weltausstellung 1867, fanden ihre Werke Beachtung. 1870 wanderte Ney nach Amerika aus. Dort erinnert heute in Austin, Texas, ein Museum an die Künstlerin.

Die Werte und Rechte, für die die Frauen lange gekämpft hatten, wurden schließlich auch politische Realität: Am 12. November 1918 wurde durch den Beschluss des *Rates der Volksbeauftragten* im Deutschen Reich das lange umstrittene Frauenstimmrecht eingeführt. Und am 15. April 1919 zogen die ersten Frauen ins münstersche Stadtverordnetenkollegium ein. Die neuen „Stadtväterinnen", wie sie in der Presse genannt wurden, erlebten aber sogleich, wie eng die Grenzen in Sachen Gleichstellung auch weiterhin gezogen waren. Sogar rückwärts ging die Entwicklung mit der „Demobilmachung" nach dem Ersten Weltkrieg, bei der die Frauen, die während des Krieges bezahlte Arbeit verrichtet hatten, den heimkehrenden Soldaten Platz in den Ämtern machen sollten. Von 250 städtischen weiblichen Angestellten wurden schon mit dem Kriegsende 180 entlassen. Eine der ersten Ratsfrauen, die Oberstudiendirektorin Catharina Müller, setzte sich schließlich vehement für das Recht der Frauen auf bezahlte Arbeit ein, wenn damals auch im Rahmen ihrer streng katholischen Auffassung. Sie engagierte sich im Schulwesen zwar dafür und pochte hier auf die Gleichstellung der Lehrerinnen in Leitungspositionen. Doch der Antrag der SPD, die katholischen und evangelischen höheren Mädchenschulen in städtische Trägerschaft zu überführen, ging der Ratsfrau dann doch zu weit – das wäre nämlich womöglich auch mit der Aufhebung des Zölibats für Lehrerinnen einhergegangen.

Auch nach dem Ende des Zweiten Weltkrieges mussten Frauen ihre Arbeitsplätze den Männern überlassen. Umso mehr war wieder unentgeltliche Frauenarbeit gefragt: beim Schutträumen und Steineklopfen, in Ziegeleien und in der Zementindustrie. Anders als in Berlin oder Dresden wurde die Arbeit der damaligen „Trümmerfrauen" aber nicht als Beruf anerkannt, was wenigstens zu einer großzügigeren Zuteilung von Lebensmittelmarken geführt hätte.

Amalie von Gallitzin (1748–1806) und der Kreis von Münster

Die Ideen der Aufklärung, die Franz von Fürstenberg (1729–1810) in Münster auch politisch durchsetzen konnte, lockten auch Fürstin Amalie von Gallitzin nach Westfalen. Schon bald sprühte das Duo Fürstenberg und Gallitzin gemeinsam geistige Funken. Der Esprit der beiden, gepaart mit der Warmherzigkeit der Fürstin, lockte weitere kluge Köpfe in die Stadt.

Amalie von Gallitzin

Zuvor hatte Amalie als Hofdame in Preußen den russischen Gesandten in Paris, Fürst Dimitrij Aleksejewitsch Golizyn, geheiratet und mit ihm in Den Haag gelebt. Sie erweiterte ihren geistigen Horizont, lernte die Ideen Voltaires kennen und ging bald auch modisch keine Kompromisse mehr ein: Amalie trennte sich von Schnürbrust und Reifrock und begann im neuen Outfit ein Studium. Ihre unglückliche Ehe war sicher ein weiterer Antrieb, sich vom Niederländer Franz Hemsterhuis dafür begeistern zu lassen, zum Bildungsreformer Franz von Fürstenberg nach Münster zu reisen. Dieser war der Kopf des regen geistigen Lebens in der Domstadt – zusammen mit dem Dichter und Rechtsgelehrten Anton Mathias Sprickmann, sowie dem Theologen und Pädagogen Bernhard Heinrich Overberg.

Nachdem sich die Gallitzin jahrelang auf diplomatischen Empfängen neben ihrem Ehemann gelangweilt hatte, stieg sie hier nun zum Mittelpunkt des religiös-intellektuellen *Kreises von Münster* auf, inspiriert von den protestantischen Philosophen Hemsterhuis und Johann Georg Hamann aus Königsberg. Letzterer wurde auch der „Magus im Norden" genannt. Der Philosoph war in Hochstimmung, als sein Mäzen Bucholtz ihn nach Münster holte: „Nicht Weimar, sondern Münster [...] ist der Herd, bei dem ich mich zu ermannen und verjüngen hoffe". Hamann starb leider schon nach einem Jahr in der Stadt und wurde im Garten der Amalie von Gallitzin bestattet, weil das Begräbnis eines Protestanten auf einem katholischen Friedhof damals unmöglich war. Hamanns Grab liegt seit Mitte

Die Gedenktafel am *Annette-von-Droste-Hülshoff-Gymnasium* in der Grünen Gasse erinnert an den Besuch Goethes bei der Fürstin von Gallitzin, deren Haus bis 1943 schräg gegenüber stand.

des 19. Jahrhunderts in der Nähe des Schlossgartens auf dem alten Friedhof an der Wilhelmstraße.

Die Fürstin und ihre Freunde in Münster tauschten sich während ihrer Schaffenszeit auch mit den Geistesgrößen in Weimar rege aus, beispielsweise mit Johann Wolfgang von Goethe, Johann Gottfried Herder, Friedrich Gottlieb Klopstock oder Matthias Claudius. Als Goethe die ehemalige Hofdame einmal in der Grünen Gasse besuchte, war er zunächst wenig begeistert, dass „ein Weib die Weiblichkeit ausziehen wolle", jedoch beeindruckte ihn zugleich Amalies „kostbare Seele".

In Münster wehte in dieser Zeit übrigens nicht so sehr der Geist der Weimarer Klassik, der sich durch Ideale wie Weltbürgertum oder ästhetische Erziehung auszeichnete. Wichtiger

Der *Kreis von Münster* (in der Mitte: von Fürstenberg und von Gallitzin)

war vielmehr, sich um die Schwachen der Gesellschaft zu kümmern, was als Aufgabe der Kirche und nicht des Staates wahrgenommen wurde. Außerdem war das Leben und Denken davon geprägt, nach Humanität in Verbindung mit christlicher Lebensgestaltung zu streben.

Im Geist der Aufklärung wurde ein pädagogisches Umdenken im Sinne des humanistischen Bildungsprinzips angestoßen. Der Staatsminister und Generalvikar Franz von Fürstenberg setzte dieses Ideal schließlich mit der Gründung der Universität und seinen Schulreformen in die Wirklichkeit um. Später nannten die Kritiker und Befürworter des modernen Staates den *Kreis von Münster* um die Fürstin von Gallitzin spöttisch die „familia sacra" („heilige Familie"), weil sich die Beteiligten zusehends einer religiösen Innerlichkeit und einer – für die Frühromantik typischen – rückwärtsgewandten Lebensanschauung zuwandten.

Das Grab der Fürstin kann man in Angelmodde an der Dorfkirche *St. Agatha* besuchen. Der ehemalige *Niederhoffs Kotten* in Angelmodde wurde restauriert und ist als *Gallitzin-Haus* heute der Ort einer Dauerausstellung über die Fürstin und den *Kreis von Münster.*

Annette von Droste-Hülshoff (1797–1848)

Die Münsteranerin Annette von Droste-Hülshoff ist eine der größten deutschen Dichterinnen. Während man ihr Denkmal in der Stadt recht versteckt am Kreuztor unter den Bäumen der Promenade suchen muss, zierte ihr Porträt lange Zeit den 20-Mark-Schein. Ihr Ruhm ist ihrer Literatur zu verdanken, mit der Droste-Hülshoff ihrer Zeit weit voraus war. „Ich mag und will jetzt nicht berühmt werden, aber nach hundert Jahren möcht ich gelesen werden", sagte sie. Diese Ehre wird ihr nicht nur seit Generationen in der Schule erwiesen, selbst als Graphic Novel wurde „Die Judenbuche" meisterhaft adaptiert.

Die Dichterin stammte aus altwestfälischem, katholischen Adel. Geboren wurde „Nette", wie ihre Freundinnen und Freunde sie nannten, am 12. Januar 1797 auf Burg Hülshoff in Havixbeck. Von klein auf litt sie an ihrer schwachen Gesundheit – und sie war wohl auch eine der ersten Patientinnen, die sich homöopathisch behandeln ließen. Den Naturwissenschaftler Clemens von Bönninghausen ließ sie sogar nach Meersburg an den Bodensee kommen, wo sie die letzten zwanzig Jahre ihres Lebens verbrachte. Bönninghausen hatte ab 1828 in Münster praktiziert und war einer der ersten Schüler des Homöopathie-Begründers Samuel Hahnemann.

Annette von Droste-Hülshoff wurde in eine Epoche großer politischer und gesellschaftlicher Umbrüche hinein geboren. Die Verunsicherung jener Zeit spiegelt sich in all ihren Texten wider, und hinter der vordergründig harmonischen Oberfläche ihrer Literatur verbergen sich ein kritischer Geist, viele Hinweise auf die gesellschaftlichen Konflikte dieser Zeit und die Beschreibung der gefühlten Bedrohung der Idylle.

Annette von Droste-Hülshoff nahm zwar intensiv am gesellschaftlichen

HERZLICH

All meine Rede und jegliches Wort
Und jeder Druck meiner Hände
Und meiner Augen kosender Blick,
Und alles was ich geschrieben:
Das ist kein Hauch und ist keine Luft,
Und ist kein Zucken der Finger,
Das ist meines Herzens flammendes Blut,
Das dringt hervor durch tausend Thore.

Annette von Droste-Hülshoff
(1883)

Leben auf der Burg teil, führte aber zugleich ein zurückgezogenes und oft einsames Dasein: Sie war gefangen im Zwang der Konventionen. Für ihre literarische Laufbahn erwies es sich daher als ein großes Glück, dass sie in dem fast fünfzig Jahre älteren Dichter und Juristen Anton Mathias Sprickmann zwischen 1812 und 1819 einen Mentor fand. Sprickmann stammte aus dem Kreis um die Fürstin Gallitzin und war gut bekannt mit Goethe. Er gründete die Freimaurerloge in Münster – und ermunterte Annette zum Schreiben.

Sie beteiligte sich auch mit Textbeiträgen an der Sammlung von Sagen, Märchen und literarischem Volksgut des *Bökendorfer Märchenkreises* um Wilhelm Grimm und die Brüder August und Werner von Haxthausen.

Durch ihren Großvater von Haxthausen erfuhr sie erstmals von einem Mord an einem Juden. Das und die Begegnungen mit Grimm im *Märchenkreis* inspirierte sie 1837 zu ihrem berühmten Prosawerk *Die Judenbuche*. Bei den Paderborner Verwandten auf *Schloss Bökerhof* erlebte sie als 23-Jährige ein Trauma: Durch Annettes Verwandte angestachelt heckten zwei ihrer Verehrer – der Jurastudent Heinrich Straube, mit dem sie unglücklich liiert war, und dessen Freund August von Arnswald – eine Intrige aus. Angeblich wollten sie

Das *Rüschhaus*

ihre Treue zu Heinrich auf die Probe stellen. August begann, ihr den Hof zu machen, hatte leider Glück und konnte bei der vorwitzigen Münsterländerin landen. Anschließend kündigten beide Herren der angeblich Angebeteten ihre Freundschaft per Brief. Nach dieser Demütigung wechselte sie siebzehn Jahre lang kein Wort mehr mit ihren Verwandten und blieb Zeit ihres Lebens unverheiratet.

Nach dem Tod des Vaters zog Annettes Mutter 1826 mit ihren beiden Töchtern von der *Burg Hülshoff* auf den Witwensitz Rüschhaus im heutigen Münster-Nienberge. Dieses neue Zuhause nannte die Dichterin liebevoll ihr „Schneckenhaus".

Ihren ersten Gedichtband veröffentlichte Annette von Droste-Hülshoff 1838 im Aschendorff Verlag, auf Wunsch der Familie allerdings anonym. Mit nur 74 verkauften Exemplaren handelte sie sich damit mehr Spott als Respekt ein.

Im literarischen Zirkel um Elise Rüdiger lernte Annette 1839 schließlich den siebzehn Jahre jüngeren Levin Schücking kennen. Ihre Gefühle für ihn schwankten zwischen Liebe und mütterlicher Verbundenheit – er war jahrelang ihr enger Freund und männliche Muse zugleich.

Annette hielt sich im Laufe der Zeit immer häufiger bei ihrem Schwager in Meersburg auf. Der Ort am Bodensee wurde für sie schließlich zum neuen Lebensmittelpunkt, an dem sie sich gesundheitlich erholen konnte und schöpferisch sehr aktiv war. Ihrem Freund Schücking hatte sie dort eine Stelle als Bibliothekar verschafft. Während des gemeinsamen Winters 1841/1842 floss so beinahe täglich ein neues Gedicht aus Annettes Feder. Auch westfälische Themen gingen ihr, fern der Heimat, leichter von der Hand. Am 2. April 1842 verließ Schücking den Bodensee wieder und trat eine neue Stelle an – ein schwerer Verlust für die Dichterin, war er doch eine so wichtige Inspiration und ein enger Freund für sie gewesen.
Am 24. Mai 1848 verstarb Annette von Droste-Hülshoff, vermutlich an einer Lungenentzündung, auf *Schloss Meersburg*.

Annette von Droste-Gesellschaft:
www.droste-gesellschaft.de

ORIGINALE

Sie gehören genau wie Künstler, Dichter und Denker zur kulturellen Geschichte einer Stadt: Die „Originale" eines Ortes, also die schrägen und zugleich genialen Typen, um die sich herrliche Geschichten ranken. So sehr diese Erzählungen auch erdichtet und fantasievoll ausgeschmückt wurden, haben sie oft einen wahren Kern und charakterisieren ihre Protagonisten meist sehr treffend. Einige dieser münsterschen Originale und deren Geschichten werden in diesem Kapitel kurz vorgestellt.

Professor Landois (1835–1905) und der Zoologische Garten

Der Münsteraner Hermann Landois begann seine Karriere als Priester. Dieser Beruf vertrug sich aber nicht mit seinem Charakter. Landois hatte ein Faible für derbe Späße und fand Vergnügen an geselligen Tanzveranstaltungen, außerdem befürwortete er den Darwinismus. Vom Priesteramt wurde er alsbald suspendiert. Anschließend begann er ein Studium der Naturwissenschaften mit dem Schwerpunkt Zoologie und wurde Lehrer am *Paulinum* – also ausge-

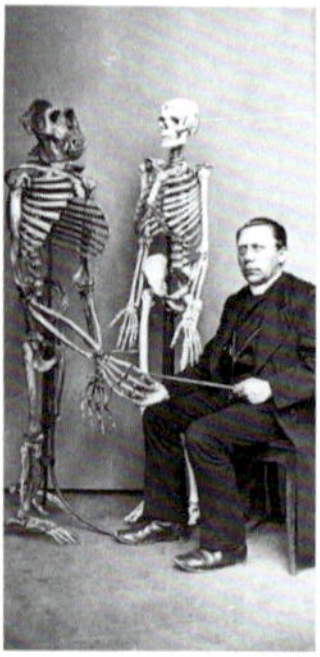

Hermann Landois, Münsters erster Marketing-Guru

Landois neben seinem Denkmal

rechnet an dem Gymnasium, von dem er als junger Pennäler geflogen war. Bei seinen Schülern war er äußerst beliebt, schon allein deshalb, weil er regelmäßig zoologische Präparate mit in den Unterricht brachte. Unter seinen Schützlingen war übrigens auch der spätere Heimatdichter Hermann Löns.

Landois wurde schließlich Zoologieprofessor an Münsters Universität. Fachlich war er äußerst kompetent, doch sein Schalk und seine Possen machten ihn als „unwiesen Profässer" berühmt, um den reichlich Anekdoten rankten. Seine Markenzeichen waren ein hoher Zylinder, ein schwarzer Gehrock und eine lange Tabakspfeife. Er gründete den Zoo von Münster (heute: *Allwetterzoo*) und das *Naturkundemuseum*. Die Finanzierung des Tierparks brachte er durch ebenso originelle wie fragwürdige Einlagen zustande, zum Beispiel durch blutige Wettkämpfe zwischen Ratten und kleinen Hunden.

Als Ende des 19. Jahrhunderts in Münster Reproduktionen der drei Käfige auftauchten, in denen einst die Leichen der Wiedertäufer am Lambertikirchturm aufgehängt worden waren, schlug der Professor zu, kaufte die Käfige und stellte sie im Zoo aus. Die Täuferführer ließ er als Puppen nachbilden und steckte sie in die Eisenkörbe. Dem zahlenden Publikum machte Landois weis, dass diese Käfige ebenso echt seien wie das Bügeleisen des Täufers Jan van Leyden, das er ebenfalls ausstellte. Er behauptete, an der *Lambertikirche* hingen lediglich billige Kopien

Die *Tuckesburg*, trutziges Heim für Landois, seine Nichte und Äffchen Lehmann

der Käfige. Diese Frage um die Authentizität der Objekte entfachte in der Bevölkerung einen Streit, der große Ähnlichkeit mit dem Glaubenskrieg um den echten und den wahren Heino gehabt haben dürfte, der genau hundert Jahre später ausgetragen wurde.

Landois' Käfige kann man heute im *Stadtmuseum* bewundern – und noch immer trifft man Münsteraner, die beschwören, diese seien die echten.

Ebenfalls legendär waren die *Abendgesellschaften des Zoologischen Gartens*, die Landois ins Leben rief. Bei diesen Veranstaltungen ließ er plattdeutsche Schwänke aus seiner Feder aufführen. Die Schauspieler tranken auf der Bühne Korn und Wacholderschnaps, dem Publikum servierte man Bärenschinken und Bärentatzen, die sich schnell als Hausmacher-Frikadellen entpuppten. Die Tradition dieser urkomischen Aufführungen wird in Münster bis heute lebendig gehalten.

Hermann Landois wuchs an der Rothenburg mitten in Münster auf. Später schuf er sich eine mittelalterlich anmutende Burg als Wohnstätte: die *Tuckesburg*, die am Nordeingang des damaligen Zoos, nahe der heutigen Hüfferstraße, liegt. Hier lebte er ab 1883 mit seiner Nichte und Haushälterin Helene Pollack – und mit einem Affen namens Lehmann, den Landois regelmäßig mit Bier versorgte, bis das Tier an einer Alkoholvergiftung starb. Schon zu Lebzeiten ließ er ein Denkmal von sich anfertigen, das einen Vogelnistkasten im bronzenen Zylinder beherbergt – damit es, wie er sagte, „auch zu etwas nütze sei". In der Festrede zur Enthüllung des Denkmals wurde Landois ausnehmend gelobt; kein Wunder, da er diese Rede selbst hielt. Die Statue steht heute im *Allwetterzoo*.

Neben vielen Fachveröffentlichungen stammen übrigens auch einige plattdeutsche Anekdoten aus Landois' Feder, beispielsweise die in den fünf Büchern über seinen Onkel, den geizigen Kupferschmied Franz Essink.

Der Tolle Bomberg (1839 –1897) und seine Streiche

Ein weiteres Original des 19. Jahrhunderts war Gisbert von Romberg II., besser bekannt als „Der tolle Bomberg". Romberg II. war die historische Vorlage für den gleichnamigen Roman, der 1923 veröffentlicht wurde. Er war der Hausherr von *Schloss Buldern* bei Münster und für seine dreisten Späße berühmt. Sein Leben wurde zweimal verfilmt, zuletzt 1957 mit Hans Albers in der Titelrolle. Bomberg ließ sich seine Es-

Zur Uraufführung von *Der Tolle Bomberg* empfangen am 21. August 1957 Tausende den Hauptdarsteller Hans Albers (in der Kutsche unter dem Regenschirm) auf dem Prinzipalmarkt.

kapaden ein beträchtliches Vermögen kosten, deshalb musste er mehrere Entmündigungsversuche seiner Verwandtschaft abwehren, die um ihr Erbe fürchtete. In einem der Anträge heißt es: „Es ist notorisch, dass unser Vetter von Romberg sehr dem Trunk ergeben ist und auf die unsinnigste Weise sein Vermögen vergeudet." Die Richter entschieden damals, dass der durchgeknallte Baron vermögend genug sei, um sich ein kostspieliges Leben leisten zu können, und schmetterten alle Entmündigungsgesuche ab.

Wie es heißt, flatterten Bomberg regelmäßige Zahlungsforderungen von Wirtschaften und Kaffeehäusern ins Haus – pardon, ins Schloss. Die Gastwirte verlangten darin Entschädigungen für Mobiliar, Geschirr und Musikinstrumente, die der Baron in seinen Anfällen von Zerstörungswut zerkleinert haben sollte. Bomberg bezahlte all diese Aufforderungen. Ein Teil der Rechnungen wird bis heute im Stadtarchiv Münsters aufbewahrt. Es kursieren viele Geschichten über den Baron. So will man will ihn gesehen haben, wie er sich im Kutschwagen rasieren ließ, oder wie er hoch zu Ross mitten durch das berühmte Café des Kunstbäckers Louis Midy ritt, das sich an der Bogenstraße 16 befand. Seine Lieblingsprostituierte Thekla soll er zudem – ganz diskret – mit einem riesigen Sechsspänner von der Wevelinghofer Gasse abgeholt haben. Dort, in der Gegend um die Sonnenstraße, befand sich nämlich noch bis Ende der 1930er Jahre Münsters Rotlichtviertel, wo die Damen in gepflegter St.-Pauli-Manier ihre Bewerbungsschreiben in die Fenster hängten.

Franz Essink (1801–1871) und sein Erbe

Wer von Bomberg und Landois spricht, muss auch den Kupferschmied Franz Essink erwähnen, der an der Rothenburg 42 wohnte. Landois hat ihm ganze fünf Bücher gewidmet. Essink war ein ebenso gutsituierter wie geiziger Mann. Der

Stadt Münster allerdings vererbte Essink sein beträchtliches Vermögen, aus Dankbarkeit übernahm die Stadt seine Grabpflege. Das änderte sich 1914, als der alte Ludgeri-Aegidii-Friedhof eingeebnet wurde, um dem Bau der *Antoniuskirche* Platz zu machen. Damals beließ man das Grab von Franz Essink an seinem Platz – seine Gebeine ruhen deshalb seither unter dem Gehsteig an der Moltkestraße, wo im Jahre 1958 ein Steinmosaik gelegt wurde, um an den edlen Spender zu erinnern. Die Grabpflege besorgt heute also die Stadtreinigung.

Landois, Bomberg und Essink sollen übrigens gute Freunde, vor allem aber Saufkumpanen gewesen sein. Wenn einer der drei bei ihren Zechtouren – vorsichtig ausgedrückt – „den Überblick" verloren hatte, wurde er sofort zur Zielscheibe übler Scherze der anderen, heißt

Die Pflege des Grabes von Franz Essink übernimmt heute der Straßenkehrer.

Diener des Bomberg karren „Mönch Franz" zum Franziskanerkloster. Zeichnung von Paul Krieger, um 1890

es. Es war Ehrensache, das betrunkene Opfer erst einmal splitternackt auszuziehen. Essink schoren seine Freunde eines Nachts angeblich zusätzlich eine Tonsur, steckten ihn in eine Mönchskutte und legten ihn vor der Pforte des Franziskanerklosters am Hörsterplatz ab. Die Franziskaner trugen den vermeintlichen Mitbruder morgens ins Haus und ließen ihn in einer Einzelzelle seinen Rausch ausschlafen. Der Prior des Klosters machte Essink schließlich üble Vorhaltungen wegen seines Lebenswandels. Solch ein Verhalten sei eines Mönches unwürdig. Essink, noch ganz neblig im Kopf, wusste offenbar selbst nicht mehr genau, wer er war. Dem Klostervorsteher soll er jedenfalls geantwortet haben: „Schicken se mal einen in die Rothenburg und fragen nach Franz Essink. Wenn der nicht zu Hause ist, dann bin ich das."

Bei Pinkus Müller

Der Vorzeige-Ordnungshüter aus alten Tagen: Felix Maria

Felix Maria (1833–1900) und der Bierkrieg

Sauftouren, wie die der Herren Landois, Bomberg und Essink, waren einem anderen Unikat aus Münster ein Dorn im Auge: Die Rede ist von Hermann-Josef Harpenau, einem besonders ordnungsliebenden Polizisten in fescher Uniform und mit Spitznamen Felix Maria. Mit Frau und drei Kindern lebte er im Torhäuschen an der Neubrückenstraße. Der Polizist war stadtbekannt als Amtsperson von übertriebener Korrektheit und peinlicher Dienstbeflissenheit. Als er selbst doch einmal dem Alkohol zum Opfer fiel, soll er direkt in die Fänge von Landois, Bomberg und Essink geraten sein – die prompt mal wieder ihren gesunden Humor bewiesen. Sie beraubten den betrunkenen Schutzmann all seiner Kleidung und legten ihn auf eine Schubkarre, fuhren ihn damit nach Hause und kippten ihn vor seiner Haustür aus. Als die Gemahlin Maria-Magdalene ihn dort morgens ebenso nackt wie wehrlos vorfand, soll sie ihn mit einem Nudelholz kräftig durchgeprügelt haben. Als Felix Maria wieder

„Prost, die Herren" im *Alten Gasthaus Leve* (1880)

TIPP !

Beim Verein **StattReisen Münster** können sich Interessierte in einem Erlebnis-Stadtspiel auf eine Zeitreise zurück in das Jahr 1895 und zum Münsterschen Bierkrieg begeben.

bei Sinnen war, verhaftete er seine Gattin und soll sie laut überliefertem Protokoll drei Tage lang eingesperrt haben. Der Grund: Widerstand gegen die Staatsgewalt.

Und das sollte nicht das einzige Mal bleiben, dass Felix Maria im Ordnungswahn seine eigene Frau anzeigte: Korrekt wie er war, bestrafte er sie auch dann, wenn sie durch Teppichklopfen die Mittagsruhe störte oder sonntags Wäsche aufhängte.

Auch lange nach seinem Tod hat Münster ihren Ordnungshüter Felix Maria nicht vergessen. So war er in den 1970er Jahren das Maskottchen von Münsters Polizei und Ordnungsamt. Man legte ihm in Anzeigen und Plakaten unter dem Motto „Felix rät" praktische Hinweise für die Einwohner in den Mund.

Eine weitere Fehlentscheidung von öffentlicher Stelle im Münster des 19. Jahrhunderts führte bis zum sogenannten „Bierkrieg".

Vorangegangen war eine landesweite Umfrage zum Thema Alkohol, also eine Art *PISA*-Studie zur Trinkfestigkeit deutscher Bürger. Münster lag in der Statistik recht weit vorn. Das soll einigen Kostverächtern sehr sauer aufgestoßen sein. Um den Ruf der Stadt als Hort versoffener Bürger wieder loszuwerden, beschloss die preußische Verwaltung kurzerhand, die Polizeistunde auf 23 Uhr vorzuverlegen. Die durstige Bevölkerung reagierte empört und demonstrierte über eine Woche lang gegen diese unerhörte Verfügung. Die Saufereien wurden außerdem auf die Straße verlegt. Menschenmengen grölten Trinklieder über den Prinzipalmarkt, die aufmarschierende Polizei wurde vom trinkfreudigen Volk mit „Bier her! Bier her!"-Rufen begrüßt. Man schmiss mit Steinen und Feuerwerkskörpern. Und mit Sechs-Liter-Bierkrügen aus Steingut, den so genannten Bullenköppen, die man zuvor natürlich ordnungsgemäß ausgetrunken hatte. Irgendein Witzbold jagte ein Schwein durch die Innenstadt, das er mit Seife eingerieben hatte, um der Polizei die Ergreifung des Tieres unmöglich zu machen.

Die Polizisten – unter den einschreitenden Ordnungshütern soll auch Felix Maria gewesen sein – verhafteten die vermeintlichen Anführer und sperrten sie in das *Höffken*, ein kleines Polizeigewahrsam hinter dem Rathaus. Aber nach sieben Tagen des Aufruhrs in der Stadt hatte die Staatsmacht doch ein Einsehen und stellte die alte Ordnung wieder her. Die Bierfreunde hatten gesiegt: In den Kneipen durfte wieder bis zum frühen Morgen gezecht werden. So auch in der Gastwirtschaft *Pinkus Müller*, in der bis heute der „Putz" Felix Maria als Holzstatue über die Gäste wacht.

Pinkus Müller (1899–1979) und das münstersche Bier

Altbier wurde in Münster schon vor über dreihundert Jahren gebraut. Es schmeckte allerdings nicht allen auswärtigen Gästen so gut wie den Einheimischen. Heute aber gehört Altbier zu Deutschlands beliebtesten Getränken und ist sehr bekömmlich. Das frisch Gebraute aus Münster schmeckt anders als das rheinische, nämlich eher herb-säuerlich und ein bisschen nach Wein. Außerdem hat es eine rötliche Farbe. Der Name Altbier bedeutet schlicht, dass das Getränk auf alte Art hergestellt wurde, nämlich obergärig.

Im 19. Jahrhundert – an gesundes Trinkwasser war noch nicht zu denken – versorgten zeitweise 150 Brauereien die Stadt stattdessen mit kühlem Nass. Heute hält die berühmte Brauerei Pinkus Müller im Kuhviertel die Tradition lebendig. Das Pinkus-Bier, gebraut aus Bio-Ingredenzien, gilt unter Bierkennern als Delikatesse und wird in die ganze Welt exportiert.

Der Name des Bieres geht auf den Vorfahren Carl Müller zurück, der Anfang des vergangenen Jahrhunderts

War auch als jugendlicher Heldentenor sehr gefragt: Carl Müller alias „Pinkus" (1927)

die heutige Gaststätte eröffnete. Er hatte als Schüler an einem Wettbewerb teilgenommen, bei dem die Teilnehmer über eine kleine Mauer an

Die Polizei sucht im Aasee.

der Promenade hinweg eine damals noch mit Feuer betriebene Laterne auspinkeln mussten. Müller war der einzige, dem dieses Kunststück gelang, woraufhin ihm seine Mitschüler den Ehrennamen „Pinkulus" verliehen, der später zu „Pinkus" verkürzt wurde.

Maria Rohrbach und die Leiche im Aasee

Weniger ein Original, sondern vielmehr die Protagonistin einer Gruselanekdote war Maria Rohrbach. Ihre Geschichte beginnt an Münsters beschaulicher Grünoase, dem Aasee. An seinem Ufer entdeckten spielende Kinder im Frühjahr 1957 angeschwemmte Leichenteile. Der Tote wurde als der Anstreicher Hermann Rohrbach aus der Kerßenbrockstraße 44 identifiziert. Seinen Kopf suchte die Polizei allerdings vergeblich.

Schnell geriet die Ehefrau des Toten ins Visier der Ermittler – und damit begann der spektakulärste Mordprozess der Stadtgeschichte, der damit endete, dass Maria Rohrbach aufgrund von Indizienbeweisen lebenslang eingeknastet werden sollte. Ausschlaggebend für dieses harte Urteil war ein Gutachten des Sachverständigen Professor Specht aus München. Demnach hatte die Rohrbach ihrem Gatten monatelang das Gift Thallium verabreicht hatte, bevor sie ihm, während er schlief, den Schädel einschlug. Den Kopf habe sie dann im heimischen Kohleofen durch den Schornstein gejagt.

Die Vergangenheit des Gutachters Specht als berüchtigter Propaganda-Experte der SS interessierte das Gericht derweil wenig. Gegen die Angeklagte sprach insbesondere ihr Lotterleben als sogenanntes „Besatzerliebchen". Angeblich hat sie sich im Ehebett mit einem britischen Soldaten vergnügt, während ihr Mann auf der anderen Seite der Matratze schlief. Dass ihr Gatte homosexuell war und sein Liebhaber zwei Wochen vor dem Rohrbach-Mord ebenfalls ohne Kopf im Dortmund-Ems-Kanal aufgefunden worden war, spielte im Prozess keine große Rolle.

Ein Jahr nach dem Urteil fand man Hermann Rohrbachs Kopf in einem Bombentrichter. Aber hatte Professor Specht nicht festgestellt, dass Maria

Rohrbach den Schädel ihres Gatten im Ofen verbrannt hatte? Die saß damals schon vier Jahre hinter schwedischen Gardinen. Erst jetzt gelang es ihrem Anwalt, eine Wiederaufnahme des Verfahrens zu erwirken. 1961 wurde Maria Rohrbach freigesprochen. Der Mörder ihres Mannes wurde nie identifiziert – man munkelt, es sei ein hoch angesehener Münsteraner gewesen.
Der Gerichtsirrtum aus Westfalen zog damals weite Kreise. Die gesamte deutsche Justiz wurde davon erschüttert, was zu Änderungen im Strafrecht und zu einer Neuregelung der Haftentschädigung führte.

DAS NS-REGIME

Münster unter Nazi-Herrschaft

Die Nationalsozialisten machten Münster mit der Regierungsübernahme im Jahr 1933 zum Sitz des „Gaus Westfalen-Nord" und damit zu einer der vielen Schaltzentralen der Nazis für Kriegsvorbereitungen und die Verfolgung von Menschen aus rassistischen, sozialen, religiösen oder politischen Gründen.
Während der Wahlen zum Reichstag am 5. März 1933 wählten 36,1 Prozent der Münsteraner die NSDAP. Bereits wenige Tage später, bei der Kommunalwahl, stieg die Zahl auf 40,2 Prozent. Am 3. April 1933 bot der Magistrat von Münster Adolf Hitler die Ehrenbürgerschaft an. Alltag und Stadtbild waren stark geprägt von der nationalsozialistischen Ideologie. Am Aasee wurde der repräsentative Bau der NS-Verwaltung errichtet, in dem jetzt das Studentenwerk untergebracht ist. Außerdem entstand eine Reihe neuer Kasernen und Stabsgebäude, darunter auch das Gebäude des früheren sechsten Armeekorps am Schlossplatz – jetzt Sitz des Deutsch-Niederländischen Korps –, und Kasernen in den Stadtteilen Uppenberg, Coerde, Gremmendorf, Gievenbeck sowie auf der Geist. Hitler hatte außerdem eine deutsche Luftwaffe aufgebaut – teilweise unter dem Deckmantel der Sportfliegerei – und sich damit den Vereinbarungen des Versailler Vertrags widersetzt. Die Jugend in Münster sollte für den Segelflugsport begeistert und damit auf spätere Einsätze im Militärflug vorbereitet werden. Das Luftgaukommando errichtete dafür einen großen Neubau an der Manfred-von-Richthofen-Straße, denn Münster war nun zuständig für die Verteidigung des Luftraums bis in das Ruhrgebiet hinein. Das Standortlazarett entstand an der Von-Esmarch-Straße, wo sich heute die Universitäts-Hautklinik befindet.

Das Heeresverpflegungsamt baute außerdem riesige Speicher in Coerde, die heute von Dienstleistern, Agenturen und Verlagen genutzt werden. Die Geschichte dieser Speicherstadt ist ein eindringliches Zeugnis für die zielgerichtete Kriegsvorbereitung der Nazis. Die zentralen Bauten in der kleinen Militärstadt waren neun fünfstöckige Kornspeicher mit angeschlossener Großbäckerei, in der ein Pensum von bis zu 70 000 Broten pro Tag erreicht und damit alle in Norddeutschland stationierten Garnisonen verpflegt werden konnten.

Alte Synagoge

Während des zweiten Weltkrieges erlebten die Menschen 102 Luftangriffe. Besonders heftig war es 1943: Zuerst zerstörten britische Bombenangriffe die Verkehrsknotenpunkte und Industrieanlagen, wie den Hafen, danach folgte die britisch-amerikanische Luftoffensive.

Am 10. Oktober 1943 wurden bei einem großen amerikanischen Tagesangriff das Stadtzentrum, das Schloss und der Dom beinahe vollständig zerstört. Rund 700 Menschen starben. Nachdem die deutsche Luftverteidigung in den letzten Kriegsmonaten ausgeschaltet werden konnte, wurde das Stadtgebiet dem Erdboden gleichgemacht.

Verfolgung und Ermordung

Münster war das Zentrum der nationalsozialistischen Verfolgungsmaßnahmen in Westfalen, deren Ziel die Vernichtung der jüdischen Bevölkerung war. Vor allem auch durch die Studien von Gisela Möllenhoff und Rita Schlaumann-Overmeyer wurde die Verfolgung der jüdischen Bürgerinnen und Bürger erforscht. Wenig Material gibt es bislang über die Gewalt der NS-Diktatur an Sinti und

Neue Synagoge

Roma, Homosexuellen und Prostituierten, politisch Oppositionellen wie KPD- und SPD-Mitgliedern, Zeugen Jehovas und deren Verfolgung. Priester, Theologen und Ordensleute, aber auch andere oppositionelle Gläubige, die sich zum Beispiel für ihre jüdischen Mitmenschen eingesetzt hatten, wurden vom NS-Regime ermordet wie der Theologe Karl Leisner, der Jesuitenpater Augustin Benninghaus oder der Jurist Dr. Richard Bittmann.
Im Jahr 1930 hatte die Jüdische Gemeinde Münsters noch das 50-jährige Bestehen der 1880 erbauten Synagoge an der Klosterstraße feiern können. Nur wenige Jahre später war das gesamte jüdische Leben Münsters ausgelöscht. Die erste von vier Deportationen zur systematischen Ermordung der Frauen, Kinder und Männer fand am 13. Dezember statt, als ungefähr 125 Juden aus Münster nach Riga in Lettland verschleppt wurden. Weitere Deportationen folgten im Jahr 1942, vor allem in die Todeslager in Polen und Theresienstadt.

Von den 708 jüdischen Bürgern, die vor dem Krieg in Münster zuhause waren, wurden 275 in Konzentrationslagern ermordet. Nur 24 Deportierte überlebten diese Zeit. Sieben Menschen begingen unter dem Terror der Nazis Suizid, vier konnten untertauchen und überleben, 280 flohen ins Ausland. Nur 77 Menschen starben zwischen 1933 und 1945 eines natürlichen Todes. Das Schicksal von 42 jüdischen Bürgern Münsters ist bis heute ungeklärt.

Das jüdische Geschäft *Helene Davids & Co.* war in Münster das führende Geschäft für Mieder und Korsette bis zum Zwangsverkauf 1938.

Schon im Jahr 1933 begann die NSDAP mit antisemitischen Aktionen. Jüdische und marxistische Literatur wurde in einem „Läuterungsfeuer" auf dem Hindenburgplatz – dem heutigen Schlossplatz – verbrannt, den jüdischen Universitätsdozenten wurde durch das „Gesetz zur Wiederherstellung des Berufsbeamtentums" verboten, ihrem Beruf nachzugehen. In der Reichs-Pogrom-Nacht wurden von Juden bewohnte Privathäuser und -wohnungen sowie die zehn bis dahin noch verbliebenen Geschäftshäuser in Münster zerstört. In den frühen Morgenstunden des

10. November 1938 brannten die Nationalsozialisten außerdem die Synagoge an der Klosterstraße komplett ab. Die Trümmer mussten die Mitglieder der Jüdischen Gemeinde selbst beseitigen, und die Kosten des Benzinkanisters tragen, mit dem der Brand gelegt worden war – der brutale Zynismus der Nazi-Verbrecher. Mit der Zerstörung der Synagoge wurde der größte Teil des kulturellen jüdischen Lebens in Münster unwiederbringlich ausgelöscht. Die Gemeinde musste das Grundstück verkaufen. Verschiedene Interessenten in Münster stritten sich bis 1945 skrupellos darum. Bis zur Reichs-Pogrom-Nacht hatten 170 jüdische Menschen die Stadt und das Land verlassen.

In der Nacht des 9. November 1938 waren viele Juden festgenommen, aber wieder freigelassen worden. Deshalb konnten weitere 110 Menschen flüchten. Von den über 130 weiteren jüdischen Bürgern, die zwischen 1939 und 1941 aus Münster flohen, schafften es manche nur bis in die Nachbarländer. Dadurch entkamen sie dem Holocaust nur vorübergehend und waren der NS-Verfolgung schnell erneut ausgesetzt. Nur wenige überlebten in Verstecken.

Zeitzeugen berichten Schülern in der *Villa ten Hompel*.

Die Alltagssituation für die noch verbleibenden Juden in der Stadt wurde immer gefährlicher. Als die Deportationen begannen, wurde die Marks-Haindorf-Stiftung zur letzten Zuflucht.

Anfang des Jahres 1939 floh schließlich auch der Rabbiner der jüdischen Gemeinde, Dr. Steinthal, mit seiner Familie nach Argentinien. Sein Nachfolger, Dr. Julius Voos, wurde 1943 mitsamt seiner Familie in Auschwitz ermordet.

Eine der wenigen Gegenstimmen war die von Bischof Clemens August Graf von Galen, der ab Sommer 1941 mit drei Predigten gegen das Euthanasie-Programm und die Vertreibung von Ordensleuten protestierte. Er konnte das systematische Morden im Münsterland damit aber nur für ein Jahr verhindern.

Auch Menschen mit tatsächlichen oder vermeintlichen Erbkrankheiten wurden verfolgt und ohne öffentlichen Protest sterilisiert. Von den Nazis als psychisch krank oder behindert eingestufte Menschen wurden auf der Grundlage des „rassenhygienischen Programms" ermordet. Bis zum Kriegsende wurden insgesamt 60 000 Menschen mit Behinderungen im ganzen Land umgebracht, ebenso etwa 5 000 Patienten aus westfälischen Provinzial- und Pflegeanstalten.

Nach dem Kriegsende kehrten nur wenige Juden ins Münsterland zurück. Darunter der ehemalige Vorsteher der Jüdischen Gemeinde Siegfried Goldenberg mit seiner Ehefrau sowie der Warendorfer Viehhändler Hugo Spiegel. Er war der Vater des späteren Präsidenten des Zentralrats der Juden in Deutschland, Paul Spiegel. Am 7. September 1945 feierten diese wenigen Zurückgekehrten einen ersten Gottesdienst in Warendorf. Ab dann wuchs die Jüdische Gemeinde auch in Münster allmählich wieder. Am 12. März 1961 bekam sie mit der Weihe der neuen Synagoge, die genau an der Stelle der alten erbaut wurde, ein neues religiöses Zentrum.
Die *Villa ten Hompel*, ehemalige Unterkunft der Polizeidienststelle der NSDAP, die für die Deportationen zuständig war, ist heute eine Gedenkstätte. Hier klärt eine multimediale Ausstellung über die Geschichte und die Verbrechen der damaligen Ordnungspolizei auf. Am Ort der früheren Gaststätte Gertrudenhof (Ecke Warendorfer Straße/Kaiser-Wilhelm-Ring) erinnert eine Gedenktafel an die Gräueltaten der Nazis. Eine weitere findet sich an der Synagoge in der Klosterstraße 8. Darüber hinaus mahnt auch das Projekt *Stolpersteine* des Wahl-Kölners Gunter Demnig an vielen Stellen in der Stadt zum Gedenken an die Verfolgung und Ermordung der Juden in Münster. Der Künstler graviert im Rahmen dieses Projektes Gedenksteine aus Messing mit den Namen und persönlichen Daten von jüdischen Opfern und verlegt diese Erinnerungsobjekte in den Gehwegen vor den letzten selbstgewählten Wohnhäusern dieser Menschen, inzwischen in 21 Ländern Europas. In Münster gibt es etwa 255 solcher Stolpersteine.

Jüdische Gemeinde Münster:
www.jgms.de

Stolpersteine von Gunter Demnig

DIE STADTGESCHICHTE IM ÜBERBLICK

6. Jh. v. Chr.	Bis zu dieser Zeit reichen die Spuren der frühen Besiedlung zurück.
200 n. Chr.	Die Franken errichten eine Siedlung im Bereich der Aa.
793	Der heilige Liudger wird von Karl dem Großen als Missionar an die Aa in das westliche Sachsenland geschickt und gründet das Kloster Monasterium, dem Münster seinen Namen verdankt.
805	Münster wird zum Bistum, Liudger sein erster Bischof.
1170	Münster erhält die Stadtrechte.
1264	Der heutige Dom wird eingeweiht.
1268	Um dieses Jahr herum wird Münster zur Hansestadt. Sie verbleibt circa 400 Jahre lang im Hansebund.
1534	Unter der Führung des Jan van Leyden ergreifen die Täufer die Macht in Münster.
1535	Fürstbischof Franz von Waldeck erobert die Stadt von den Täufern zurück.
1648	In Münster und Osnabrück wird der Westfälische Friedensvertrag unterzeichnet. Damit endet der Dreißigjährige Krieg. Bild rechts: Der historische *Friedenssaal*, in dem Staatsoberhäupter aus ganz Europa am 24. Oktober 1998 „350 Jahre Westfälischen Frieden" feierten. 
1661	Der „Kanonenbischof" Christoph Bernhard von Galen erobert Münster.
1757	Johann Conrad Schlaun beendet den Bau des Erbdrostenhofs.
1759	Im Siebenjährigen Krieg (1756–1763) wird Münster mehrfach belagert und erobert.
1764	Auf Anordnung des Staatsministers Franz von Fürstenberg wird die Stadtmauer abgerissen und an gleicher Stelle die heutige Promenade angelegt.
1777	Der Bau des Schlosses ist abgeschlossen. Johann Conrad Schlaun, der das Gebäude plante, ist bereits vier Jahre tot.

1780	Die Landesuniversität Münster nimmt ihren Lehrbetrieb auf.
1792	Johann Wolfgang von Goethe kommt auf Einladung der Fürstin Amalie von Gallitzin nach Münster.
1797	Die Dichterin Annette von Droste-Hülshoff wird auf *Burg Hülshoff* geboren.
1802	Preußen lässt unter dem Kommando des Generalleutnants Blücher die Stadt besetzen.
1802	Das Fürstbistum Münster wird aufgelöst.
1816	Münster wird Hauptstadt der neuen Provinz Westfalen.
1875	Der Zoologie-Professor Hermann Landois gründet den Zoologischen Garten. 
1899	Der *Dortmund-Ems-Kanal* wird von Kaiser Wilhelm II. eingeweiht. Münster erhält einen Hafen.
1902	Kaiser Wilhelm II. stiftet als König von Preußen die Universität Münster, die von nun an *Westfälische Wilhelms-Universität* heißt.
1930	Der Zentrumspolitiker und gebürtige Münsteraner Heinrich Brüning wird deutscher Reichskanzler.
1938	In der Reichs-Pogrom-Nacht brennen Nationalsozialisten die Synagoge an der Klosterstraße nieder, misshandeln Juden und zerstören jüdische Wohnungen und Geschäfte.
1941	Bischof Clemens August von Galen hält seine berühmten Predigten gegen Euthanasie, die ihm den Beinamen „der Löwe von Münster" einbringen. Die Judendeportationen in das „Ghetto von Riga" beginnen.
1945	 Nach Bombenangriffen der Alliierten am 2. April sind 91 Prozent des Münsterschen Stadtkerns zerstört. Bild links: Die Originalgiebel am Prinzipalmarkt vor dessen Zerstörung im Oktober 1943.

1949	Die Stadt entscheidet, die zerstörte Altstadt im historischen Stil wieder aufzubauen.
1956	Der Bau des Stadttheaters ist abgeschlossen.
1975	Durch die kommunale Gebietsreform vervierfacht sich die Fläche Münsters. Die Einwohnerzahl wächst von 200 000 auf 265 000.
1977	In Münster finden erstmals die *Skulptur Projekte* statt.
1987	Papst Johannes Paul II. besucht Münster.
1987	Die zweite Skulpturenausstellung zieht internationales Publikum in die Stadt.
1990	Der sowjetische Außenminister Eduard Schewardnadse und der deutsche Außenminister Hans-Dietrich Genscher treffen sich im münsterschen Rathaus, um die deutsche Wiedervereinigung vorzubereiten.
1992	Michail Gorbatschow kommt zu seinem ersten Besuch nach Münster.
1993	Die Stadt feiert ihr 1 200-jähriges Jubiläum.
1994	Mit Marion Tüns wird erstmals eine Frau Oberbürgermeisterin von Münster.
1997	Die dritte Auflage der *Skulptur Projekte* findet statt.
1998	Münster und Osnabrück feiern zusammen mit Staatsoberhäuptern aus aller Welt „350 Jahre Westfälischer Friede".
2004	Münster erhält den LivCom Award, der jedes Jahr an die lebenswerteste Stadt der Welt vergeben wird.
2005	Das Bistum Münster feiert 1 200-jähriges Bestehen.
2007	Vierte Auflage der *Skulptur Projekte Münster*.
2012	Der „Hindenburgplatz" wird in „Schlossplatz" umbenannt. 
2017	Die *Skulptur Projekte* gehen in die fünfte Runde.
2018	Man feiert „360 Jahre Westfälischer Friede".

FERDINANDO PRIMO ARCHIEPISCOPO
ET ELECTORI COLONIENSI, EPISCOPO
MONASTERIENSI DVCI BAVARIÆ,
ORDINIBVS PATRIÆ
NEC NON
SPQ MONASTERIENSI
PRINCIPI SVO CLEMENTISSIMO DOMINISQVE
GRATIOSISSIMIS EVERHARDVS ALERDINCK
PICTOR D.D.D A MDCXXXVI

Diesen Plan stellte der Maler Everhardt Alerdinck 1636 auf der Grundlage exakter Vermessungen her. Die Befestigungsanlagen hob er überdimensioniert hervor, was auf die Außenwelt so abschreckend wirkte, dass Münster während des Dreißigjährigen Krieges nie ernsthaft belagert wurde.

Der Wewerka-Pavillon mit der Installation *Lampion* (1998/99) von Uta Weber

KUNST UND KULTUR

Europas Skulpturen-Hauptstadt | Alte Meister und moderne Kunst: Museen und Galerien | Filmstadt | Theater, Shows und Entertainment | Musikszene Münster

KUNST UND KULTUR

EUROPAS SKULPTUREN-HAUPTSTADT

Künstlerelite entdeckt Münster

Sie sind seit 40 Jahren ein Blickfang: Drei riesige Billardkugeln aus Beton am vorderen Aaseeufer. Claes Oldenburg hat sie 1977 geschaffen, neben Andy Warhol und Roy Lichtenstein einer der weltweit bedeutendsten Pop-Art-Künstler. Die *Giant Pool Balls* wurden extra für diesen Ort am Rande der Innenstadt entworfen und sie sind längst zu einem Wahrzeichen Münsters geworden.

Von hier aus entdeckt man die Turmspitze der Lambertikirche in der Innenstadt. In den Eisenkäfigen am Kirchturm leuchten mit dem Beginn der Dämmerung drei schlichte Glühbirnen, die der Künstler Lothar Baumgarten 1987 dort installierte. Mit diesen *Drei Irrlichtern* erinnert er an die Seelen der Wiedertäufer, die zu Füßen der Kirche im 16. Jahrhundert den Tod fanden.

Nicht weit entfernt streben am Marienplatz seit 1997 die *100 Arme der Guan-yin* in die Höhe. Der chinesische Künstler, der sie geschaffen hat, bezieht sich damit auf die buddhistische Göttin Guan-yin und verweist auf die Christusfigur ohne Arme in der St.-Ludgeri-Kirche gegenüber, aber auch auf Marcel Duchamps Kunstwerk *Flaschentrockner*.

2007 wiederum entdeckte der Düsseldorfer Künstler Hans-Peter Feldmann das stille Örtchen unter dem Domplatz neu, sanierte liebevoll die dortigen Toiletten und sorgt damit bis heute im wahrsten Sinn des Wortes für Erleichterung.

Manch einer hätte die Kugeln gerne in den Aasee gerollt, heute sind sie ein Wahrzeichen der Stadt: *Giant Pool Balls* von Claes Oldenburg (1977).

Lieblings-Skulptur: 650 000 Kunstbegeisterte gingen auf dem Steg der türkischen Künstlerin Ayşe Erkmen über das Wasser im Hafen.

Im Jahr 2017 schließlich ließ die Künstlerin Ayşe Erkmen die Menschen im Hafenbecken über das Wasser laufen – auf ihrer Installation *Der Steg*.

Betonkugeln, Glühbirnen, Abgüsse von Armen, ein Klo unter dem Domplatz – all das sind Kunstwerke, Installationen und Projekte internationaler Künstlerinnen und Künstler, die im Zuge der *Skulptur Projekte* in Münster entstanden sind. Bei dieser Großausstellung, die 1977 ihren Auftakt hatte und seither alle zehn Jahre stattfindet, verwandelt sich die gesamte Stadt für hundert Tage in ein Open-Air-Museum, ein Eldorado der internationalen Kunst und einen Ort der Begegnung mit Menschen. Gäste aus der ganzen Welt plaudern hier in allen Sprachen, streifen durch die Domstadt, trauen sich oft auch zum ersten Mal auf ein Fahrrad. Seit Jahrzehnten lässt sich das Publikum von den Skulpturen und Projekten begeistern, die in der Stadt zu sehen, zu hören und zu erspüren sind, die irritieren und inspirieren.

Münster hat sich so über die Jahre zu Recht einen Namen als „europäische Hauptstadt der Skulpturen" gemacht. Fachwelt und Presse feiern die Großausstellung als Pionierprojekt, das mit Fantasie und Witz Gattungsgrenzen sprengt. Über zweihundert international renommierte Künstlerinnen und Künstler haben bislang in den fünf Großausstellungen von 1977 bis 2017 die Stadt für sich entdeckt.

Von Beginn an wurde jede Ausstellung auf Grundlage der Ideen von Künstlerinnen und Künstlern für temporäre Projekte entwickelt. Jede Dekade widmet sich neuen Fragestellungen. Die kreativen Köpfe beginnen dabei häufig schon viele Monate vor Ausstellungsbeginn mit der Recherche für ihre Objekte oder Performances und für den Ort, den sie frei wählen dürfen. Die Gespräche mit den Menschen haben dabei eine ebenso inspirierende Wirkung auf die Kunst wie der Ort selbst und das Wissen um seine Geschichte. Die Künstlerinnen und Künstler fragen auch nach urbanen, architektonischen oder sozialen Strukturen, nach politischen und ästhetischen Kontexten, um ihre Projekte zu entwickeln. Mit ihrem persönlichen Blick auf Münster öffnen sie so überraschende Perspektiven auf die Stadt – und auch auf die Welt. Damit ist Münster zur Pionierin für zeitgenössische Kunst im öffentlichen Raum geworden und lief im Jahr 2017 sogar anderen internationalen Großausstellungen den Rang ab.

Das war allerdings längst nicht immer so. Mit den Jahrzehnten vollzog sich – auch als Spiegelbild des Zeitgeistes der jeweiligen Dekade – ein Bewusstseinswandel in der Fachwelt und der Bevölkerung. In den siebziger Jahren schlug der Kunst in der Stadt noch wütender Protest oder gar offene Feindschaft entgegen, heute wird die Weltoffenheit und Kunstreflektion gefeiert. Für den Verbleib eines der Lieblingskunstwerke 2017 "Sketch for a Fountain" der New Yorker Künstlerin Nicole Eisenman gründete sich die Initiative "Dein Brunnen für Münster", um mit Spenden den Brunnen zurück an die Promenade zu holen.

„Der wichtigste Pluspunkt der Skulpturen-Schau in Münster gegenüber der *documenta*, die alle fünf Jahre und damit immer parallel zu den *Skulptur Projekten* stattfindet, ist die Tatsache, dass bislang alle Ausstellungen von derselben Person kuratiert worden sind. Kasper König hat sich als Organisator nie dadurch profilieren müssen, dass er alles strikt anders machte als seine Vorgänger. Er hat schon bei der ersten Ausstellung in Zusammenarbeit mit Klaus Bußmann das hohe internationale Niveau angesteuert, das dann zum Maßstab aller folgenden Schauen werden sollte. Die Stadt Münster, in der wichtige Einzelobjekte aus allen Ausstellungen an den vorgesehenen Orten erhalten geblieben sind, ist so ganz allmählich zu einem Freiluftmuseum für plastische Bildwerke geworden, zu einem begehbaren Katalog für neuere Skulpturen."

Süddeutsche Zeitung, 8.06.2017

Zahlreiche Skulpturen vergangener Ausstellungen wurden übrigens von der Stadt Münster, dem *Landschaftsverband Westfalen-Lippe*, dem *LWL-Museum für Kunst und Kultur* oder von Sponsoren gekauft und blieben der Stadt somit auch nach Ende der jeweiligen *Skulptur Projekte* erhalten. Den Gästen begegnen sie bis heute an zahlreichen Orten in der Stadt – daran lässt sich immer wieder auf einzigartige Weise beobachten, wie sehr diese Werke die Stadt, die Orte und Räume darin und damit auch das Leben der Menschen hier verändert und geprägt haben.

Westfälische Kunstbanausen

Angesichts des heutigen Renommees der Stadt in der Kunstwelt wollen viele nur ungern an die 1970er Jahre erinnert werden. Denn bevor sich der Imagewandel Münsters vom verstockten Provinznest zur international beachteten Skulpturen-Hauptstadt vollzog, waren erst einige Jahre intensiver Überzeugungsarbeit nötig. Damals gehörten die Liebe zu avantgardistischer Kunst und Weltoffenheit nicht gerade zu den herausragenden Eigenschaften der Stadtbewohner. Die Bürgerinnen und Bürger lebten einträchtig in Nachbarschaft mit ihren Denkmälern, Heiligenstatuen oder Ochs und Pferd am Ludgeriplatz – keine moderne Skulptur weit und breit.

Doch genau das sollte sich ändern, das hatte eine eigens einberufene Kunstkommission einstimmig beschlossen. Sie riet der Stadt Mitte der siebziger Jahre zum Kauf der Skulptur *Drei rotierende Quadrate Variation II* (1973) des US-amerikanischen Künstlers George Rickey. Die Plastik dieses weltweit für seine kinetischen Kunstwerke berühmten Mannes sollte zum Preis von 130 000 DM erworben und auf der Rasenfläche an der Engelenschanze aufgestellt werden. Allein der Gedanke daran brachte halb Münster in Rage und führte zu jahrelangen, emotionsgeladenen Protesten. Die Einheimischen machten ihrem konservativen Ruf alle Ehre und füllten die Zeitungen mit Leserbriefen, in denen sogar Gott angefleht wurde, die städtischen Kunstkäufer von ihrer Geschmacksverirrung zu heilen. Selbst als die damalige Landesbank mit ihrem Chef Ludwig Poullain die Quadrate bezahlte und der Stadt schenkte, legte sich der Sturm der Entrüstung nicht.

Münster sprang im Quadrat, bis drei rotieren durften.

Kurzerhand beschlossen deshalb einige Experten um Klaus Bußmann (später Direktor des heutigen *LWL-Museums für Kunst und Kultur*, gestorben April 2019) und Kasper König (bis 2012 Direktor des *Museums Ludwig*, Köln, und seit 1977 Kurator der *Skulptur Projekte*), der Bevölkerung eine Lektion in Sachen moderner Kunst im öffentlichen Raum zu erteilen und sie an diesen neuartigen Anblick ihrer Stadt zu gewöhnen. Für 1977 wurde also eine Ausstellung im Außenraum geplant. Zehn international anerkannte Künstler wurden eingeladen, Objekte zu schaffen – darunter Carl Andre, Joseph Beuys, Richard Long, Ulrich Rückriem, Richard Serra und Claes Oldenburg. Neun Kunstwerke wurden schließlich realisiert.

Es hagelte abermals wütende Proteste, wieder entbrannten hitzige Debatten um Kunst und Geschmack. Selbst Wissenschaftler von Weltrang, wie der Philosoph Prof. Dr. Josef Pieper, ließen sich zu verbalem Schlagabtausch hinreißen, über den man heute nur den Kopf schütteln kann. Manche Künstler konnten sogar nur unter Polizeischutz in der Stadt an ihren Objekten arbeiten. In der Nacht auf den 2. Juli 1977 musste die Polizei schließlich ausrücken und eingreifen, als zweihundert Leute, meist Studierende, die **Giant Pool Balls** von Claes Oldenburg in den Aasee rollen wollten – es gelang ihnen, eine der jeweils elf Tonnen schweren Kugeln aus der Verankerung zu reißen.

Allen Querelen zum Trotz lockte die erste Ausstellung zumindest einige tausend Besucherinnnen und Besucher in die Stadt – dies sollte der Start in eine glänzende Zukunft für die zeitgenössische Kunst in Münster sein.

Kunst und Öffentlichkeit

In den Folgejahren sorgten ganz unterschiedliche Werke sowohl für Kritik als auch für Erstaunen,

„Die Kunst der siebziger und achtziger Jahre machte Schluss mit dem formalen Gerümpel und schuf klare Formen und Rhythmen. Als ich 1987 mit dem Fahrrad durch Münster fuhr, hat mich die Kunst sehr berührt. Ich fuhr heim von Münster und Westfalen mit einem Hochgefühl und ich wusste: Das muss ich jetzt alles umsetzen."

Peter Zumthor, international bekannter Schweizer Architekt, Pritzker-Preisträger, bei der Verleihung des Großen BDA-Preises im Landesmuseum 2017.

intellektuelle Reflektion oder einfach nur Begeisterung. Den kritischen Dialog der Künstlerinnen und Künstler mit der jeweiligen historischen Situation der Orte, die sie wählten, zeigen verschiedene Arbeiten aus dem Jahr 1987. Mitten in der City etwa stehen Werke, die heute so fest zum Stadtbild gehören wie der Dom – zum Beispiel die Skulptur von Daniel Buren. Seit 1987 glänzt zwischen St.-Lamberti- und Domkirche der rot-weiße Lack seines Aluminiumtores, für das er sich von einer Siebzigerjahre-Postkarte des mit Wimpeln geschmückten Prinzipalmarktes inspirieren ließ. Die gebürtige Iranerin Shirazeh Houshiary ihrerseits blickte mit einer Turmwand aus Lehm und Stroh auf die mittelalterliche Bauweise der Armen zurück, die seinerzeit auf den Fundamenten der ehemaligen Stadtmauer ihre Hütten errichteten. Sie machte für ihr Werk *Temple of Dawn* an der Promenade einen alten Korbflechter im Münsterland ausfindig, der die Technik für diese alte Lehmbauweise noch beherrschte. Ludger Gerdes' *Schiff für Münster* wiederum, eine Skulptur, die an münsterländische Wasserburgen oder Binnenschiffe erinnert, thematisiert am Horstmarer Landweg den Wandel des Landschaftsbildes.

Aufgrund des Zehnjahre-Rhythmus der *Skulptur Projekte* wird es den Künstlerinnen und Künstlern möglich, Themen tief zu durchdringen – das zeigen unterschiedlichste Arbeiten, die im Rahmen der Ausstellung entstanden sind. Manche Kunstwerke veränderten sich im Blick des Betrachters durch die Zeiten kontinuierlich, andere waren als solche geprägt durch ein stetiges Feilen und einen jahrelangen Prozess der Klärung. Ein besonders prägnantes Beispiel dafür, das vor Augen führt, wie sich die Stadt und mit ihr die Bewohnerinnen und Bewohner im Laufe der Zeit verändert haben, ist das Kunstwerk des im Jahr 2012 verstorbenen Amerikaners Michael Asher. Als Vorreiter des Themas „außerhalb von Zeit und Raum" hat er viermal an der Ausstellung teilgenommen. Bei der ersten Ausgabe der *Skulptur Projekte* im Jahr 1977 hatte er noch verständnisloses Kopfschütteln ausgelöst, als er seinen vier Meter langen Caravan an verschiedenen Orten Münsters aufstellte. In den folgenden Jahrzehnten dagegen wurde diese Aktion *Installation Münster (Caravan)* von den Gästen mit Spannung erwartet.

Der US-amerikanische Konzeptkünstler Bruce Nauman musste

sich dreißig Jahre lang gedulden, bis er sein Werk *Square Depression* realisieren konnte. Schon 1977 hatte er den Standort an der naturwissenschaftlichen Universität (Wilhelm-Klemm-Straße) für sein Objekt gewählt und dort entwickelt, 2007 konnte es realisiert werden. Die Kanten des begehbaren Quadrats aus weißem Beton mit 25 Metern Seitenlänge senken sich zu einem tiefen Mittelpunkt hinab, von dem aus der Betrachter gerade noch über den Rand hinweg sehen kann. Zugleich wird der Betrachter im Innern dieser umgekehrten Pyramide zum Objekt der Betrachtung von außen. Nauman spielte in seinem Werk also mit der Wahrnehmung der Betrachter und darüber hinaus auch mit dem abstrakten Wort „Depression": Fühlt sich der Mensch inmitten dieser viereckigen Senke nicht auch selbst klein und „abgesenkt"?

Ebenso wichtige Themen waren an vielen Orten die Bezüge zur Geschichte der Stadt und Deutschlands. Kann es zum Beispiel über-

Square Depression von Bruce Nauman; 1977 entworfen, 2007 realisiert.

Vor dem Schloss konnte man 1997 leise Mozarts *Requiem* klingen hören. Die Musik drang aber nicht etwa aus modernen Lautsprechern, sondern aus Elektroschrott, zum Beispiel alten Radios oder Fernsehern. Diese Relikte aus dem Beginn des Medienzeitalters arrangierte der Videokunst-Star Nam June Paik, der Anfang 2006 verstarb, in 32 silbern lackierten Autos. Für diese bekannte Skulptur *32 Cars for the 20th Century: Play Mozart's Requiem quietly* auf dem Schlossplatz hatte Paik amerikanische Fahrzeuge verwendet, die er jeweils geordnet nach ihren Baujahren (1920, 1930, 1940 und 1950) mit geometrischen Figuren paarte.

haupt eine künstlerische Verarbeitung für das Leid des Holocausts geben? Die Installation von Rebecca Horn *Das gegenläufige Konzert* im Zwinger an der Promenade gibt darauf eine ganz eigene Antwort, indem sie auf bedrückende Weise die NS-Geschichte der Stadt heraufbeschwört. Die weltweit bekannte Künstlerin hat damit 1987 ein beeindruckendes Mahnmal geschaffen, das auch die nachfolgenden Generationen an die Opfer der Gewalt, der unmenschlichen Strafjustiz und des Terrors während des Nazi-Regimes erinnert.

Auch der minimalistische Künstler Sol LeWitt wollte mit seinem Werk *White Pyramid/Black Form, Dedicated to the Missing Jews* vor dem Schloss als Universitätsgebäude nicht nur an die ermordeten Juden, sondern auch an deren fehlende Nachfahren erinnern – die ungeborenen Kinder, die zum Beispiel an diesem Ort hätten studieren oder lehren können. Der Plan der Stadt, dieses Werk der Ausstellung

1987 auf Dauer zu behalten, scheiterte am Widerstand der Universität Münster – nicht zuletzt, weil ein Teil der Skulptur den Blick auf das Eingangsportal der Uni direkt vor dem Schloss versperrte. Der schwarze Betonblock und die weiße asymmetrische Treppen-Pyramide als Symbol für Leben und Tod stehen heute zur Erinnerung an die ehemalige jüdische Gemeinde von Hamburg-Altona vor dem dortigen Rathaus.

Eine völlig andere, aber nicht weniger einprägsame Wirkung haben zahlreiche andere Werke entfaltet, die nur hundert Tage an einem Ort zu sehen und zu erleben waren. Wer 1997 bei den *Skulptur Projekten* dabei war und heute am Hörsaal H1 vorbei kommt, wird sich immer noch an den roten Kunstrasen auf dem Dach erinnern. Hier hatte Tobias Rehberger seine *Freiluftbar* installiert. Sein Projekt *Günter's (wiederbeleuchtet)* brachte zugleich das ganze Gebäude als Nachttischlampe zum Leuchten. Wild getanzt wurde auch 1987 im Musik-Club *Odeon*, unter der digitalen Laufschriftinstallation der New Yorker Künstlerin Jenny Holzer. Sogar das Subway-Rauschen des Künstlers Martin Kippenberger scheint an der Promenade bis heute präsent zu sein, der dort 1997 in Höhe der Kreuzschanze den Eingang zu seinem künstlichen, weltweiten Metronetz schuf, in das er Münster als Station aufnahm. Kippenberger plante diesen modellhaften U-Bahn-Entlüftungsschacht mit dem Namen *Metro-Net. Subway around the world* direkt gegenüber der Büste von Annette von Droste-Hülshoff.

Die Berlinerin Isa Genzken, die zur deutschen Künstleravantgarde gehört, schuf mit ihren temporären Skulpturen ebenso „unvergessliche Räume". 1997 ließ sie an den Aaseewiesen einen *Vollmond* aus Milchglas zwischen den Baumwipfeln aufgehen. Damit knüpfte sie an ihre Arbeit von 1987 an, bei der sie zwei Edelstahlrahmen auf Betonsäulen befestigt hatte, in die sie die Erscheinungen des Himmels bildhaft integrierte.

Nach vier Jahrzehnten der *Skulptur Projekte* sahen sich die Künstlerinnen und Künstler im Jahr 2017 schließlich mit der spannenden Frage konfrontiert, welche Räume in der Stadt schon mit Kunst „besetzt" waren – physisch oder gedanklich. 35 renommierte Künstler aus 19 Ländern wurden zu dieser neuen Herausforderung eingeladen, darunter Nairy Baghramian aus dem iranischen Isfahan, Gregor Schneider aus Deutschland, der Franzose Pierre Huyghe, Ashok Sukumaran und Shaina Anand aus dem indischen Mumbai, der Isländer Hreinn Friðfinnsson, Hervé Youmbi aus Kamerun oder Emeka Ogboh aus Nigeria.

Das Kuratorenteam mit „Altmeister" Kasper König, der bei allen fünf Ausstellungen dabei war, Britta Peters als freier Kuratorin und Marianne Wagner als Kuratorin für Gegenwartskunst am *LWL-Museum für Kunst und Kultur* gingen zwecks Horizonterweiterung dieses Mal über die Stadtgrenzen hinaus – zum ersten Mal kooperierten die *Skulptur Projekte* mit einer anderen Stadt, in diesem Falle mit dem sechzig Kilometer entfernten Marl im Ruhrgebiet.

Passend zur Tradition der Ausstellung wurden auch 2017 wieder neue Blickrichtungen an vertrauten Orten eröffnet, zum Beispiel an der Promenade, wo die US-Amerikanerin Nicole Eisenman kraftvolle, überlebensgroße Figuren aus Bronze und Gips um ein Wasserbecken gruppierte. Der Franzose Pierre Huyghe grub sich am anderen Ende der Stadt im ehemaligen Eispalast, dessen Abriss bereits beschlossen war, in die Gesteinsschichten des Gebäudes und beeindruckte mit seinen Installationen aus Bio- und Medientechnik nachhaltig (*After ALife Ahead*). Im Sternbuschpark wiederum widmete sich der Islän-

Sketch for a Fountain. Das Kunstwerk der New Yorkerin Nicole Eisenman war eine der Attraktionen der Skulptur Projekte 2017. Eine private Initiative aus der Bevölkerung engagierte sich für seine Neuerrichtung an der Promenade.

Wo einst die Kufen übers Eis sausten, beeindruckte Pierre Huyghe 2017 mit seiner Installation *After ALife Ahead.*

der Hreinn Friðfinnsson mit seinem Hausprojekt der Poesie natürlicher und technischer Phänomene (*Viertes Haus der house-Serie seit 1974*). Die *Skulptur Projekte* 2017 öffneten aber vor allem den Begriff der „Skulptur" ein Stück weiter, nämlich hin zu Projekten und Performances. Diese Veränderung des öffentlichen Raums als solchem wurde damit zum Thema. Zugleich stand auch die Frage im Vordergrund, wie die Globalisierung und Digitalisierung Orte beeinflusst und prägt, denn durch diese Phänomene sind die Grenzen von Zeit und Raum fließend geworden. In diesem Spannungsfeld zwischen den Realitäten – auch virtueller Art – entwickelten viele Künstler die Skulptur als solche weiter, die klassischerweise zeitlich und physisch an einen Ort gebunden ist. Sie wurde 2017 erstmals als Hybrid gedacht zwischen der klassischen Skulptur und anderen Kunstformen wie Video oder Theater. Tanz, Bildende Kunst oder Fotografie, Medienkunst, Malerei, Skulptur und Performance – diese Gattungen überlappten sich bei vielen Projekten bewusst und gewollt. Dabei wurde unter anderem danach gefragt, in welcher Beziehung eine Stadt wie Münster auch zu Orten in Afrika oder Asien stehen kann.

Beispiele: Die Installation und Videos *HellYeahWeFuckDie* von Hito Steyerl, die zeigt, dass die Roboter von heute die Dinosaurier von morgen sein können, oder der Asia-Markt mit der surrealen Filminstallation von Mika Rottenberg (*Cosmic Generator*). Mit einer Performance untersuchte die Rumänin Alexandra Pirici den historischen Friedenssaal auf dessen politische Bedeutung.

Das Museumsufer am Aasee: Ein Rundgang

Zum Einstieg, als Inspiration und als Überblick über die Kunst der *Skulptur Projekte* eignet sich übrigens am besten ein Spaziergang entlang des Aasees, der anscheinend eine besondere Anziehungskraft auf die Künstler der vergangenen Jahrzehnte ausübte. Im Laufe der Zeit ist hier ein regelrechtes „Museumsufer" entstanden. Den Anfang machen die **Giant Pool Balls** von 1977. Claes Oldenburg

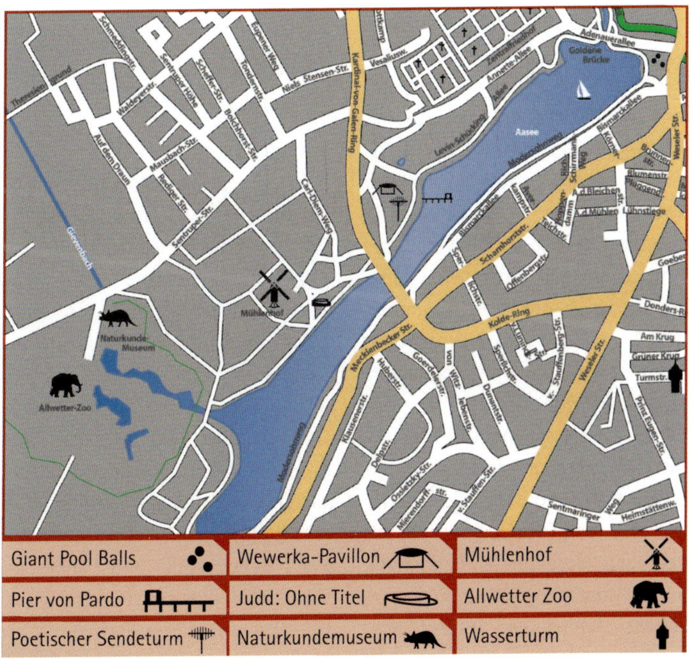

wollte damals eigentlich kolossale Billardkugeln über die ganze Stadt verteilen; sein ursprünglicher Entwurf als Mischung aus Zeichnung, Aquarell und Fotomontage verdeutlicht sein Vorhaben. Davon wurden aber nur drei Riesenbälle aus Beton mit einem Durchmesser von dreieinhalb Metern realisiert und vor dem Terrassenufer wie Billardkugeln arrangiert.

Von hier aus kann man weiterlaufen und die *Goldene Brücke* oder die kleine Fußgängerbrücke überqueren. Man spaziert über die kleine Uferpromenade an den Bootsstegen entlang und an den Beton-Treppen zwischen See-Lokalen vorbei zum, von der Stadtmitte aus gesehen, rechten Uferweg des Aasees. Nun muss man noch einen knappen Kilometer laufen und kann dabei die Natur genießen, bis man auf das nächste Kunstwerk stößt: den **Pier** des gebürtigen Kubaners Jorge Pardo, der heute in Los Angeles lebt. Er baute 1997 einen vierzig Meter langen Steg aus einem Holz seiner kalifornischen Heimat, dem Redwood, mit asymmetrischer Aussichtsplattform und offenem, sechseckigem Pavillon in den See hinein. Mit dieser Kunst gelingt es ihm bis heute, ästhetische Wahrnehmung mit alltäglichem Gebrauch zu verbinden. Nur einige Meter davon

Pier von Jorge Pardo

entfernt ragt der „Poetische Sendeturm" von Ilya Kabakov in den Himmel. Mit der Skulptur **Blickst Du hinauf und liest die Worte** (1997) geht Kabakov derart poetisch auf Sendung, dass sich eisern das Gerücht hält, die Botschaft aus dünnen Drahtbuchstaben stamme von Goethe – diese schönen Worte hat aber der Künstler selbst verfasst. Am besten legt man sich hier ins grüne Gras und schaut hinauf in den Himmel. Auf den Querstreben in dreizehn Metern Höhe erkennt man die Buchstaben aus dünnem Draht, die sich aus dieser Perspektive zu

Wörtern formen – ein himmlischer Genuss.

Im Hintergrund sieht man von hier aus schon den **Wewerka-Pavillon**, das „Schaufenster" der Kunstakademie. Das markante Objekt des Architekten und Künstlers Stefan Wewerka ist eine Skulptur der *documenta 8* in Kassel von 1987. Studierende und Künstler zeigen darin Arbeiten, die speziell für diesen Raum entwickelt wurden.

Wer nun dem Uferweg bis zur Brücke folgt, kann dort sonntags zwischen 10 und 18 Uhr stündlich eine Arie hören. Unter der Brücke installierte Susan Philipsz im Jahr 2007 die Audioarbeit *The Lost Reflection* (Das verlorene Spiegelbild). Die Künstlerin sang dafür die Barcarole aus Jacques Offenbachs Oper *Hoffmanns Erzählungen* ein: „Schöne Nacht, du Liebesnacht, o stille das Verlangen!" Die Oper entstand nach E.T.A. Hoffmanns Geschichte der Kurtisane Giulietta. Die Männer erliegen ihrem verführerischen Reiz und schenken dieser daraufhin ihr Spiegelbild.

Einige Meter weiter, auf der linken Seite des Uferwegs, ist ein kastenförmiges, riesiges Eiben-Buschwerk zu sehen. Rosemarie Trockel, international eine der wichtigsten

„Mein Lieber!
Du liegst im Gras, den Kopf im Nacken, um dich herum keine Menschenseele, du hörst nur den Wind und schaust hinauf in den offenen Himmel – in das Blau dort oben, wo die Wolken ziehen – das ist vielleicht das Schönste, was du im Leben getan und gesehen hast."

Ilya Kabakov, 1997

Künstlerinnen ihrer Generation, nannte ihre Installation für die *Skulptur Projekte* 2007 *Less Sauvage than Others – weniger wild als andere*. Der regelmäßig erneuerte, exakte Schnitt dieser grünen, sieben Meter langen und vier Meter hohen Monolithe lässt die Büsche fast wie Skulpturen aus unbeweglichen Materialien wie Holz und Stein erscheinen. Wildes Wachstum erscheint damit unmöglich.

In der Nähe sieht man auf den sanft abfallenden Rasenflächen das Werk des Minimalisten Donald Judd von 1977. **Ohne Titel** ist eines der wenigen Objekte, die Judd für den Außenraum realisierte. Er stellt mit diesen beiden Beton-Ringen einerseits eine Verbindung zur Neigung der abschüssigen Wiese her, zum anderen bezieht er sich auf den geraden Wasserspiegel des Aasees.

Hier endet der kleine Skulpturen-Gang um den Aasee. Kunstinteressierte können das Wasser aber noch weiter umrunden und dabei insgesamt fünf Kilometer zurücklegen. Auf der anderen Uferseite stoßen sie dann auf einige nostalgische Schilder, die an ein Kunstkapitel aus einer ganz anderen Zeit erinnern, nämlich an das Malerehepaar Paula Modersohn-Becker und Otto Modersohn, in deren Frühwerk einige Motive vom Aaseetal inspiriert sind – hierin unterscheiden sich wohl die alten nicht von den modernen Künstlern.

Skulptur Projekte Münster:
www.skulptur-projekte.de

Eine der seltenen Skulpturen des Künstlers Donald Judd im Außenraum

**Otto Modersohn (1865–1943) und
Paula Modersohn-Becker (1876–1907)**

Der bekannte deutsche Landschaftsmaler des 19. und 20. Jahrhunderts, Otto Modersohn, ist in der Friedensstraße in Münster aufgewachsen. Er gehörte zu den Gründern der Worpsweder Künstlerkolonie, in der er seit 1889 lebte. Seiner zweiten Frau Paula Becker begegnete er dort im Jahr 1901. Es folgten zahlreiche Reisen in Deutschland und Frankreich. Zwischen 1901 und 1907 besuchte das Paar auch regelmäßig Münster. Während dieser Zeit entstanden Hunderte von Skizzen sowie rund 90 Gemälde und Studien. Das Werk *Sommerfreuden* (mit Blick auf das *Haus Kump*) entstand zum Beispiel südlich des Aasees. Es ist das Stimmungsbild einer Morgenlandschaft und eine Sinfonie aus Licht und Farben. Tafeln entlang des Modersohnwegs durch das malerische Aatal informieren die Spaziergänger über das Leben der beiden Künstler und deren Gemälde, die in und um Münster entstanden sind.

Sommerfreuden (mit Blick auf *Haus Kump*) (1889) – zu sehen im *Stadtmuseum*

Otto-Modersohn-Museum, Fischerhude:
www.modersohn-museum.de

Otto Modersohn Museum Tecklenburg:
www.ommt.de

ALTE MEISTER UND MODERNE KUNST: MUSEEN UND GALERIEN

Museen

LWL-Museum für Kunst und Kultur

Im Neubau des LWL-Museums, das nach mehrjähriger Bauzeit im Herbst 2014 eröffnet wurde, erleben die Kunstinteressierten eine interessante Verbindung zwischen dem historischen Altbau und dem beeindruckenden Neubau der Berliner Staab-Architekten. Von Süden nach Norden führt ein Rundgang durch eine „Architektur der Höfe", von der Rothenburg in den offenen Patio und das Foyer mit vierzehn Metern Raumhöhe bis zum Vorhof am Domplatz.

Die mittelalterliche Sammlung des Museums ist zudem eng verknüpft mit der Stadt Münster. Die historischen Bestände umfassen bedeutende Kunstwerke seit dem frühen Mittelalter, die in der Region und in den Nachbarschaften Münsters entstanden sind – mit Schwerpunkten wie der romanischen und gotischen Monumentalskulptur und der frühwestfälischen Tafelmalerei. Weitere Höhepunkte sind das *Soester Antependium*, die Überwasserskulpturen aus Münster, die Bilder von Konrad

Gemälde von Derick Baegert im *LWL-Museum*: *Maria mit Kind, Aposteln und Stifterfamilie*. Öl auf Holz. Um 1495-1500

von Soest und Johann Koerbecke, die Tafeln von Derick Baegert sowie das Werk des letzten großen Meisters der westfälischen Skulptur, Heinrich Brabender. Ergänzt wird dieser Bestand mittelalterlicher Kunst durch eine nichtwestfälische Sammlung mittelalterlicher Glasscheiben des Freiherrn vom Stein, darunter zum Beispiel die weltberühmten romanischen Glasfenster des Meisters Gerlachus.

Auch die Renaissance ist hervorragend vertreten, durch die münstersche Malerfamilie Tom Ring, aber auch durch ein Meisterwerk deutscher Intarsienkunst, den sogenannten *Wrangel-Schrank*.

In der modernen Abteilung sind in wechselnden Ausstellungen Werke des Impressionismus, Expressionismus und Konstruktivismus, aber auch aus der Bauhaus-Ära und der Pop Art zu sehen. Träger des Museums ist der *Landschafsverband Westfalen-Lippe*. Das *LWL-Museum für Kunst und Kultur* ist zugleich Veranstalter der *Skulptur Projekte*, die die Stadt alle zehn Jahre in eine große Open-Air-Ausstellung verwandeln.

Domplatz 10 | ✆ (0251) 59 07 01
Di-So + Ft 10-18 Uhr
Fr 10-24 Uhr (Langer Freitag); Am Langen Freitag ist der Eintritt ab 18 Uhr frei
8 €/4 € | Kinder/Jugendliche bis 17 J. 2 €
Kleinkinder frei | Gruppenrabatte
www.lwl-museum-kunst-kultur.de

Alle zehn Jahre während der *Skulptur Projekte*:

Besucherbüro im LWL-Museum
✆ (0251) 5 90 75 00
www.skulptur-projekte.de

Timm Ulrichs: Ich kann keine Kunst mehr sehen

Der Künstler, Professor, Dichter, Fotograf, Performer, Bildhauer, Grafiker und Galerist Timm Ulrichs ist eine der herausragendsten Figuren der deutschen Kunstszene und darüber hinaus. Jahrzehntelang bis zum Jahr 2005 versammelte der Künstler Scharen von Studierenden an der Kunstakademie um sich. Dazu wäre es fast nicht gekommen, denn als der gebürtige Berliner 1972 zum Professor in Münster berufen wurde, attestierte ihm der Amtsarzt noch „einen verwahrlosten Zustand ohne Socken." Die brauchte er aber gar nicht, denn dieser Mann bekam auch im Angesicht des etablierten Kunstbetriebs der Stadt keine kalten Füße. Seine menschliche Wärme liebten die Studierenden ebenso wie die wahnwitzigen Aktionen des Totalkünstlers.

Feinsinn und Streitlust, Ironie und Humor gehen bei ihm eine Symbiose ein. Ulrichs schaut mit experimenteller Freude und Neugier auf die Welt und den Menschen in Verbindung mit der Natur – und hinterfragt wirklich alles. Er findet das Ungenügen und die Brüche, kündigt den üblichen Gebrauch der Dinge und fordert: „Trauen Sie Ihren Augen nicht, Sie sehen sie nicht einmal." Seine Maxime „Kunst ist Leben, Leben ist Kunst" stellt er ständig unter Beweis. Schon im Jahr 1961 erklärte er sich selbst zum ersten lebenden Kunstwerk und stellte sich in einem Glaskasten aus. Zu den olympischen Spielen 1972 lief er in der Münchener Innenstadt in einem mannshohen Hamsterrad täglich einen Marathon und verteilte anschließend Manifeste – zur Wut mancher Passanten. Eine seiner besonders starken Performances, *Der Findling*, stammt aus dem Jahr 1978. Dafür wurde ein Granitstein für seinen schmächtigen Körper ausgehöhlt – der Querschnitt der Steinfigur, in der er zehn Stunden verbrachte, erinnerte an Da Vincis *Kind im Mutterbauch*.

Ob visuelle Poesie, die bis in die Schulbücher vorgedrungen ist, Land-Art wie das *Versunkene Dorf* an der heutigen Stelle der Allianz-Arena in München, objets trouvés, Body-Art oder Performances: Die Werke von Timm Ulrichs wirken nicht nur auf die Netzhaut der Betrachter, sondern dringen in die Hirnwindungen vor und hinterlassen einen bleibenden Eindruck. Ulrichs lebt und arbeitet in Hannover, Münster und Berlin.

Westfälischer Kunstverein

Der *Westfälische Kunstverein* wurde 1831 gegründet und im Jahr 2008 mit dem *Preis für deutsche Kunstvereine* ausgezeichnet. Das ist symbolhaft für die Geschichte des Vereins, der sich anfangs darum verdient gemacht hatte, altwestfälische Malerei zu erhalten und zu sammeln, die dann im *LWL-Museum* ausgestellt wurde. Nach 1945 wurde der Kunstverein zum zentralen Ort für zeitgenössische Kunst in Münster. In den achtziger und neunziger Jahren entwickelten hier Kunstschaffende Installationen für die architektonisch interessanten Räume im damaligen *Landesmuseum*. Einzel- und Gruppenausstellungen mit Pawel Althamer, Wilhelm Sasnal, Gustav Metzger und Martin Boyce widmeten sich dem Verhältnis zwischen ästhetischen und sozialen Aspekten in der Kunst. Auch die heutigen Ausstellungen in den Räumen im neu gebauten *LWL-Museum* zeigen aktuelle Kunst auf hohem Niveau.

Der *Westfälische Kunstverein*: Ausgezeichnet mit dem Bananen-Graffiti des Künstlers Thomas Baumgärtel

Rothenburg 30 | ✆ (0251) 4 61 57
Di-So 11-19 Uhr
4 €; ermäßigt 2 € | Mitglieder frei
www.westfaelischer-kunstverein.de

Stadtmuseum Münster

An der Salzstraße, in einem Neubau hinter einer historischen Kaufhausfassade von 1910/1911, befindet sich das *Stadtmuseum*. Die Sammlung zeigt auf informative und zugleich unterhaltende Weise die Geschichte der Stadt. Eine Vielzahl von Modellen zeigt anschaulich Münsters Entwicklung von der ersten Besiedlung bis hin zur Großstadt. Daneben lassen historische Inszenierungen Vergangenes wieder lebendig werden. Eindrucksvolle Beispiele dafür sind etwa der rekonstruierte Wohnraum aus dem Sommerhaus des Jugendstilkünstlers Bernhard Pankok, das *Café Edwin Müller* im Stil der fünfziger Jahre, das hier wiederaufgebaut wurde, oder der Laden *Henke*, ein originales Kolonialwarengeschäft aus dem Jahr 1911. Direkt gegenüber erfahren die Museumsgäste, was echte Schießbudenfiguren sind, und zwar an der wohl ältesten erhaltenen Schießhalle ihrer Art in Deutschland.

Kinder testen die historischen Schießbudenfiguren auf ihre Standfestigkeit.

In Sonderausstellungen werden dem Publikum spezielle Themen und Aspekte der münsterschen Kultur- und Kunstgeschichte vorgestellt, wie zum Beispiel das erste Deutschlandkonzert der Rolling Stones, das in Münster stattfand. Auch die Zeit des Nationalsozialismus und des Zweiten Weltkrieges wird in eindringlichen Dokumentationen aufgearbeitet. Münster-Interessierte werden im Museumsshop fündig.

Salzstraße 28 | ✆ (0251) 4 92 45 03
Di-Fr 10-18 Uhr | Sa, So, Ft 11-18 Uhr
Montags geschlossen.
Der Eintritt ist frei.
Sonderöffnungszeiten und Infos unter www.stadtmuseum-muenster.de

Kunstmuseum Pablo Picasso Münster

Zum Bestand dieses Museums in den ehemaligen Adelshöfen gehören über 800 Lithographien Picassos und damit sein nahezu vollständiges lithographisches Werk. Ergänzt wird diese einzigartige Sammlung durch 100 Radierungen der Suite Vollard, einer Folge von Radierungen des Künstlers aus den Jahren zwischen 1930 und 1936 sowie eine große Auswahl an Werken von Picassos Zeitgenossen, unter anderem Henri Matisse, Joan Miró, Marc Chagall und Fernand Léger. Mit 200 graphischen Arbeiten ist auch Georges Braque vertreten.
Das Museum präsentiert übrigens nicht wie häufig üblich eine feste Dauerausstellung, sondern beleuchtet mit mehrmals im Jahr wechselnden Ausstellungen die verschiedenen Facetten im Werk Picassos. Neben thematischen Sonderschauen veranstaltet das Haus auch monographische Ausstellungen über Künstler, die eine Verbindung zu Picasso aufweisen.

Picassoplatz 1 | ✆ (0251) 41 44 70
Di-So, Ft 10-18 Uhr
8 /10 € | Kinder/Jugendliche bis 18 J. 4 €
Kleinkinder bis 6 J. frei | Gruppenrabatte
www.kunstmuseum-picasso-muenster.de

Kunstmuseum Pablo Picasso

Friedenssaal im Historischen Rathaus

Im *Friedenssaal* des historischen Rathauses wurde am 15. Mai 1648 ein wichtiger Teilvertrag des Westfälischen Friedens beschworen. Man kann hier an den Wänden die Porträts der Gesandten, die an den Verhandlungen beteiligt waren, bewundern. Zu den Ausstellungsstücken gehören auch ein Pantoffel, der vermutlich aus dem 17. Jahrhundert stammt, eine abgeschlagene Hand unbekannter Herkunft sowie der *Goldene Hahn*, ein Ehrenpokal, der wahrscheinlich um 1600 in Nürnberg angefertigt wurde. Wenn sich im *Friedenssaal* offizielle Gäste in das Goldene Buch eintragen, wird gerne auch ein Schluck Wein aus diesem Pokal angeboten. Kippt der Ehrengast den *Goldenen Hahn* dabei zu sehr, schlagen ihm dessen Flügel um die Ohren – zum großen Spaß aller Anwesenden.

Angeblich war der Gockel eine Spende eines münsterschen Ratsherrn. Der Anlass dafür soll eine Geschichte zur Zeit der Belagerung Münsters durch den „Kanonenbischof" Christoph Bernhard von Galen gewesen sein: Ein auffliegender Hahn soll ihm damals klar gemacht haben, dass es keine Hungersnot in der Stadt gebe. Gegen diese Geschichte spricht, dass der Pokal schon lange vor 1657 hergestellt wurde, also ehe der Kanonenbischof Münster zum ersten Mal unter Beschuss genommen hatte.

Prinzipalmarkt 10 (im Rathaus)
✆ (0251) 4 92 27 24
Di–Fr 10–17 Uhr | Sa, So, Ft 10–16 Uhr
1,50 / 2 € | Gruppenrabatt ab 10 P.

Ehrentrunk für den Bundespräsidenten Frank-Walter Steinmeier 2017 mit Oberbürgermeister Markus Lewe im *Friedenssaal*

Archäologisches Museum

Kunst und Kunsthandwerk antiker Kulturen des Mittelmeerraumes und des Vorderen Orients, Originale Abgüsse antiker Skulpturen, Modelle antiker Monumente, Stätten und Heiligtümer sowie die Münzen und die Hologrammsammlung. Die Sammlung dient vorwiegend der Lehre und Forschung im Archäologischen Seminar der Westfälischen Wilhelms-Universität Münster.

Domplatz 20–22 (im Fürstenberghaus)
www.uni-muenster.de/ArchaeologischesMuseum

Die Museumsmeile der Uni ist seit Jahren Baustelle, die genauen Öffnungszeiten von Archäologischem, Geo- und Bibelmuseum standen bei Redaktionsschluss nicht fest.

MEIN MÜNSTER

„Die radikalchristliche Sekte der Wiedertäufer ärgerte im 16. Jahrhundert den katholischen Bischof von Münster so sehr, dass der ihre Anführer auf dem Prinzipalmarkt zu Tode foltern und in Käfigen ausstellen ließ, die noch heute am Turm der *Lambertikirche* hängen. Wer etwas über diese Zeit erfahren will, dem sei der Gang zum wenige hundert Meter entfernten *Stadtmuseum* an der Salzstraße empfohlen. Dort, im Kabinett *Das Königreich der Täufer*, sind originalgetreue Nachbildungen der Käfige zu sehen, außerdem wird eine anschauliche Einführung in die wohl merkwürdigste Episode der münsterschen Geschichte gegeben."

Jürgen Kehrer *(Schriftsteller)*

Geomuseum

Im barocken Gebäude der *Landsberg'schen Kurie* ssind 13,8 Milliarden Jahre erdgeschichtliche Entwicklung Westfalens vom Urknall bis heute erlebbar. Durch ein großes Fenster lockt ein beeindruckendes 40000 Jahre altes Skelett, das „Mammut von Ahlen". Alle Ausstellungsstücke, wie etwa ein Dinosaurier-Unterkiefer, sind Originale und teilweise einzigartig. Über Europa hinaus berühmte Stücke des *Geomuseums* sind Funde aus der Eiszeit, Korallen aus dem Erdaltertum und eine herausragende Fischsammlung aus der Kreidezeit.

Im *Geomuseum*

Pferdegasse 3
✆ *(0251) 8 33 39 64*
www.uni-muenster.de/Geomuseum

Bibelmuseum

Das Museum zeigt anhand beeindruckender Originalwerke die Geschichte der Bibel ab den handschriftlichen Anfängen. Auch anhand dieser frühen Exponate suchen Wissenschaftler bis heute

Tablett mit Goldmalerei eines blühenden Pflaumenzweiges mit Vogelpärchen im *Museum für Lackkunst.*

detektivisch nach dem genauen Wortlaut des griechischen Neuen Testaments. Zu sehen sind im *Bibelmuseum* früheste griechische Handschriften auf Papyrus, Pergament und Papier, Handschriften und Drucke der lateinischen Bibel, der originalgetreue Nachbau der Gutenbergpresse, Bibelillustrationen von Malern wie Hans Holbein d. J. oder Marc Chagall und eine Bibel mit der handschriftlichen Widmung des Reformators Luther. Außerdem gibt es hier die zweitkleinste Bibel der Welt zu sehen.

Pferdegasse 1
✆ (0251) 8 32 25 80
www.uni-muenster.de/Bibelmuseum

Museum für Lackkunst

In einer Bürgervilla von 1914 an der Promenade werden jahrtausendealte Exponate neben moderner Lackkunst aus China, Korea, Japan, Europa, Russland und islamischen Ländern gezeigt. Das Museum präsentiert damit nicht nur die Geschichte eines Werkstoffes, sondern auch Lackierung als eine Spitzentechnologie in der Kunst, in der Manufaktur und später in der Industrie.

Windthorststraße 26 | ✆ (0251) 41 85 10
Di 12-20 Uhr | Mi-So, Ft 12-18 Uhr
2 / 3 € | Dienstags ist der Eintritt frei, Sonntags 15 Uhr kostenlose Führung durch die Sammlung
Führung durch die Sonderausstellung dienstags um 17.30 | 2 €
www.museum-fuer-lackkunst.de

Geschichtsort Villa ten Hompel

Die Villa ten Hompel ist eine Gedenk-, Forschungs- und Bildungsstätte mit wechselhafter Vergangenheit. Neben zwei Dauerausstellungen bietet sie viele Recherchemöglichkeiten in Bibliothek und Archiv sowie zahlreiche Workshops, Vortragsreihen und Veranstaltungen. Von 1940 bis 1945 war die Villa der Verwaltungssitz des regionalen Befehlshabers der Ordnungspolizei. Im NS-Regime trug diese Behörde mit ihren Erlassen und Handlungen erheblich zu NS-Verfolgungsaktionen bei – insbesondere zum Massenmord an Juden, Sinti und Roma –, mit der Teilnahme an Erschießungsaktionen, der Bewachung von jüdischen Ghettos, der Begleitung von Deportationszügen und der Verhaftung von NS-Gegnern.

Die Dauerausstellung behandelt bewusst nicht nur die Geschichte der Polizei von damals, sondern auch die Zeit nach 1945, indem sie prägende Faktoren der Polizeiarbeit aufzeigt, den heutigen Umgang mit der NS-Geschichte thematisiert und die generelle Frage nach der Verantwortung von „Schreibtischtätern" stellt.

Von 1954 bis 1968 beherbergte das Haus das *Dezernat für Wiedergutmachung* der Bezirksregierung Münster, das über die Entschädigungsanträge von ehemals nationalsozialistisch Verfolgten zu entscheiden hatte. Die zweite Ausstellung in der Villa greift diese Geschichte auf, wobei einzelne Verfolgungs- und Entschädigungsbiographien die Überblicksdarstellung ergänzen.

Zur Sammlung der Villa gehören auch Dokumente, die der 1999 verstorbene Münsteraner Paul Wulf im Laufe von 50 Jahren archivierte. Wulf war 1938 von NS-Ärzten zwangssterilisiert worden und hatte sich die Aufklärung über die nationalsozialistischen Verbrechen zur Lebensaufgabe gemacht. Der unbequeme Antifaschist bekam 1991 das Bundesverdienstkreuz verliehen.

Die *Villa ten Hompel* ehrt Paul Wulf.

Paul Wulf: www.paul-wulf.net

Kaiser-Wilhelm-Ring 28
✆ (0251) 4 92 71 01
Mi, Do 18-21 Uhr | Fr-So 14-17 Uhr
Der Eintritt ist frei
Bus: Ringlinie 34 (Haltestelle: Villa ten Hompel), Linien 2, 10 (Haltestelle: Hohenzollernring/Finanzgericht) und Linie 7 (Haltestelle: Elisabet-Ney-Straße)
www.stadt-muenster.de/villa-ten-hompel

Allwetterzoo mit Pferdemuseum

Nicht nur Menschen mit Kindern gönnen sich am Wochenende gern einen Spaziergang durch Münsters Zoo, der 1974 am Aasee als *Allwetterzoo* neu entstand. Sein Vorläufer, der Zoologische Garten an der Promenade, der von Hermann Landois gegründet worden war, musste 1973 dem Neubau eines Bankgebäudes weichen.

Wie der Name verrät, ist ein Besuch im *Allwetterzoo* bei jeder Witterung ein Vergnügen. Vor Regen oder starker Sommerhitze schützen überdachte Wege zwischen den im Winter beheizten Tierhäusern, in denen Menschenaffen, Bären und Löwen leben. Bei Kindern sind be-

Eingang zum alten Zoo an der Promenade

sonders der Streichelzoo und das Tropenhaus beliebt. Die Dickhäuter des Zoos leben besonders großzügig auf über 5000 Quadratmetern Bewegungsfläche im Elefanten-Park. Insgesamt bietet der *Allwetterzoo* rund 450 verschiedenen Tierarten auf etwa dreißig Hektar ein Zuhause. Und da Westfalen eine Hochburg des Pferdesports ist, darf beim Zoobesuch auch ein Abstecher in das *Pferdemuseum* nicht fehlen, das auf dem Gelände angesiedelt ist. Hier erleben Besucherinnen und Besucher die Natur- und Kulturgeschichte des Pferdes in Westfalen, können auf dem Reitsimulator galoppieren oder sich in einer Pferdeshow vergnügen. Im Kinder- und Pferdepark leben verschiedene Pferderassen und ein Poitu-Riesenesel.

Sentruper Straße 315
✆ Allwetterzoo (0251) 8 90 40
✆ Pferdemuseum (0251) 48 42 70
www.allwetterzoo.de
www.pferdemuseum.de
Allwetterzoo und Pferdemuseum:
Täglich ab 9 Uhr geöffnet.
Kassenschluss: März + Oktober um 18 Uhr | April-September um 19 Uhr | November-Februar um 17 Uhr
Schließung der Tierhäuser 30 Min. vorher
Wintertarif (November-Februar): Kinder 3-14 J. 8,90 €, Stud. 9,90 €, Erw. 14,90 €; Sommertarif (März-Oktober): Kinder 3-14 J. 10,90 €, Stud. 12,90 €, Erw. 18,90 €; an Zootagen vergünstigte Preise; Rabatte für Gruppen, Mehrfachbesucher & Spätkommer
Bus: Linie 14 hält direkt vor dem Eingang.

LWL-Museum für Naturkunde – Westfälisches Landesmuseum mit Planetarium

Es gibt einen Ort, an dem man den Himmel auf Erden erleben und in Sekundenschnelle eine Zeitreise ins Erdmittelalter unternehmen kann: Das *LWL-Museum für Naturkunde* ist für Sterngucker, Dinosaurier-Fans und alle, die an Natur und Menschen interessiert sind, genau das Richtige. Das Haus zeigt einmalige Exponate wie das sechzehn Meter lange Skelett eines Tyrannosaurus Rex und Überreste von Dinos, die vor 100 Millionen Jahren in Westfalen gelebt haben. Der etwas jüngeren Geschichte widmet sich die Ausstellung *Westfalen im Wandel – Von der Mammutsteppe zur Agrarlandschaft.* Eine große Schau mit historischen und modernen Objekten zeigt das Leben der Plainsindianer bis in die Gegenwart.

LWL-Museum für Naturkunde

80 Millionen Jahre blieb der *Parapuzosia seppenradensis* verborgen, bis er 1895 vom Gründer des Museums, Professor Hermann Landois, bei Seppenrade entdeckt wurde. Der dreieinhalb Tonnen schwere Riesenammonit mit einem Durchmesser von 1,80 Metern steht im Eingangsbereich des *Naturkundemuseums*. Es ist der größte, der je auf der Erde gefunden wurde. Abgüsse davon haben alle großen Naturkundemuseen der Welt.

In die unglaublichen Weiten des Weltalls geht es im Planetarium mit atemberaubender Technik. 9000 Fixsterne strahlen von der zwanzig Meter-Kuppel.

Sentruper Straße 285
☎ (0251) 5 91 05
Di–So, Ft 9–18 Uhr
Nur Museum: 4 € / 7,50 €
Nur Planetarium: 3,10 € / 5,50 €
Museum und Planetarium:
6,50 € / 11,50 €
Sonderpreise für Minderjährige, Familientageskarten erhältlich
Bus: Linie 14 bis Haltestelle Zoo / LWL-Naturkundemuseum
www.lwl-naturkundemuseum-muenster.de

Freilichtmuseum Mühlenhof

Das kleine Museumsdorf am Aasee nahm seinen Anfang, als Theo Breider – „Berufswestfale" und „Windmacher" – im Jahr 1960/61 hier eine alte Bockwindmühle aus dem Jahr 1748 aufstellte. Noch im 19. Jahrhundert hatten zahlreiche Windmühlen fest zum Bild Münsters gehört. Im Laufe der Jahre entstand um die Mühle herum ein Freiluftmuseum mit rund 30 historischen Gebäuden, die an ihren ursprünglichen Standorten ab- und originalgetreu im *Mühlenhof* wieder aufgebaut wurden. So ist hier etwa ein Gräftenhof aus dem Jahr 1720 mit Backhaus, Spieker und Kötterhaus entstanden. Ein Mühlenhaus von 1619 ist mit altem Hausrat ausgestattet. Es gibt einen Dorfladen, ein Schuhmacherhaus, eine Schreinerei, ein Sandsteinhaus, eine Schmiede und die Landschule, in der sogar manchmal noch unterrichtet wird – und mit ein bisschen Glück trifft man hier auch noch einen echten Kiepenkerl.

Theo-Breider-Weg 1 | ✆ (0251) 98 12 00
März–November: Mo-So 10-18 Uhr, Einlass bis 17.00 Uhr;
Dezember–Februar: Mo-So 10-17 Uhr, Einlass bis 16.00 Uhr;
Bei extremer Witterungslage wird die Museumsanlage geschlossen.
Gruppenbesuche auf Anfrage möglich
3,50 € / 5 €, Kinder 6-16 J. 3 €
Bus: Linie 14 bis Haltestelle Zoo, dann 600 Meter Fußmarsch.
www.muehlenhof-muenster.org

Haus Rüschhaus

In diesem Kleinod spätbarocker Architektur lebte einst die Dichterin Annette von Droste-Hülshoff. Ursprünglich baute das Anwesen der Barockmeister Johann Conrad Schlaun in den Jahren 1745 bis 1748 für sich und seine Familie als Mischung aus Herrenhaus und Münsterländer Bau-

So lebten die alten Westfalen. Mit dem *Mühlenhof* ist ein Museumsdorf am Aasee entstanden.

KUNST UND KULTUR

ernhaus. Der zu Zeiten der Dichterin verwilderte Nutzgarten wurde später als Barockgarten neu angelegt. Anlässlich des Jubiläumsjahres zum 300. Geburtstag von Schlaun im Jahr 1995 besuchte der amerikanische Objektkünstler Richard Serra die Stadt Münster, um die Werke des Architekten zu besichtigen. Im Jahr darauf platzierte er einen zwei Meter hohen, aus Stahl geschmiedeten Quader – eine Skulptur namens *Dialog mit Johann Conrad Schlaun* – in der Allee vor dem Eingangstor. Im *Rüschhaus* finden heute regelmäßig Kulturevents statt.

Am Rüschhaus 81 | ✆ (02534) 10 52

Das Haus kann nur mit Führungen besichtigt werden, während der Garten jederzeit kostenlos zugänglich ist.

Führungen: Von April bis Oktober Di–So um 11, 12, 14 und 15 Uhr, von Mai bis September zusätzlich um 16 Uhr; Montags Ruhetag; Winterpause von November–März.
Haus Rüschhaus: 3,50 € / 5 €
Kombi-Ticket Hülshoff und Rüschhaus: 8 € / 6 €
Kinder bis 6 J. frei, Familienkarten, Gruppenermäßigungen
Anfahrt: Das Haus Rüschhaus liegt ca. 10 km von Münsters Stadtkern entfernt im Ortsteil Nienberge. Pkw: B 54 in Richtung Steinfurt, ab Ausfahrt Münster-Nienberge ist ausgeschildert.
Bus: Linie 5 bis Haltestelle Haus Rüschhaus.
www.haus-rueschhaus.de

Haus *Rüschhaus*

Kunsthaus Kannen – Museum für Outsider Art und Art Brut

Das *Kunsthaus Kannen* ist eingegliedert in den Klinikkomplex des *Alexianer-Krankenhauses*, eine Fachklinik für Psychotherapie und Psychiatrie. Seit 1996 werden im Kunsthaus Ausstellungen und Projekte zum Thema „Zeitgenössische Kunst und Psychiatrie" präsentiert. Gezeigt wird hier Art Brut und Outsider Art, also Werke abseits des etablierten Kunstsystems von Außenseitern oder Menschen mit geistiger Behinderung. Die Stücke stammen aus der eigenen Sammlung und aus ganz Europa.

Das Museum liegt im Grünen und vereint einen Ausstellungssaal, Ateliers für Patienten, ein Kunstarchiv, eine Fachbibliothek und einen Museumsladen unter einem Dach. Zum Haus gehört auch der Sinnespark, in dem verschiedene Stationen zu Balanceakten oder ungewohnten Riech-, Hör- und Fühlerlebnissen einladen.

Alexianerweg 9 (im Stadtteil Amelsbüren)
✆ (02501) 96 62 05 60
Kunsthaus: Di-So, Ft 13-17 Uhr (Führungen n. Vereinbarung: Mo-Fr 9-17 Uhr)
Sinnespark: tägl. 9-19 Uhr
Café: Mo-Fr 7.30-19 Uhr
Sa, So 10-18 Uhr
Der Eintritt ist frei.
Pkw (von Münster aus): Über Kappenberger Damm: stadtauswärts Richtung Senden, nach ca. 12 km rechts auf den Alexianerweg abbiegen.
Bus: Linie 7 bis Haltestelle Alexianer-Campus.
www.kunsthaus-kannen.de

Lepramuseum Münster-Kinderhaus

Rund fünf Kilometer nördlich der Altstadt im Ortsteil Kinderhaus liegt das bundesweit einzige Lepramuseum im früheren Leprosenhaus Münsters. Schon die älteste urkundliche Erwähnung des Ortsnamens aus dem Jahre 1332 steht in Zusammenhang mit diesem Heim: „domus leprosorum dicte tor Kinderhus". Das bedeutet: „Haus der Leprosen, genannt zu Kinderhaus." Der Stadtteilname bezieht sich auf „die armen Kinder Gottes", wie die Lepra-Patienten im Mittelalter genannt wurden.

In Kinderhaus wurden die leprakranken Bürger der Stadt Münster isoliert. Teile der alten Kapelle und des Provisorenhauses von 1580 sowie das Lazarushäuschen von 1618 sind noch erhalten.

Kinderhaus 15
✆ (0251) 23 46 89
April-September: So 15-18 Uhr
Oktober-März: So 15-17 Uhr
Der Eintritt ist frei.
Bus: Linie 6, 9 und 15 bis Haltestelle Kristiansandstraße
www.lepramuseum.de

KUNST UND KULTUR

Galerien

Galerie ARTLETstudio

Moderne Kunst mit Schwerpunkt auf Skulpturen und Objekten, daneben aber auch Malerei, Grafik und Fotografie.

Harsewinkelgasse 21 | ✆ (0251) 1 36 55 76
Mi-Fr 12–18 Uhr |
Sa 11–16 Uhr | n. Vereinbarung
www.artlet-studio.com

dst.galerie

Aktuelle, medienübergreifende Gegenwartskunst. Alle sechs bis acht Wochen Einzel- und Gruppenausstellungen vorwiegend junger Künstler.

Hafenstraße 21 | ✆ (0251) 1 49 69 83
Mi-Sa 12-18 Uhr | www.dst-galerie.de

FB69

Kolja Steinrötter präsentiert internationale zeitgenössische Künstlerinnen, erzählerische Malerei mit Schwerpunkt Pop-Surrealismus.

An der Germania Brauerei 5
✆ (0176) 61 15 86 84
Di-Fr 16-19 Uhr | Sa 11-14 Uhr |
n. Vereinbarung | www.FB69.com

Junge Kunst in der Galerie *FB69*

Galerie Goeken

Zeitgenössische Kunst als Originale, Originalgrafiken, Künstlerplakate und kleinere Skulpturen im Kuhviertel.

Hollenbeckerstraße 27
✆ (0251) 4 50 24
Mi-Fr 15-18 Uhr | Sa 10-13 Uhr |
n. Vereinbarung
www.goekenart.com

Meisterwerke der Khmer-Skulptur in der *Galerie Hachmeister*

Galerie Hachmeister

Ihren internationalen Ruf hat sich die Galerie Hachmeister mit Ausstellungen moderner Klassiker wie Picasso, Morandi, Tobey, Fautrier erworben. Unter den zeitgenössischen Künstlern der Galerie finden sich etablierte wie der britische Bildhauer Tony Cragg, aber auch Jungstars wie der Fotograf und Installationskünstler Carsten Gliese oder der Maler und Zeichner Christoph Worringer.

Klosterstraße 12
✆ (0251) 5 12 10
Di-Fr 14-18 Uhr | Sa 11-14 Uhr
und n. Vereinbarung

Atelier & Galerie Jörg Hartmann

Werkstatt und kleine Galerie des Zeichners der Wilsberg-Comics.

Sophienstraße 16 | ✆ (0251) 13 26 65
Fr 14-19 Uhr | n. Vereinbarung
www.atelier-hartmann.de

mike karstens graphics

Mike Karstens zählt zur Kunst-Weltliga – mancher Künstler richtet seine Ausstellungspläne ganz auf die Arbeitstermine der Grafik-Werkstatt ein. Seit 1988 arbeitet er für Künstler, Kunstvereine, Museen und Galerien und als Verleger von hochwertigen Editionen zeitgenössischer Künstler. Dazu gehören Gerhard Richter, Ilya Kabakov, Rosemarie Trockel, Sigmar Polke und Thomas Wrede. Neben Lithographie, Serigraphie, Holzschnitt und Radierung stehen den Künstlern auch die Mischungen dieser Verfahren zur Verfügung. Der Meisterdrucker kennt die ästhetischen Möglichkeiten der Techniken und bereichert oder modifiziert so das künstlerische Konzept. Die Werkstatt ist noch immer am Hawerkamp, die Galerie befindet sich im *Speicher II.*

Mike Karstens bei der Arbeit

Hafenweg 28 | ✆ (0251) 6 06 87 80
Di-Fr 14-19 Uhr | Sa 12-16 Uhr |
n. Vereinbarung
www.mikekarstensgraphics.com

BuchKunst Kleinheinrich

Bibliophile editorische Kostbarkeiten und moderne skandinavische Lyrik des Verlegers Josef Kleinheinrich im *Oerschen Hof*, einem Adelshof aus dem 18. Jahrhundert.

Königsstraße 42 | ✆ (0251) 4 84 01 93
www.kleinheinrich.de

Galerie König

Wechselnde Ausstellungen klassischer und zeitgenössischer Kunst.

Kesslerweg 21
✆ (0251) 6 09 87 80
Mo-Fr 10-14 Uhr | n. Vereinbarung
www.galeriekoenigmuenster.de

Kunsthalle Schnake

Dauerausstellung *Spirits in Stone - Die Bildhauer aus Zimbabwe.* Eine der größten Sammlungen Deutschlands über moderne Bildhauerei des südafrikanischen Landes.

Max-Winkelmann-Str. 84 (MS-Hiltrup)
✆ (02501) 92 17 95
Mi, Do 14-18 Uhr + n. tel. Absprache,
1. So im Monat 14-18 Uhr
www.kunsthalle-schnake.de

Kunstkontor

Doris Möllers präsentiert Kunst des 20. und 21. Jahrhunderts, klassische

Moderne, Gemälde, Skulpturen und Arbeiten auf Papier.

Rosenplatz 8 | ✆ (0251) 4 84 12 98
Mi-Sa 11-18 Uhr
www.kunstkontor.com

Galerie Simon Nolte

Kunsthändler Nolte ist international unterwegs. In Münster präsentiert er moderne und traditionelle Kunst.

Spiekerhof 31 | ✆ (0251) 4 48 09
Mo-Sa 11-18 Uhr
www.galerie-nolte.de

Galerie Ostendorff

Klassische Moderne.

Prinzipalmarkt 11 | ✆ (0251) 5 74 04
Mo-Fr 9.30-13 Uhr, 14-18.30 Uhr |
Sa 10 – 18 Uhr | www.ostendorff.de

Galerie Schemm

Originale, Grafiken und Objekte, z. B. die Skulpturen von Daniel Eggli; außerdem eine Münster-Edition.

Rothenburg 38 | ✆ (0251) 4 32 41
Mo 11-18.30, Di-Fr 10-18.30, Sa 10-16 Uhr
(n. Absprache 18 Uhr)
www.galerie-schemm.de

Blick in die *Galerie Claus Steinrötter*

Galerie Claus Steinrötter

Ausstellungen aktueller moderner Kunst und Beratung in allen Kunstfragen; 40 Jahre Erfahrung.

Rothenburg 16 | ✆ (0251) 4 44 00
Mo-Fr 10-18 Uhr | Sa 10-14 Uhr
www.steinroetter.de

Torhaus-Galerie

Münsterbezogene und dem Frieden verpflichtete Ausstellungen auch jüngerer Künstler. Die Galerie ist Teil des Stadtheimatbundes Münster e. V., der rund 37 in der Kultur- und Heimatpflege tätige Vereine unter ein Dach bringt und am Neutor sein Domizil hat.

Neutor 2 | ✆ (0251) 98 11 39 78
Mo-Fr 10-12.30 Uhr | n. Vereinbarung
Der Eintritt ist frei.
www.stadtheimatbund-muenster.de/Galerie.html

Weitere Schauräume

Kunsthalle Münster

Im Dachgeschoss des sanierten Getreidespeichers erwartet einen moderne Kunst auf rund tausend Quadratmetern. International bekannte Künstler werden hier ebenso vorgestellt wie junge aus der Region. In den vier Etagen darunter arbeiten Künstlerinnen und Künstler in 32 Ateliers.

Hafenweg 28 | ✆ (0251) 6 74 46 75
während d. Ausstellungen: Di-Fr 14-19 Uhr
Sa, So 12-18 Uhr | Der Eintritt ist frei.
www.stadt-muenster.de/kunsthalle

Kunstakademie Münster

Ein Nutzungswechsel im besten Sinne vollzog sich in einer ehemaligen Reiterkaserne, die zwischen 1898 und 1901 gebaut worden war. Aus der Kürassierkaserne an der Steinfurter Straße entstand ein neues Hochschulviertel, der *Leonardo-Campus*. Herzstück ist die Kunstakademie mit Malerei- und Bildhauerklassen und Werkstätten. Diese befinden sich teils auch in den ehemaligen Stallungen – mit dem Schließen der insgesamt 53 Außentüren ist der Hausmeister täglich mehr als eine Stunde beschäftigt. In der Mitte des Campus steht der streng geometrische Akademie-Neubau; der Architekt Raimund A. Beckmann überarbeitete dafür einen Entwurf des namhaften Grazers Günter Domenig. Manche können darin einen hockenden Frosch erkennen. Einmal im Jahr präsentieren die Studierenden bei einem Rundgang ihre Werke der Öffentlichkeit.

Leonardo-Campus 2
✆ (0251) 8 36 14 30
www.kunstakademie-muenster.de

FH Münster/Fachbereich Design

Auch die Design-Studenten der FH zeigen bei einem alljährlichen Rundgang, dem *Parcours*, ihre Werke.

Leonardo-Campus 6 | ✆ (0251) 8 36 53 01
www.fh-muenster.de/design

Wewerka-Pavillon

Dieser gläserne permanente Ausstellungsraum ist das Schaufenster der Kunstakademie Münster. Seit 1989 auf der Wiese am Aasee in Münster angesiedelt wurde er ursprünglich 1987 anlässlich der documenta 8 in Kassel vom Architekten und Künstler Stefan Wewerka entworfen. Der Pavillon, eine Leihgabe des Eigentümers Axel Bruchhäuser an die Stadt Münster, liegt konzeptionell an einer Schnittstelle zwischen Architektur und Skulptur. Die sechs Ausstellungen, die die Akademie pro Jahr darin präsentiert, können rund um die Uhr bewundert werden, weil der Einblick von außen möglich ist.

Aaseeufer am Kardinal-von-Galen-Ring, nahe der Torminbrücke.
www.wewerka-pavillon.de

Ateliergemeinschaft Schulstraße e. V.

Keine geregelten Besuchs- oder Öffnungszeiten, aber einmal im Jahr eine Ausstellung: Anfang November zeigen die hier arbeitenden Künstler ihre Werke bei einem Rundgang. Das ist immer ein lohnenswerter Einblick in Münsters Kunstszene.

Schulstraße 43
✆ (0251) 2 52 37
www.ateliergemeinschaft-schulstrasse.de

KUNST UND KULTUR

FILMSTADT

Film ab!

Die Stadt voller Kinoleidenschaft, die auch ein ungewöhnliches Filmfestival bietet, ist im Laufe der Jahre auch zum Drehort-Darling geworden. In den 1990er-Jahren haben die Filmschaffenden Münster entdeckt, und sie werden hier seither mit offenen Armen empfangen. Das Publikum liebt beispielsweise die Münsterkrimis *Wilsberg* und *Tatort*, die auch schon mal im Wochenend-Doppelpack über den Bildschirm flimmern. Das garantiert den Sendern Spitzenquoten. Privatdetektiv Georg *Wilsberg* (Leonard Lansink) jagt dafür mit Unterstützung der Rechtsanwältin Alex Holtkamp (Ina Paule Klink), des wichtigtuerischen Kommissars Overbeck (Roland Jankowsky) und des Finanzbeamten Ekki Thalkötter (Oliver Korittke) im ZDF die Ganoven.

Am Sonntag ermittelt eines der witzigsten Fahnderduos im *Tatort*: Gerichtsmediziner Karl-Friedrich Boerne (Jan Josef Liefers) und Hauptkommissar Frank Thiel (Axel Prahl) bringen nicht nur den Westfalen als ungleiches Ermittler-Paar Humor bei. Auch die gebürtige Münsteranerin Mechthild Großmann spielt im Münster-*Tatort* mit. Sie kehrt zu den Dreharbeiten regelmäßig an den Ort ihrer Kindheit zurück und zeigt den Männern in ihrer Rolle als Staatsanwältin, wo es lang geht. Millionen von Zuschauern freuen sich auf diese spannende Unterhaltung rund um den Prinzipalmarkt.

Auch die Fachpresse feiert die Filmstadt Münster. Nicht allein das Lokalkolorit, sondern auch die Einzigartigkeit der Altstadt und die grüne Idylle sind mit verantwortlich dafür: Für Fil-

MEINMÜNSTER

„Ich wurde 1955 in die Kreuzschule eingeschult und wir wurden in weißen Kleidchen über die Straße in die Kreuzkirche zur Heiligen Erstkommunion geführt. Gegenüber, bei *Kiekenbeck*, haben wir unsere Schulhefte gekauft. Der Weg nach Hause führte über die Raesfeldstraße zur Coerdestraße 53, da wohnte ich. Sehnsuchtsvoll sitze ich heute vorm Nordstern – und schaue zurück in meine Kindheit."

Mechthild Großmann
(Schauspielerin)

Axel Prahl und Jan Josef Liefers im Tatort *Mörderspiele*. Die Geschichte nimmt Bezug auf den Fall Maria Rohrbach (siehe S. 139).

memacher herrschen in Münster paradiesische Zustände. „Drehen ist hier noch ein bisschen wie Ferien machen", bringt es *Wilsberg*-Produzent Anton Moho auf den Punkt. Den Regisseuren wird das Arbeiten in der Stadt und der Region wirklich leicht gemacht. Sobald eine Kamera auftaucht, strahlen die Gesichter. Auch bei einer Straßensperrung wegen eines Drehs hagelt es in Münster keine Beschwerden. Statt ellenlanger Wartezeiten auf Locations erwartet die Leute von Film und Fernsehen tatkräftige Unterstützung in der Stadt. In in Sachen Filmstandort Münster ist die städtische Einrichtung *Filmservice Münster.Land* eine Pionierin der Branche, eine weitere Anlaufstelle für die Profis ist die *Filmwerkstatt Münster*.

Der Erfinder des Münster-Krimis ist zugleich auch der Vorlagengeber für die *Wilsberg*-Filme: Der Schriftsteller Jürgen Kehrer lässt seinen sympathischen Privatdetektiv knifflige Mordfälle in der Domstadt lösen, in einer Mischung aus Satire, Krimi und soziologischem Einblick. Seit 1990 sind Lokalkolorit und gelungene Spannungsbögen das Erfolgsgeheimnis seiner Münster-Krimis. Damit hat der Autor für eine Flut weiterer Kriminalromane von anderen Schriftsteller gesorgt, die allesamt in der Region und ihrer Hauptstadt spielen. Auch *Wilsberg*-Darsteller Leonard Lansink fühlt sich Münster besonders verbunden. Er lernte in der Stadt seine Ehefrau kennen.

Das *Wilsberg*-Team

Geehrt wurde er für sein großes Engagement als Schirmherr der Krebsberatungsstelle. Jedes Jahr an einem Sonntag im September lädt er, zusammen mit Schauspielkollegen und Münster-Prominenz, zu *Wilsbergs Promikellnern* an die Aasee-Terrassen ein. Dort gibt es Kuchen, Bier, Live-Musik – und einen neuen *Wilsberg*-Film auf Großleinwand. Nicht nur die *Tatort*- und *Wilsberg*-Klassiker verhalfen Münster zum seinem Status als gefragte Dreh-Kulisse, sondern auch andere TV- und

Kinofilme. Beispiele sind der ZDF-Zweiteiler *Das große Ding* mit Jürgen Vogel über das Gladbecker Geiseldrama oder der Science-Fiction-Film *Blueprint* mit Franka Potente. Star-Schauspieler Til Schweiger entdeckte Münsters denkmalgeschütztes Gefängnis als idealen Drehort für den Kinofilm *One Way*. Er stellte darin einen unschuldig Verhafteten dar, der in der 150 Jahre alten Justizvollzugsanstalt untergebracht wurde. Die Handlung spielt im Film zwar in New York, doch die besondere Atmosphäre der JVA lockte die Filmemacher nach Münster, weil sie exakt ihren Vorstellungen eines typischen New Yorker Knast-Ambientes entsprach.

Die als Jüdin verfolgte Marga Spiegel (*1912, †2014) tauchte mit ihrem Ehemann und ihrer Tochter bei katholischen Bauern im Münsterland unter und entging damit der drohenden Deportion. 1969 erschien ihr autobiografischer Roman unter dem Titel *Retter in der Nacht*. Vierzig Jahre später wurde die Geschichte der Münsteranerin in der Stadt und im Umland verfilmt. Darin spielte Veronica Ferres die weibliche Hauptrolle, Armin Rohde ihren Ehemann. Dieser Film mit dem Titel *Unter Bauern* rückte Marga Spiegel im hohen Alter von 97 Jahren ins Licht der Öffentlichkeit und der Medien.

Hollywoodstar Leonardo Di Caprio musste sich schließlich von einem kleinen münsterschen Hasen vom ersten Platz der deutschen Kinocharts verdrängen lassen. Der weltberühmte Kinderliebling *Felix* aus dem *Coppenrath Verlag* am Hafen kam hierzulande als *Felix – Ein Hase auf Weltreise* auf die Leinwand – weitere Abenteuer folgten bald. Prominente aus Film und Fernsehen wie Hugo Egon Balder, Sonja Kirchberger oder Hans Werner Olm liehen den Zeichentrickfiguren ihre Stimmen. Auch *Prinzessin Lillifee*, ebenfalls eine Figur des *Coppenrath Verlags*, wurde verfilmt und darin von Entertainerin Sissi Perlinger gesprochen.

Jürgen Kehrer:
www.juergen-kehrer.de
Filmservice Münster.Land:
www.muenster.de/stadt/filmservice

Armin Rohde, Veronica Ferres und Marga Spiegel bei der Deutschlandpremiere von *Unter Bauern* 2009 in Münster

Alle Jahre wieder

Kultstatus hat ein Film erlangt, der schon 1967 in Münster gedreht wurde. *Alle Jahre wieder* mit Sabine Sinjen, Ulla Jacobsson und Hans-Dieter Schwarze prägte für Jahrzehnte das Bild des weihnachtlichen Münster. Ulrich Schamoni schrieb gemeinsam mit Michael Lentz das Drehbuch und führte Regie; Peter Schamoni produzierte den Streifen. Die Protagonisten des Jungen Deutschen Films setzten der Stadt ihrer Schulzeit ein cineastisches Denkmal. Das scharfe Portrait der deutschen Provinz wirft einen liebevollen Blick auf den gutbürgerlichen Schein. Die Filmer bauten einige münstersche Originale in *Alle Jahre wieder* ein. So hält der Volksschauspieler Busso Mehring in seiner Rolle als Museumswärter einen urkomischen Monolog über seine Mitbürger und den Dom; der Musiklehrer Dr. Dr. Albert Allerup vom *Schlaun-Gymnasium*, in den sechziger Jahren wegen seiner skurrilen Äußerungen stadtbekannt, hat in dem Film mehrere Kurzauftritte – unter anderem mit dem berühmten Satz: „Entweder regnet es hier oder die Glocken läuten, oder es wird wieder mal 'ne Kneipe eröffnet." Buchstäblich alle Jahre wieder läuft der Schwarz-Weiß-Streifen im Kino *Schloßtheater* – und gehört damit, neben der

Inszenierung des *Messias* von Patrick Barlow im *Theater im Pumpenhaus*, zum Weihnachtsritual in Münster. Zahlreiche Kritiker konnten sich nicht mit dem Stoff anfreunden, doch das Werk wurde sogar mit dem Bundesfilmpreis ausgezeichnet. Das ebnete den Weg für eine Kino-Sensation: Mit dem Preisgeld realisierte Peter Schamoni, einer der bedeutendsten deutschen Regisseure, den Film *Zur Sache, Schätzchen* mit Uschi Glas, der wochenlang in den deutschen Lichtspielhäusern für ausverkaufte Vorstellungen sorgte.

Clara Ratzka (1871–1928)

Als das Medium Film noch in den Kinderschuhen steckte, war eine Weltbürgerin aus Münster bereits die lebendige Vorlage für zwei berühmte Stummfilme: *Die grüne Manuela* unter der Regie von E.A. Dupont und W. Dieterle, der in ganz Europa und sogar in Amerika gezeigt wurde (1923), und *Rutschbahn. Schicksalskämpfe einer Sechzehnjährigen* (Regie R. Eichberg, 1928). Eine der Hauptrollen im ersten Film spielte Heinrich George, der Vater des Schimanski-Darstellers Götz George.
Clara Ratzka machte sich als Romanschriftstellerin in ganz Deutschland einen großen Namen und lebte für

Clara Ratzka

die damalige Zeit ein ungewöhnliches Leben. Schon als kleines Mädchen war sie alles andere als eine perfekte Domschülerin – sie prügelte sich lieber mit den Jungs auf dem Kirchplatz. Später bereiste sie die Welt als alleinerziehende Mutter und eine der ersten Kosmopolitinnen. Sie lebte in Berlin, London und Paris und war fast so oft verheiratet wie Brigitte Bardot.
Mit ihrem Roman *Familie Brake* setzte Clara Ratzka 1919 ihrem geliebten Münster schließlich ein beeindruckendes Denkmal. Das Buch gilt als bestes Werk der schöngeistigen Literatur über die Domstadt. Ratzka führt die Leser darin als intime Kennerin der Atmosphäre Münsters durch die Straßen und Gassen, man erlebt literarisch die Schönheit der Westfalenmetropole, den Glanz der Feste, den Duft der

grünen Promenade und den Klang der alten Kinderlieder – ein wunderbarer Einblick in das Leben in der Stadt am Anfang des 20. Jahrhunderts.

Die Filmwerkstatt

Die *Filmwerkstatt Münster* unter der Leitung von Winfried Bettmer ist der Dreh- und Angelpunkt für die Nachwuchsfilmer der Stadt. Schon seit 1981 ist sie das regionale Zentrum für den Film in Münster, in Nordrhein-Westfalen und über dessen Grenzen hinaus. Filmemacher, Produzenten und Cineasten sowie eine große Zahl Freiwillige sorgen für ein breites Angebot im gesamten Bereich des Filmschaffens. Hier machen junge Regisseurinnen und Regisseure ihre ersten Experimente und legen die Basis für spätere Karrieren. Die Seminare mit berühmten Dozenten wie Peter Greenaway oder Peter Lilienthal sind legendär.

Zusammen mit den *Münsterschen Filmtheaterbetrieben* leitet die Filmwerkstatt auch den ältesten Filmclub Deutschlands, der schon 1948 in der damaligen britischen Besatzungszone gegründet wurde. Das anspruchsvolle Programm reicht von Experimentalfilmen aus der Kunstszene über Retrospektiven bis zu Workshops mit ausgewählten Filmemachern.

Alle zwei Jahre – jeweils im Herbst der ungeraden Jahre – lädt die *Filmwerkstatt* zum *Filmfestival Münster* ein, einem Treffpunkt der Filmschaffenden samt Kinoereignis mit besonderem Charme. Tausende begeisterte Fans freuen sich hier auf die Wettbewerbe, besonders auf die Kurzfilme. Regiegrößen wie Tom Tykwer, der übrigens auch am Greenaway-Seminar teilnahm, zeigten hier ihre ersten Filme. Persönlichkeiten des Films wie Inger Nilsson, alias Pippi Langstrumpf, oder *Bladerunner* Rutger Hauer gehören zu den internationalen Jurys.

Filmwerkstatt:
www.filmwerkstatt.muenster.de
Filmfestival Münster:
www.filmfestival-muenster.org

Inger Nilsson, alias Pippi Langstrumpf, begeisterte als Jurymitglied beim Filmfestival tausende Kinofans.

Kinos

Das Publikum in Münster liebt das Kino und bekommt in den Lichtspielhäusern der Stadt ein ausgezeichnetes Programm geboten, kein Wunder also, dass hier auch das erfolgreiche *Filmfestival* entstand. Die Leinwandstars schätzen die Stadt ebenso und präsentieren hier immer wieder persönlich ihre neuesten Werke.

Das Programmkino *Cinema* an der Warendorfer Straße heimst als Top-Theater regelmäßig Preise ein. Das schönste Kino in Münster ist das *Schloßtheater* am Rande des Kreuzviertels, das mit Fünfziger-Jahre-Charme und besonderem Ambiente bezaubert. Die geschwungene Form des Gebäudes aus dem Jahr 1953 mit dem großzügigen Foyer erinnert an Theatergebäude der 1920er-Jahre. Mit dem Kinopalast *Cineplex* mit Glasfassade am Stadthafen hat Münster ein weiteres, markantes Lichtspielhaus, das 2 700 Gästen in neun Sälen Platz bietet.

Ausgezeichnet! Das Programmkino *Cinema* sorgt für ein Spitzenprogramm.

Das Kino *Schloßtheater* im Kreuzviertel mit Fünziger-Jahre-Charme

Das sind Münsters Kinos:

Cinema

Das Programmkino bietet einen Service für Menschen mit Hörbehinderung.

Warendorfer Straße 45-47
☎ (0251) 3 03 00
www.cinema-muenster.de

Cineplex

Albersloher Weg 14
☎ (0251) 98 71 23 33

Schloßtheater

Melchersstraße 81
☎ (0251) 2 25 79

Das Programm für alle Kinos finden Sie unter

www.cineplex.de/muenster

KUNST UND KULTUR

THEATER, SHOWS UND ENTERTAINMENT

Theater

Verglichen mit anderen Städten seiner Größenordnung glänzt Münster mit einer einzigartigen Theaterszene. Neben dem Stadttheater und dem *Theater im Pumpenhaus* bereichern das *Boulevard Münster*, das *Wolfgang Borchert Theater* und das *GOP-Varieté* die vielfältige Szene der darstellenden Künste. Nicht zu vergessen ist dabei auch eine große freie Theaterszene, die immer wieder neue Spielstätten als Theaterräume entdeckt – beispielsweise den Hafen, den Aasee, Friedhöfe oder Parkdecks.

Theater Münster

Am 4. Februar 1956 wurde mit dem heutigen *Theater Münster* der erste Spielhaus-Neubau nach dem Zweiten Weltkrieg in Deutschland eröffnet. Die Architektur des modernen Gebäudes wurde damals als „kühner Donnerschlag" gefeiert. Das vorherige Theater war 1895 in direkter Nachbarschaft zum Adelspalais *Romberger Hof* errichtet worden. Es wurde 1941 von einer Bombe getroffen und brannte vollständig aus. Die Karriere der späteren Leinwandgröße Ruth Leuwerik begann im Jahr 1943 deshalb auch auf einer Ausweichbühne.

Die Realisierung des neuen Theaters nach dem Entwurf des jungen Architektenteams Deilmann, von Hausen,

Theater Titanick

Dieses spektakuläre Straßentheater fasziniert regelmäßig mit aufregenden Shows über Europa hinaus mit pyrotechnischer Perfektion, exzentrischen Charakteren, furioser Live-Musik und brillanten Effekten. Als Open-Air-Theater wurde es 1990 von Künstlern aus Münster und Leipzig gegründet, inzwischen ist das Ensemble ebenso international zusammengestellt wie die Preise und Erfolge, die es für sich verbucht. Die skurrile Inszenierung *Titanic* über den Untergang des Luxusliners zählt zu diesen Erfolgsstücken, ebenso wie das berauschende *Pax* in den Innenstädten von Münster und Osnabrück oder die Kinderbuch-Adaption *Alice on the Run*. *Theater Titanick* unter der Leitung des Künstlerpaares Clair Howells und Uwe Köhler greift mythische Themen auf und verbindet die jahrhundertealte Tradition des Volkstheaters mit modernen Ausdrucksformen.

Theater Titanick: www.titanick.de

Rave und Ruhnau stieß auf weltweites Interesse. Wegen des engen Grundstücks richteten die Architekten das Gebäude diagonal aus; die Ruine des *Romberger Hofes* ließ man stehen. Sie wurde zusammen mit den Platanen im Innenhof zu einer natürlichen Theaterkulisse – wer die Stufen zum *Theatertreff* hochgeht, kann sich selbst überzeugen. Die zweite Spielstätte, das *Kleine Haus*, entstand 1969 als Anbau des Haupthauses, den auch eine Reihe nackter Demonstranten bei der Grundsteinlegung nicht verhindern konnten.
Intendant Ulrich Peters änderte 2012 den Namen des Hauses von „Städtische Bühnen" in „Theater Münster" und schuf mit dem U2 eine dritte Spielstätte mit 52 Sitzplätzen im Keller des Hauses. Das Stadttheater bietet heute neben Schauspiel auch Tanz- sowie Kinder- und Jugendtheater. Als besonders anspruchsvoll gilt zudem das Musiktheater.

Neubrückenstraße 63 | ✆ (0251) 5 90 90
Kassenzeiten: Di-Fr 10-18 Uhr | Sa 10 -14 Uhr
www.theater-muenster.com

Die Architektur des Stadttheaters sorgte in den fünfziger Jahren für Furore.

Urfaust. J.W. Goethe
Dat Spiël van Doktor Faust
Im Platt des Münsterlandes
von Hannes Demming

Nacht
Faust (in einem hochgewölbten, engen gotischen Zimmer unruhig auf seinem Sessel am Pulte)
`khäff nu, ach, de Philosophie,
Medizin un Juristerie
studeert; drto, et dööt mi recht leed,
mook Theologie den Kopp mi heet.
Dao staoh ick nu, ick arme Narr,
nix mähr in `n Kopp, äs `k vüördem har.
Äs Doktor, Professor haug in Ähr
treck ick so all teihn Jaohr un no mähr
harup, hendaal un krüüß un twiärs
miene Schöölers `rüm an iähre Niäs`

Hannes Demming
www.hannesdemming.de

Münsterländer Platt auf der Niederdeutschen Bühne

Immer weniger Menschen – auch auf dem Land – sprechen Plattdeutsch oder kennen diese direkte und ungekünstelte Sprache mit witzigen Sprichwörtern und Redensarten. Wie gut, dass es die *Niederdeutsche Bühne* am Theater Münster gibt! Unter anderem Dichter wie Augustin Wibbelt, Hermann Homann oder Eli Marcus, die den Dialekt in ihren Werken bewahren, werden hier von etwa zwei Dutzend Aktiven mit Komödien, Schwänken oder Märchen, aber auch als Krimis und Science-Fiction-Stücke auf die Bühne gebracht. Dem einstigen Leiter, Hannes Demming, gelang in diesem Zusammenhang ein Bravourstück: Er übersetzte Goethes Sturm-und-Drang-Drama, den *Urfaust*, ins Plattdeutsche und feierte damit im Oktober 2006 erfolgreich Premiere.

Einer der Mitbegründer der *Niederdeutschen Bühne* war übrigens der Lehrer und Heimatforscher Karl Wagenfeld, der sich zwar um das Plattdeutsche verdient machte, dabei aber Heimat- und Volkstumsgedanken propagierte, die nah an der nazistischen Blut- und Bodenideologie sind. Sein Werk wird deshalb heute kritisch betrachtet.

www.niederdeutsche-buehne-muenster.de

Theater im Pumpenhaus

Diese Spielstätte in einem der wenigen Industriedenkmäler Münsters ist die erste Adresse für internationale Theater- und Tanzvorstellungen – hier treffen sich Off-Szene und Tanz-Avantgarde. Bei Gastspielen freier Theaterlabels sieht man auch schon einmal Stars wie Devid Striesow, Joachim Król oder Ursina Lardi und Bettina Lamprecht, denn in dem ehemaligen Abwasserpumpwerk sind die besten Produktionen der unabhängigen Theaterszene Münsters zu sehen – besonders auch die des Jugendtheaters.

Das *Theater im Pumpenhaus* wurde 1985 von der damaligen *Theaterinitiative Münster (TIM)* als erstes freies Schauspielhaus in Nordrhein-Westfalen gegründet. Die jungen Schauspielerinnen und Schauspieler erhielten seinerzeit das Nutzungsrecht für das alte Abwasserpumpwerk, mussten im Gegenzug aber selbst renovieren. Achtzehn Monate lang rackerten sie, stemmten Wände und klopften Steine. Quer durch die Räume verliefen zudem dicke Eisenrohre, die es zu entfernen galt; professionelle Firmen weigerten

Tod eines Handlungsreisenden: Pitt Hartmann und Marlena Keil beeindrucken im *Theater im Pumpenhaus.*

KUNST UND KULTUR

sich aber, das zu erledigen. Also flexten die Sanierungs-Autodidakten die Rohre eigenhändig heraus.

Kurz darauf drohte auch noch eine amtliche Verfügung, nach der die alten Wasserpumpen aus Denkmalschutzgründen an ihrem ursprünglichen Ort hätten belassen werden müssen – also mitten im Saal. Damals sorgte entsprechend die Frage für Kopfzerbrechen, wie die sperrigen, blauen Geräte in die verschiedenen Bühnenbilder hätten eingebaut werden können. Was für eine Freude für die Künstler, als sie die zentnerschweren Pumpen dann doch nach draußen wuchten durften! Einige davon stehen bis heute vor dem Gebäude.

Publikum und Künstler lieben den besonderen Ort heute nicht zuletzt wegen des einzigartigen Charmes, den das um 1900 entstandene Gebäude mit den verzierten Holzbalken ausstrahlt.

Gartenstraße 123 | ✆ (0251) 23 34 43
Kartentelefon rund um die Uhr erreichbar
www.pumpenhaus.de

Wolfgang Borchert Theater

Seit 1956 ist dieses Schauspielhaus fester Bestandteil der münsterschen Theaterlandschaft und damit eines der ältesten Privattheater Deutschlands. Der erste Spielort war ein kleiner Raum am Prinzipalmarkt – das Haus hieß damals passenderweise noch *Zimmertheater*. Es machte Station im Bahnhof und an der Hafenpromenade und hat seit 2014 sein Zuhause an der Südseite des Stadthafens. Im heutigen *Wolfgang Borchert Theater* stehen Komödien, Musiktheater und Schauspiel auf dem Spielplan. Unter der Intendanz Meinhard Zangers sorgen Inszenierungen wie der „Sommernachtstraum" im Gasometer oder Shakespeare's „Sturm" im Hafen für begeistertes Publikum und ausverkaufte Ränge.

Der Kabarettist Volker Pispers sammelte hier seine ersten Bühnenerfahrungen und der Schauspieler Busso Mehring war jahreslang der Star des Hauses. Ende der fünfziger Jahre hatte er sich als Grabredner verdingt, um sein Jurastudium zu finanzieren. Er war ein fantastischer Parodist, deshalb brach er sein Studium ab und wurde ein hervorragender Schauspieler. Seinen Spitznamen bekam Rainer Christian Mehring – wie er eigentlich hieß –, weil er den damaligen Oberbürgermeister von Münster, Busso Peus, perfekt imitieren konnte. Übrigens: Die 50 Mark Gage, die Mehring anfangs mit seinen Parodien auf der Bühne verdiente, soll er meist direkt wieder bei *Stuhlmacher* am Prinzipalmarkt vertrunken haben.

Am Mittelhafen 10
✆ (0251) 39 90 70
Kassenzeiten:
Mo–Fr 10–13 Uhr und 14–18 Uhr
www.wolfgang-borchert-theater.de

Leichte Unterhaltung macht Vergnügen im Boulevard-Theater von Angelika Ober.

Boulevard Münster

Als die Schauspielerin Angelika Ober im Jahr 1997 das Ensemble des Stadttheaters verließ, um das *Boulevard Münster* zu gründen, begann für sie das Abenteuer ihres Lebens. Das Haus in der Königspassage hat heute nicht nur lustiges Boulevardtheater zu bieten, sondern beeindruckt auch mit der Einrichtung: Ein gläserner Vorhang bildet den Eingang in das Theater und die Zuschauer sind umgeben von Blutrot, Schwarz und Gold – den Farben des venezianischen Opernhauses *La Fenice*. Die Polstersitze sind zudem auf nur zehn Reihen verteilt, so dass die Bühne von allen Plätzen beinahe zum Greifen nahe ist.

Königsstraße 12–14
✆ (0251) 4 14 04 00
Kassenzeiten: Mo, Mi–Fr 11–16 Uhr und 18.30–22 Uhr; Di 11–16 Uhr | Sa 11–22 Uhr
www.boulevard-muenster.de

Der kleine Bühnenboden

Das Kammertheater unter der Leitung zweier engagierter Schauspieler aus Münsters Szene zeigt gutes Theater auf Augenhöhe mit dem Zuschauer – mal ernst, mal lustig, mal musikalisch.

Schillerstr. 48a
✆ (0251) 66 17 59
Kartentelefon rund um die Uhr erreichbar
www.derkleinebuehnenboden.de

Charivari Puppentheater

Wilfried Plein und Thomas Bohrer begeistern Klein und Groß immer wieder mit intelligent-witzigen Geschichten rund ums Kasperle. Aus der alten Vorkriegsbühne von Karl Pechaschek aus Ratzeburg mit zwanzig alten Figuren ist heute ein fester Spielbetrieb mit rund 250 Aufführungen und 14 000 Zuschauern pro Jahr geworden. Das Puppentheater mit den 300 Figuren, das eine schwarze Guckkastenbühne mit rotem Vorhang bespielt, besuchen Erwachsene ebenso gern wie ihre Kinder.

Körnerstraße 3 | ✆ (0251) 52 15 00
www.charivari-theater.de

Groß und Klein lockt das Puppentheater *Charivari* mit Kasper und Frau Marie.

Kleinkunst

STORNO rechnet ab.

Als Universitätsstadt kann Münster selbstverständlich auch eine breite Kabarettszene vorweisen. Zu den Highlights gehört das Duo Harald Funke und Jochen Rüther. Ihr satirischer Jahresrückblick *STORNO* gemeinsam mit dem Multitalent Thomas Philipzen ist ein absolutes Muss für Kabarett-Fans.

Sehr gefragt ist auch die Polit-Satire des Duos *Die Buschtrommel*. Bundesweit und auf allen Weltmeeren unterwegs ist Klavier-Comedian Jens Heinrich Claassen.

Münsters Komödianten treten gerne in der kulturellen Begegnungsstätte *Kreativ-Haus* im Hansaviertel oder im *Bennohaus* am Kanal auf. Beliebte Kleinkunstbühnen sind auch die *Schnabulenz* im Südviertel oder das selbstverwaltete *Kulturquartier* hinterm Schifffahrter Damm.

Zwei professionelle Improvisations-Theater-Ensembles mit Kultfaktor bereichern Münsters die Theater-Szene. Das *Placebotheater* hat ebenso eine eingeschworene Fangemeinde wie die Truppe *Impro 005*, bei denen auch Comedian und Frauenversteher Carsten Höfer mitspielt. Dem *Placebotheater* entstammen namhafte Künstler wie Christoph Tiemann, der viel für den WDR arbeitet, und Münsters Comedy-Königin Lisa Feller, die gerne über die Sorgen junger Mütter und über Männer witzelt. Sie ist bekannt aus Funk und Fernsehen und schrieb Bücher wie *Mir geht's gut, nur meine Brüste lassen sich hängen.*

STORNO:
www.storno.org
Jens Heinrich Claassen:
www.jensclaassen.de
Impro 005:
www.impro005.de
Placebotheater:
www.placebotheater.de
Lisa Feller:
www.lisa-feller.de

Bennohaus
Bennostr. 5 | ✆ (0251) 60 96 73
www.bennohaus.org

Schnabulenz
Geiststr. 50 | ✆ (0251) 39 59 77 91
www.schnabulenz.de

Kulturquartier
Rudolf-Diesel-Straße 41
✆ (0170) 3 85 21 79
www.kulturquartier-muenster.de

Kreativ-Haus e.V.

Diepenbrockstraße 28
☎ (0251) 8 99 00 90
www.kreativ-haus.de

GOP-Varieté Münster

Das ehemalige *Roland-Theater* blickt auf eine bewegte Geschichte: Schon seit Juli 1920, als das Theater eröffnet wurde, erleben die Zuschauer hier Konzerte, Theater, Film- und Varietékunst. Im Jahr 2005 wurde es zum *GOP-Varieté* umgebaut und neu gestaltet. Zu den modernen Varietéshows wird kreative Küche serviert.

Bahnhofstraße 20-22
☎ (0251) 4 90 90 90
Kassenzeiten:
Mo, Di 10-18 Uhr | Mi, Do 10-20 Uhr
Fr 10-21 Uhr | Sa 12-21 Uhr | So 12-18 Uhr
www.gopmuenster.de

Autorenlesungen

Der *Literaturverein Münster e. V.* sorgt dafür, dass die Stadt regelmäßig von renommierten Autoren aus dem In- und Ausland besucht wird. Rund 15 Mal pro Jahr werden unter der Organisation des Vereins Literaten und literarisch Interessierte zusammengeführt. Unter den geladenen Autorinnen und Autoren waren unter anderem schon Cees Nooteboom, Sarah Kirsch, Terézia Mora, Feridun Zaimoğlu und der spätere Nobelpreisträger Imre Kertész.

Alle zwei Jahre (ungerade) treffen sich zum *Internationalen Lyrikertreffen* Poeten in der Stadt und lesen aus ihren Werken. Für Selbstleser erscheint beim *Daedalus Verlag* zweimal jährlich – im Frühling und Herbst – Münsters Literaturzeitschrift *Am Erker*, ausgezeichnet mit dem *Hermann-Hesse-Preis.*

Komikerin Lisa Feller weiß: Der Teufel trägt Pampers.

Literaturverein:
www.literaturverein-muenster.de
Lyrikertreffen:
www.lyrikertreffen.muenster.de
Am Erker:
www.am-erker.de
Daedalus Verlag:
www.daedalus-verlag.de

MUSIKSZENE MÜNSTER

Kleine Bands und große Bühne

Bis er in den Ruhestand ging, saß Onkel Willi auf der linken Seite der Rathaustreppe vor dem altehrwürdigen *Friedenssaal* und machte fröhlich Musik, obwohl das an diesem historischen Ort streng verboten ist. Dieser Straßenmusikant durfte das ausnahmsweise – mit Sondergenehmigung des Oberbürgermeisters.

Welch ein Glück, dass Münster so musikalisch ist: Hier sind die Karrieren namhafter Künstler in Schwung gekommen. Manche Stars zog es dann in die weite Welt, andere wie der Musiker und Entertainer Götz Alsmann oder Schlagerstar Roland Kaiser fühlen sich hier sehr zuhause.

Das bunte Musikleben reicht von Rock über Jazz und Reggae bis zu Ska und Punk, vom Chorgesang über Kirchenmusik bis zum Sinfonieorchester. Klein und Groß können an der *Westfälischen Schule für Musik* in Aaseenähe die ersten Flötentöne lernen, Studentinnen und Studenten vertiefen ihre klassische Ausbildung an der *Musikhochschule* oder spielen in einer Band. In den Proberäumen am Hawerkamp oder am alten Güterbahnhof treffen sich regelmäßig Dutzende Musikgruppen, DJs besorgen sich ihr Equipment beim *Elevator* im Gewerbegebiet Süd, Europas größtem DJ-Laden.

Unter den Visionären der deutschen Popmusikbranche ist die Anzahl der Exil-Münsteraner besonders hoch. So hat der Vater der *Love-Parade*, William Röttger, in Münster den Grundstein für seine Karriere gelegt. Der *PopKomm*-Erfinder Ralf Plaschke kommt ebenso

Musiker, Entertainer und Frauenschwarm Dr. Ring Ding, auch bekannt als Richie Senior oder Richard Alexander

aus dieser Stadt wie der Metal-Experte Henk Hakker oder Christoph Becker, Geschäftsführer des Musikverlags der Constantin Film AG. Andere wirken heute bei bedeutenden Labels wie *Universal*, *Sony BMG* oder *EMI* – die meisten von ihnen waren als Jugendliche oder Studenten selbst aktive Musiker in Westfalen.

Das *Panikorchester* wirft seine Schatten voraus (1971). In der Mitte: Udo Lindenberg und Steffi Stephan

Panikrock und Dauerbeat

In den sechziger Jahren entwickelte sich auch in Münster die Rock- und Popszene. Zu den aufstrebenden Beatmusikern der Stadt zählte Steffi Stephan, der später mit der *Jovel Music-Hall* einen der damals spektakulärsten Live-Clubs in Deutschland gründete. Mit seiner Band *The Twens* stellte er 1969 einen Weltrekord im Dauerbeat auf – und als er mit seiner Band *Guitar Men* 1964 einen Aushilfsschlagzeuger für einen Gig im nahen Borghorst suchte, fiel die Wahl auf den jungen Gronauer Udo Lindenberg. „Das war der magische Augenblick", erinnert sich Steffi Stephan gerne an den Beginn einer großen Freundschaft, die lange vor der Gründung von Lindenbergs *Panikorchester* begann, in dem Stephan Bass spielt.

Eine tiefe Zuneigung anderer Art hatte bald ein weiteres Mitglied der Familie gewonnen, nämlich Udo Lindenbergs Schwester Inge – mit der Geburt von Sohn Marvin machte der Münsteraner seinen Freund Udo sogar zum Onkel.

Für die Band *Guitar Men* bekam Steffi Stephan nicht nur musikalische, sondern auch mütterliche Unterstützung. Nachdem der 16-Jährige im heißesten Beat-Schuppen der Stadt erwischt worden war, dem *Insel Tanzcafé* am Roggenmarkt 11-12, durfte er dort als Minderjähriger nicht mehr auftreten. Daraufhin trat kurzerhand seine Mutter in Aktion und setzte sich mit Strickzeug direkt vor die Bühne – in Anwesenheit einer Erziehungsberechtigten konnte die Show dann weitergehen.

Mit der modernen Einrichtung und der von unten illuminierten Tanzfläche war das *Insel Tanzcafé* seiner Zeit voraus. Es war außerdem die erste Diskothek in Münster, die mit Verzehrkarten arbeitete. Nicht weniger erfinderisch war man auch beim den Eintrittspreisen, die eigentlich Austritts-

Panama Drive Band: In Münster wurde Ute Lemper schon 1976 auf Händen getragen.

preise waren: Der Ankunftszeitpunkt des Gastes wurde auf einem vorgedruckten Zifferblatt auf der kreisrunden Verzehrkarte eingezeichnet, beim Verlassen des Lokals zahlte man dann pro Minute einen Pfennig. Einen DJ gab es noch nicht, stattdessen diente der Einfachheit halber das Türpersonal den Schallplattenspieler.

Rock, Pop, Jazz und Ska

Rock und Jazz prägten die Musikszene der siebziger Jahre. Damit begann in Münster die Karriere von Ute Lemper. Ihre Großeltern betrieben in der Jüdefelder Straße 46 eine Tierfutterhandlung – der Weltstar soll hier als Kind

1986 im *Odeon*

besonders gerne von den Körnern für Kanarienvögel genascht haben. Die ersten Auftritte als Sängerin hatte sie mit 15 in Jazzclubs und Bars. Ende der Siebziger sang sie bei der Jazzrock-Formation *Panama Drive Band*. Danach verließ sie Münster in Richtung Berlin und wurde zum Weltstar. Heute lebt sie mit Mann und Kindern in New York.
Mit der Gründung des *Odeon* im Jahr 1977 und des Musikclubs *Jovel* 1980 durch Steffi Stephan warfen die achtziger Jahre ihre Schatten voraus. Es sollten sich daraus interessante Szenen entwickeln, die in den verschiedensten Musikrichtungen kreative Köpfe hervorbrachten.

WestBam bei *Anormal Null* (1979)

So begann etwa im *Odeon* die Karriere von Techno-und DJ-Star WestBam, der bei seiner Geburt noch Maximilian Lenz hieß. Ende der siebziger Jahre verkaufte der Schüler des münsterschen *Pascal-Gymnasiums* seine Seele an den Punkrock und nannte sich fortan „Frank Xerox". Unter diesem Pseudonym wurde er Bassist bei Münsters erster Punkband *Anormal Null.* 1983 war Schluss mit der Punkerei. WestBam, im Langtext *Westfalia Bambaata*, zog 1984 nach Berlin und prägte als Vordenker der elektronischen Musik die Musikszene entscheidend.

Auch DJ Raw begründete seine Laufbahn hinter den *Odeon*-Plattentellern. Mit *Dune* stürmte er in den neunziger Jahren die Hitparaden – die Dance-Band wurde mit den Hits *Rainbow to the Stars* und *Million Miles From Home* populär.

Viele Künstler und andere Kreative zählten zu den *Odeon*-Stammgästen, so auch der in Münster geborene Mode-Designer und Fernsehmoderator Guido Maria Kretschmer. Die Mitglieder des Synthipop-Trios *Alphaville* stammen zwar ursprünglich aus dem ostwestfälischen Raum, schrieben ihre ersten Hits wie *Big in Japan* aber ebenfalls in Münster. Von hier aus starteten sie 1984 ihre Weltkarriere.

1983 waren Münsters *6-Zylinder* die Initialzündung für eine neue deutsche A-Capella-Welle. Die Musiker stehen bis heute für Vokalkunst aus tiefster Überzeugung und bringen eine gehörige Portion Humor mit auf die Bühne – das beweisen sie nicht nur beim alljährlichen Weihnachtsmusical *Der Schweinachtsmann.*

Zahlreiche weitere Bands formierten sich in Münster oder auch im Umland, zum Beispiel die Punkband *Donots* in Ibbenbüren. Einige Bandmitglieder leben in Münster, schreiben hier Chart-Hits oder spielen live in den größten (*Halle Münsterland*) und kleinsten (*Gorilla Bar*) Locations der Stadt. Auch der einstige Frontmann der Band *Jupiter Jones* (Megahit „Still") und heutige Sänger bei *Von Brücken* lebt in Münster. Einst als Praktikant hergezogen, möchte er

Wer mit den Hunden tanzt – rudelweise *Donots*-Fans sogar bei den Vierbeinern

heute Aasee und Prinzipalmarkt nicht mehr missen.

Die Karriere der *H-Blockx* wiederum, die ihre ersten großen Erfolge auch auf der *Odeon*-Bühne feierten, nahm wie bei den *Donots* erst in den neunziger Jahren ihren Anfang. Aus einer Schülerband des *Gymnasiums Wolbeck* entstanden, gehörten die H-Blockx schnell zu den Top-Stars der deutschen Rockszene. *H-Blockx*-Sänger Henning Wehland half auch jungen Künstlern bei ihrem Einstieg ins Musikgeschäft – beispielsweise dem Songwriter *Pohlmann*, der 2001 von Münster nach Hamburg zog. Einer der großen *H-Blockx*-Hits war eine Neuauflage des Johnny-Cash-Klassikers *Ring of Fire*. Ihr alter Weggefährte *Dr. Ring Ding* würzte den Crossover-Knaller mit seinem in typisch jamaikanischen Stil gehaltenen Sprechgesang, dem sogenannten „Toasting". Dieser Tausendsassa begann seine Laufbahn als Posaunist der Ska-Band *El Bosso und die Ping Pongs* und spielt bis heute mit renommierten Ska-Musikern aus aller Welt. Auch deshalb gilt Münster als deutsches Zentrum des Ska, einer Musikrichtung, die in den sechziger Jahren in Jamaica entstand und als Vorläufer des Reggaes angesehen wird. So betreibt Musikmanager Oswald Münnig das Plattenlabel *Grover Records* und organisiert Tourneen für die Stars der Ska-Szene. Top-Künstlern wie Desmond Dekker (*You Can Get It If You Really Want*), Laurel Aitken oder Judge Dread verhalf er so zu unerwarteten Comebacks.

Popsänger Johannes Oerding kam in Münsters Raphaelsklinik zur Welt, obwohl die Familie schon am Niederrhein wohnte. Seine Eltern, Arzt und Krankenschwester, hatten sich in diesem Krankenhaus kennengelernt und fuhren zur Geburt extra hierher. Aktuell gelten die *Zucchini Sistaz* als Lokalheldinnen - ein swingendes Damentrio mit dreistimmigem Gesang. Mit Kinderliedern lässt der Münsteraner Detlev Jöcker Millionen junger Herzen höher schlagen.

Sinfonieorchester Münster:
www.sinfonieorchester-muenster.de
WestBam:
www.westbam.de
DJ Raw:
www.djraw.de
Die 6-Zylinder:
www.6-zylinder.de
Donots:
www.donots.de
Dr. Ring-Ding:
www.ringding.de
El Bossso und die Ping Pongs:
www.immernurska.de
Zucchini Sistaz:
www.zucchinisistaz.de
Detlef Jöcker:
www.detlevjöcker.de

Götz Alsmann

Götz Alsmann ist die personifizierte Reklame für Münster. Gerne outet sich der Star der Fernsehunterhaltung und deutschen Musikszene als passionierter Münsteraner. Er steht mit seiner Band über hundert Mal im Jahr auf der Konzertbühne. Zwei Jahrzehnte lang moderierte er *Zimmer frei*, eine der erfolgreichsten WDR-Unterhaltungssendungen, die nach 694 Folgen im Jahr 2016 eingestellt wurde. Seit über 30 Jahren ist Alsmann eine feste Größe in der hiesigen Musikszene. Der Multi-Instrumentalist spielte sich durch die meisten Musikstile der ersten Hälfte des 20. Jahrhundert.

Lokalmatadore *Götz Alsmann and the Sentimental Pounders*, 1985

In den 1980er-Jahren bediente er außerdem die Keyboards bei einer Funpunk-Band, den *Fidelen Schwagern*, mit einer Kultfigur namens Schwein am Bass.
Mit seiner Swingversion des *Depeche Mode*-Songs *People are People* hatte Alsmann 1985 seinen ersten großen Hit. Mittlerweile spielt der Doktor der Musikwissenschaften und Honorarprofessor der *Uni Münster* deutschen Jazz-Schlager. Preise für gute Musik wie den *Echo* 2004 und 2012, die *Goldene Stimmgabel* und diverse Jazz Awards und für noch besseres Aussehen („Brillenträger und Krawattenmann des Jahres") füllen die Fensterbank seines Komponierzimmers.
Sein Talent als Vorleser beweist der Entertainer mit zahlreichen Hörbüchern wie Die *Feuerzangenbowle* oder der Wilhelm Busch-Textauslese mit Schauspieler Otto Sander. Alsmann steht auch bei Produktionen des *Stadttheaters* ab und zu auf der Bühne – ob als *Öffentliche Meinung* in Offenbachs *Orpheus in der Unterwelt*, in seiner gefeierten *Michael Jary-Revue* oder beim traditionellen Neujahrskonzert. Im Fernsehen moderierte der Unterhaltungsprofi unter anderem die ZDF-Klassik-Show *Alsmanns große Nachtmusik*. Im Radio unternimmt er jede Woche musikalische Reisen in die Welten des Swing, Jazz oder Schlager.
Die Münsteranerinnen und Münsteraner lieben ihren „Götzimausi", wie ihn seine Kollegin bei *Zimmer frei*, Christine Westermann, gerne nannte – ganz so, wie einst die Kölner ihren Millowitsch oder die Hamburger ihre Heidi Kabel verehrten. Das mag daran liegen, dass Götz Alsmann nie Zweifel daran aufkommen ließ, dass er seiner Heimatstadt treu bleibt, egal, ob er gerade für Fernsehsender in Köln, Hamburg oder Berlin arbeitet.

Götz Alsmann: www.goetz-alsmann.de

Café und Weinbar *Ideal*
in der Innenstadt

ZU GAST IN MÜNSTER

Essen und Trinken | Nachtleben | Einkaufen | Praktische Hinweise

ESSEN UND TRINKEN

Cafés

Schlemmen à la Münsterland

Einkehren gehört auch in Münster zum A und O des Lebensgefühls. Marktgänger genießen den Kaffee am Stand, andere schlürfen das liebste Getränk der Deutschen in einem der zahlreichen Cafés. Von früh bis spät bieten die zahlreichen Kneipen und Restaurants in Münster internationale Kleinigkeiten zum Verzehr an. Die Gäste können entweder für kleines Geld satt werden oder sich feine Haute Cuisine schmecken lassen: münsterländisch, japanisch, indisch oder italienisch. Man trifft sich auf einen kleinen Plausch in der Studentenkneipe oder anderswo, um genussvoll zu speisen. Man trinkt ein kühles Pils im westfälischen Ambiente oder einen Cocktail in der trendigen Bar. In der ganzen Stadt sind Lokale für jeden Geschmack zu finden: in der Innenstadt, am Stadthafen oder in den verschiedenen Stadtvierteln.

Im *Marktcafé*

INNENSTADT

Die Bohne

Kleines Café mit eigener Kaffeerösterei. Köstliche Heißgetränke in charmanter Umgebung.

Ludgeristr. 60
(0163) 2 50 99 44
Mo-Fr 10-19 Uhr | Sa 10-18 Uhr
www.diebohne-ms.de

Café Extrablatt

Kaffeehaus-Kette aus dem münsterländischen Emsdetten mit vielen Cafés in Deutschland und in fernen Ländern wie Marokko. In Münster auch Aegidiimarkt 1, Bergstr. 67 und Königsstr. 31.

Salzstraße 7 | (0251) 4 44 45
Mo-Sa 8 Uhr bis Open End | So, Ft 9.30 Uhr bis Open End
www.cafe-extrablatt.de

Eiscafé Firenze

Original italienische Gelateria in der Königspassage. Sehr beliebt.

Königsstraße 12 | Tägl. 8–24 Uhr

Floyd Coffee-Lounge

Kaffee-Spezialitäten. Eine weitere Filiale ist an der Stubengasse 20.

Domplatz 6-7
(0251) 9 81 12 67
Mo-Sa 8-19 Uhr | So, Ft 11-19 Uhr
www.floyd-coffee.de

Regionale Speisen und Getränke

Altbierbowle
In Münster liebt man es tatsächlich, wenn Früchte wie Pfirsich, Erdbeeren oder Ananas in ihrem Altbier schwimmen. Das wagt man sonst nur in Düsseldorf!

Krüstchen
Eine köstliche Zwischenmahlzeit. Das Schnitzel auf Toast wird mit einem Spiegelei gekrönt und gerne mit einem bunten Salat serviert.

Pfefferpotthast
Für einen westfälischen Pfefferpotthast wird Rindfleisch („Hast") unter Zugabe von Zwiebeln, Mohrrüben und Sellerie in einem Pott gekocht. Dazu wird altes Brot gerieben. Die klassischen Beilagen sind Salzkartoffeln und Gewürzgurken.

Pumpernickel
Das sehr dunkle, feste Roggenschwarzbrot ohne Rinde ist eine münsterländische Delikatesse, obwohl Papst Alexander VII. darüber niederschrieb: „Es stinkt zum Himmel. Nach nur einem Bissen läuft es einem kalt den Rücken herunter."

Struven
An Karfreitag isst man in Münster traditionell diesen mit Hefe gebackenen und mit Rosinen gefüllten Eierpfannkuchen.

Tango
Ein Mischgetränk aus Bier und einer roten Limonade namens *Regina*, die nur im Münster- und Emsland bekannt ist.

Töttchen
Dieses berühmte westfälische Gericht wurde traditionell aus Innereien vom Kalb wie Lunge, Herz und Hirn zubereitet. Was da genau drin war, verrieten Münsters Kellnerinnen nicht unbedingt jedem Gast – zumindest nicht vor der Mahlzeit. BSE bescherte Deutschland neue Lebensmittelgesetze, die die Verarbeitung von Kalbshirn und ähnlichen Leckereien verboten. Übrig geblieben sind für das Töttchen heute vergleichsweise harmlose Zutaten wie Zunge, Schulter oder Brust, die mit Zwiebeln und Essig zu einem süßsauren Ragout verkocht werden. Das einstige „Arme-Leute-Essen" wird in Münsteraner Feinkostläden als Delikatesse in Dosen verkauft.

Töttchen (um 1965)

Leberbrot und Wurstebrot
Es handelt sich hierbei um eine Art Würste mit Leber, Blut und Getreide. Sie werden in Scheiben geschnitten, in Schmalz gebraten und mit Apfelmus, gebratenen Apfelscheiben, Zwiebeln oder Brot serviert.

fyal central

Unangestrengt wie der Name schon sagt (fyal = fuck you art lovers). Junge Location in der Gasse zwischen Postamt am Domplatz und Rothenburg. Musik, Getränke, Kunst und Essen.

Geisbergweg 8 | ✆ (0251) 7 03 63 63
Mo-Sa 10-1 Uhr | So 12-19 Uhr
www.fyalcentral.de

Herr Sonnenschein

Inhaber Taha Sonnenschein empfängt in netter Atmosphäre. Zum Frühstück gibt es Granola und Avocado-Stullen, später dann Suppen oder Kuchen. Alles lecker. Und wenn die Kinder, die hier sehr willkommen sind, ins Bett müssen, gibt es für die Eltern noch einen Feierabend-Drink.

Königsstr. 43
✆ (0251) 85 70 02 88
Mo–Sa 9-24 Uhr | So 10–18 Uhr

Korn & Knierfte

Die Bäckerei *Krimphove* betreibt hier ein trendiges Ganztagscafé. Knierfte ist das Masematte-Wort für Butterbrot.

Windthorststraße 68 | ✆ Tägl. 9-20 Uhr
www.krimphove.de

La Californie

Wunderschönes Café im *Picassomuseum*.

Picassoplatz 1 | ✆ (0251) 4 90 28 69
Di, Do, Fr, So, Ft 10–18 Uhr
Mi, Sa 9–18 Uhr
www.la-californie.de

Shoppingpause bei *Liebigs*

Liebigs

Tagescafé mit einer Terrasse zum Sehen und Gesehenwerden.

Drubbel 19 | ✆ (0251) 4 35 13
Mo-Fr 9-20 Uhr | Sa 9-19 Uhr | So 10-18 Uhr

Macellum

Italienisches Eis und mediterrane Speisen erfreuen den Gaumen.

Bogenstraße 15 | ✆ (0251) 97 95 70 67
Mo, Di, Do 11-21 Uhr | Mi, Fr, Sa 10-22 Uhr
So 12-19 Uhr | www.macellum.de

Marktcafé

Münsters Treffpunkt am Domplatz mit schönen Terrassen. Eiskarte, Frühstück, Sonntagsbrunch, Mittags- und Abendkarte.

Domplatz 6-7 | ✆ (0251) 4 84 23 00
Mo–Fr 9–1 Uhr | Sa 8–1 Uhr | So 10–21 Uhr
www.marktcafe-ms.de

Pain et gâteau

Münsters Traditionsbäcker Georg Krimphove und seine Frau haben sich auf Urlauben nach Frankreich und Belgien zu dieser Spezialitätenbäckerei nach französischem Vorbild inspirieren lassen. Im Café speist man leckeres Süßgebäck oder herzhafte Tartes.

Michaelisplatz 9 | ✆ (0251) 4 82 84 83
Mo–Sa 8-19 Uhr | So 9-18 Uhr

Pension Schmidt

Hippe Café-Bar, cool in plüschigem Ambiente. Regelmäßig Live-Konzerte und Lesungen.

Alter Steinweg 37 | ✆ (0251) 97 95 70 50
Tägl. 10 Uhr bis spät
www.pensionschmidt.se

Die *Pension Schmidt*, einladend wie das heimische Wohnzimmer

Das Stadtcafé

Schönes Tagescafé vor dem Rathaus-Innenhof. Tapas, Kuchen, Panini.

Klemensstraße 9 | ✆ (0251) 4 88 82 70
Mo-Sa 8-20 Uhr | So 12-18 Uhr

KIEPENKERLVIERTEL

Lazzaretti

Lauschiges Plätzchen am Aaseitenweg mit Blick auf die *Überwasserkirche*. Täglich frisches, hausgemachtes Eis.

Spiekerhof 26 | ✆ (0251) 4 84 23 33
Tägl. 9-24 Uhr

IN BAHNHOFSNÄHE

Alexianer Waschküche

Der Integrationsbetrieb mit angeschlossenem Waschsalon beschäftigt Menschen mit und ohne Behinderung. Es gibt Bio- und Fairtrade-Kaffee und kleine Speisen inklusive täglich wechselndem Mittagstisch.

Bahnhofstr. 6 | ✆ (0251) 97 31 02 75 00
Mo–Sa 9–19 Uhr | So 9.30–14 Uhr
waschkueche.alexianer.de

Drei:klang

Im mit Vintage-Mobiliar bestückten Café schmecken neben Kaffeespezialitäten auch die leckeren belegten Stullen. Im großen Schaufenster finden immer mal wieder Konzerte statt.

Wolbecker Str. 36 | ✆ (0251) 39 47 16 01
Mo–Sa 10-24 Uhr | So 10–20 Uhr

Montmartre

Französisches Bistro-Café mit ausgedehnten Frühstückszeiten.

Wolbecker Str. 30 | ✆ (0251) 6 74 25 95
Mo-Sa 8-20 Uhr | So 8-18 Uhr
im Winter abweichend
www.cafe-montmartre.de

Prütt Café

Seit 1986 eine Institution für Vegetarier und Veganer. Die heiße Inka-Schokolade im Winter ist ein Hit.

Bremer Str. 32 | ✆ (0251) 66 35 77
Mo-Fr 12-23 Uhr | Sa, So 10-23 Uhr
www.pruett-cafe.de

SpecOps

Sympathisches Kultur-Café mit Büchern, Autorenlesungen und selbstgebackenem Kuchen (auch vegan).

Von-Vincke-Str. 5-7 | Tägl. ab 14 Uhr
www.spec-ops.de

Teilchen und Beschleuniger

Auf Flohmarkt-Möbeln schwelgen Studierende in Bagels und Kaffee.

Wolbecker Str. 55 | ✆ (0251) 39 50 57 86
Mo–Fr ab 8.30 Uhr | Sa, So + Ft ab 9 Uhr
www.teilchenundbeschleuniger.de

RUND UM DAS STADTTHEATER

Raphaels

Eis-Manufaktur. Regionale Zutaten und ein aufwändiger Herstellungsprozess garantieren höchsten Genuss. Auch am Hansaring 36.

Bült 1 | ✆ (0251) 98 11 05 33
Mo–Sa 11–19 Uhr | So 12.30–19 Uhr

Raphael Viehoff, Inhaber und Namensgeber der Eismanufaktur *Raphaels.*

BEIM SCHLOSS

Café Malik

Studentencafé mit Blick aufs Schloss, selbstgebackenem Kuchen, bester internationaler Zeitungsauswahl; benannt nach einer Geschichte von Else Lasker-Schüler.

Schlossplatz 44 | ✆ (0251) 4 42 10
Tägl. 9-1 Uhr | www.cafe-malik.de

HAFENVIERTEL

ExKaffee

Die Inhaber eines Sanierungs-Unternehmens haben ein Café eröffnet. Und damit ist auch schon alles über den Stil gesagt. Hier zeigt sich, wie kultiviert der Charme einer Baustelle sein kann. Essen wie bei Muttern.

Hansaring 25 | ✆ (01512) 0 31 70 70
Mo-Do 7-19 Uhr | Fr 7-1 Uhr
Sa 10-1Uhr | So 10-18 Uhr

Kaffeegießerei

Der kleine Eckladen am Hansaring bietet verschiedene Sorten Filterkaffee und Espresso sowie süße oder herzhafte kleine Speisen.

Hansaring 14 | ✆ (0251) 96 19 24 00
Mo–Fr 9-18 Uhr | Sa+So 10-18 Uhr
www.kaffeegiesserei.de

KREUZVIERTEL

Herr Hase

Münsters Rösterei *Herr Hase* lädt zu

roestbar

frisch gebrühtem Kaffee mit Bohnen aus aller Welt und selbst gebackenem Kuchen.

Gertrudenstraße 19 | ☎ (0251) 32 70 73 12
Di–Fr 8.30–19 Uhr | Sa, So 9–19 Uhr
www.herr-hase.com

Nachtisch

Alles für den süßen Zahn bei Beate und Alex im Dessertcafé, köstliche Kuchen- und Dessert-Kreationen.

Kanalstraße 30 | ☎ (0251) 13 46 77 39
Di–So 9.30–18 Uhr
www.nachtisch.ms

roestbar

Kleines, liebevoll geführtes Café. Auch Martinistraße 2, Bohlweg 68a, Rothenburg 17, in der Domgasse und in der Kaffeeschule an der Brüderstr. 31. Köstlicher Kaffee aus eigener Rösterei, der in Münster weltberühmt ist und in vielen Cafés der Stadt angeboten wird.

Nordstraße 2 | ☎ (0251) 2 84 90 72
Mo–Fr 9–19 Uhr | Sa 9–18 Uhr | So 10–18 Uhr
www.roestbar.de

ERPHOVIERTEL

Café Classique

Experten wie der berühmte „Tortengraf" Lo Graf von Blickensdorf schwören nicht nur auf die Torten, sondern auch auf die Petit Fours, Pralinen und das Eis.

Rudolfstraße 1
☎ (0251) 13 17 00
Mo–Sa 8–18.30 Uhr | So+Ft 9–18 Uhr
www.cafe-classique.de

Café Magnolia

Die Kaffeebar ist eine beliebte Ruheoase.

Brüderstraße 31
☎ (0251) 93 26 19 80
Mo–Fr 9–18 Uhr | Sa, So 10–18 Uhr
www.cafemagnolia.de

SÜDVIERTEL

Café Issel

Bekannt für tolle Kuchen- und Tortenkreationen.

Hammer Straße 42 | ☎ (0251) 52 33 52
Di–Fr 10–18 Uhr | Sa 10–17 Uhr
So 11–17 Uhr
www.cafe-issel.de

Tante August

Schönes Viertel-Café in Retro-Mobiliar.

Augustastr. 20 | ☎ (0251) 39 45 65 73
Mo–Sa 10–24 Uhr | So 10–21 Uhr

Restaurants

INNENSTADT

1648

Der Panoramablick lockt ganz nach oben in das 40 Meter hohe Bürohochhaus von Münsters Stadtverwaltung. Die Gastronomie im Stadthaus 1 wird durch einen Integrationsbetrieb geführt.

Klemensstr. 10 | ✆ (0178) 9 14 00 04
www.16-48.de

Altes Gasthaus Leve

Das 1607 gegründete Haus ist Münsters älteste Gaststätte. Sie ist bekannt für westfälische Klassiker wie Töttchen, Eisbeinsülze, Pumpernickelschnittchen mit Schinken und Schnaps aus dem Löffel. 1967 diente *Leve* als Schauplatz für legendäre Szenen in Schamonis Münsterfilm *Alle Jahre wieder*. Dass das Lokal wahren Kultstatus hat, beweist auch die Kölner Band *Erdmöbel*. *Altes Gasthaus Love* nannten die Musiker 2003 ihre vierte CD mit einem Cover im *Leve*-Design.

Die Kölner Band *Erdmöbel* liebt *Leve*.

Alter Steinweg 37 | ✆ (0251) 4 55 95
Mo–Sa 12–24 Uhr | www.gasthaus-leve.de

Holstein's Bistro

An der Treppe, die zu einem der romantischsten Orte Münsters führt, dem Horsteberg. Für den schnellen Genuss. Wechselnde Gerichte aus der Feinkostküche der Butterhandlung, leckere Weine.

Horsteberg 1 | ✆ (0251) 4 49 44
Di–Fr 11.30 – 19 Uhr | Sa 11.30 – 17 Uhr
www.butterhandlung-holstein.de

Speisen in behaglichem Ambiente bei *Caputo's*

Caputo's

Patrone Carmelo Caputo ist direkt am Picassoplatz die perfekte Mischung aus Restaurant, Café und Bar gelungen. Gleichbleibend hochwertiger Genuss in Wohlfühl-Atmosphäre mit toller Akustik, ausgezeichnet mit dem „best architects 11"-Award.

Königsstraße 59 | ✆ (0251) 9 82 99 55
Tägl. ab 10 Uhr | Mi, Sa ab 9.30 Uhr
www.caputos.de

Crêperie du Ciel

Einen Hauch von Bretagne können die Gäste mit Quiches, Galettes und natürlich Crêpes genießen, die hier serviert werden. Dazu stehen tagesaktuelle französische Spezialitäten auf der Karte. Jeden Sonntag französischer Brunch.

Maria-Euthymia-Platz 7-9
✆ (0251) 4 82 99 15
Di–Fr 12–14.15 Uhr u. 17–22 Uhr
Sa 11–22 Uhr | So 10–18 Uhr (Okt–Mai)
So 10–14.30 Uhr (Jun–Sep)
www.creperie-muenster.de

Fiu

Gleich neben dem *Mocca d'Or*. Fisch- und Fleischgerichte vom offenen Holzkohlegrill.

Rothenburg 14-16 | ✆ (0251) 4 84 04 95
Tägl. 11.30–23 Uhr

Holstein Brasserie

Feine kleine Gerichte und gute Weine in den Münster Arkaden. Eine Oase mitten im Einkaufstrubel.

Ludgeristraße 100 | ✆ (0251) 4 49 44
Mo-Sa 9-21 Uhr
www.butterhandlung-holstein.de

Klemens

Moderne westfälische Küche im Stadthaus 1. Reichhaltiges Frühstück, Kuchen, Waffeln, Flammkuchen und Burger

Klemensstraße 10 | ✆ (0251) 9 82 94 74
Mo–Fr ab 9 Uhr | Sa ab 8.30 Uhr
So 9.30–18 Uhr
www.klemens-muenster.de

Krawummel

Selbst „Eingefleischte" lieben die veganen Köstlichkeiten.

Ludgeristr. 62 | ✆ (0251) 74 78 81 17
Mo–Sa 12–21.30 Uhr | So, Ft 12–21 Uhr
www.krawummel.de

LUX

Café, Restaurant und Bar hinter großer Glasfront im Neubau des *LWL-Museums für Kunst und Kultur* direkt gegenüber vom Aegidiimarkt. Abends gibt es Fisch und Fleisch vom Grill, Craft-Biere und ausgefallene Cocktails.

Domplatz 10 | ✆ (0251) 98 16 10 30
Mo–Do 10–24 Uhr | Fr, Sa 10–1 Uhr
So 10–24 Uhr | www.das-lux.de

Mocca d'Or

Pizza aus dem Holzofen, leckere Panini und Bruschetta. Treffpunkt zum Kaffee, kleinen Snack oder am Abend.

Rothenburg 14-16 | ✆ (0251) 4 82 85 91
Mo-Sa 9-1 Uhr | So 10-1 Uhr
www.mocca-d-or.de

Ratskeller „Zum Goldenen Hahn"

Am geschichtsträchtigen Ort gibt es münsterländische Küche von Sternekoch André Skupin. Man sitzt wahlweise im historischen Kellergewölbe oder draußen.

Prinzipalmarkt 8
✆ (0251) 4 14 00 77
Mo-So 11–24 Uhr
www.muenster-ratskeller.de

Spitzner im Oerschen Hof

Gehobene kreative Küche in historischem Gebäude des Baumeisters Johann Conrad Schlaun. Traumhafter Innenhof mit Bistro- und Restaurantbereich.

Königsstraße 42 | ✆ (0251) 41 44 15 50
Di-Sa 12-14 Uhr und 18.30-22 Uhr
www.oerschenhof.ms

Stuhlmacher

Wer sich stark genug fühlt, echte Westfalen kennenzulernen, darf einen Besuch in diesem gut bürgerlichen Traditionslokal nicht versäumen. Seit 1890 Treffpunkt für die Freunde frisch gezapfter Biere mit Terrasse am Prinzipalmarkt.

Prinzipalmarkt 6-7 | ✆ (0251) 4 48 77
Mo–Do 10.30–23.30 Uhr | Fr 10.30–0.30 Uhr
Sa 10–0.30 Uhr | So 11–23 Uhr
www.gasthaus-stuhlmacher.de

Bei *Stuhlmacher*: Echte Westfalen vor und hinter der Theke

Kinowerbung aus den fünfziger Jahren

Töddenhoek

Westfälische Traditionsgaststätte. Vor dem Zweiten Weltkrieg als Metzgerei geführt, ist der *Töddenhoek* seit 1956 eine gemütlich eingerichtete Gaststätte, der man durchaus ansieht, dass ihre Inhaber eine Vorliebe für Antiquitäten haben. Der Name erklärt sich wie folgt: Tödden ist Münsterländer Platt für Tuchhändler, und Hoek heißt Ecke.

Rothenburg 41 | ✆ (0251) 4 31 56
Mo-Sa ab 11 Uhr | www.toeddenhoek.de

YouShiMe

Auf der Karte stehen ausgefallene Sushi-Kreationen mit hausgemachten Dips sowie einige frische Currys. Die Auswahl ist zwar klein, die Speisen aber sehr gut – und weil alles schon vorbereitet ist, geht es besonders schnell.

Königsstr. 17 | ✆ (0251) 85 71 59 30
Di–Fr 11.30–14.30 und 17-22.30 Uhr
Sa 11.30-22.30 | So 17–20.30 Uhr
www.youshime.de

KIEPENKERLVIERTEL

Fischbrathalle

Fischrestaurant mit Kultcharakter seit 1926 in norddeutsch-expressionistischer Ziegelarchitektur. Lieblingslokal von Helge Schneider, der behauptet, hier mal als Tänzer gearbeitet zu haben.

Schlaunstraße 8 | ✆ (0251) 4 31 52
Di-Sa 11-15 Uhr
www.fischbrathalle-muenster.de

Giverny

Feine französische Küche. Kurse rund um die französische Kochkunst.

Spiekerhof 25
✆ (0251) 51 14 35
Di-Sa 12-14 Uhr und 18-22 Uhr
www.restaurant-giverny.de

Gastlichkeit beim *Großen Kiepenkerl*

Großer Kiepenkerl

Heimatverbundene, bodenständige Küche im Traditionsgasthaus. Beliebter Drehort für *Wilsberg* und Münster-*Tatort*.

Spiekerhof 45
✆ (0251) 4 03 35
Tägl. 12–21.30 Uhr
www.grosser-kiepenkerl.de

Kleiner Kiepenkerl

Ganztägig wohlschmeckende Speisen von traditionsbewusst westfälisch bis international im inhabergeführten Traditionslokal am Kiepenkerldenkmal.

Spiekerhof 47
✆ (0251) 4 34 16
Mo-So 11.30-24 Uhr
Jan-Mär, Nov: montags Ruhetag
www.kleiner-kiepenkerl.de

IN BAHNHOFSNÄHE

Acacia

Vorzügliche japanische Spezialitäten.

Friedrich-Ebert-Platz 2
✆ (0251) 52 79 95
Di-Sa 18-22 Uhr

Deniz

Für die Freunde türkischer Küche.

Friedrich-Ebert-Straße 8
✆ (0251) 53 16 46
Tägl. 17-23 Uhr
www.restaurantdeniz.de

Gustav Grün

Beliebte Salat- und Hummusbar mit weiterer Filiale an der Wilhelmstraße 5. Alles vegetarisch oder vegan.

Wolbecker Straße 20
Tägl. 11.30-22 Uhr

RUND UM DAS STADTTHEATER

Além Mar

Die Perle portugiesischer Küche hat auch zahlreiche Fischgerichte im Angebot.

Neubrückenstr. 28
☎ (0251) 1 62 85 30
Mo-Sa 18-24 Uhr
www.alem-mar.de

ET up'n Bült

ET ist hier kein Außerirdischer, die Buchstaben stehen für gutes Essen und Trinken in gemütlicher Atmosphäre.

Bült 23
☎ (0251) 4 32 35
Mo-Sa 17-24 Uhr | So 18-24 Uhr

La Costanera

Die Brüder Luis und Felix konzentrieren sich vor allem auf gegrillte Fisch-Spezialitäten nach lateinamerikanischer Art. Schöner Biergarten mit Blick auf die Aa.

Bergstr. 19–20
☎ (0251) 28 77 96 67
Mo–So 17–1 Uhr (Küche 17–22.30 Uhr)
www.la-costanera.de

Pasta e Basta

Treffpunkt-Italiener mit hausgemachten Nudeln. Neapolitanische Pizza gibt es im Schwesterlokal *Il Pizzaiolo* direkt nebenan oder am Hansaring 37. Ein weiteres Pasta e Basta ist am Hafen. Das Pasta e Basta al Centro – seit 1991 In-Italiener.

Neubrückenstr. 35-37
☎ (0251) 4 42 94
Mo-Sa 12-14.30 Uhr und 18-23.30 Uhr
So 18-23 Uhr
www.pasta-e-basta.ms

Rotkehlchen

Die Gastgeber Marie und Nicklas bieten in ihrem unkonventionellen Restaurant mit einer monatlich wechselnden kleinen Karte anspruchsvolle, feine Küche mit frischen Zutaten aus der Region und mixen dazu ebenso hochklassige Cocktails. Da sie das *Rotkehlchen* als ihr Wohnzimmer ansehen, wird jeder Gast freundschaftlich geduzt. Tipp: „Tischlein deck dich", ein Überraschungsmenü mit sechs Gängen, auf Wunsch mit Cocktailbegleitung passend zu jedem Gang.

Wasserstraße 1-3
☎ (0251) 39 48 76 84
Di–Sa 18-24 Uhr
www.rotkehlchen-muenster.de

Schoppenstecher

Beliebtes Weinlokal, feine Gerichte. Hier kehrte Schauspielstar Matthias Habich gerne ein, wenn er im *Theater im Pumpenhaus* gastierte.

Hörsterstraße 18
☎ (0251) 47 11 4
Di-So ab 18 Uhr

Das *Rotkehlchen* erwartet hungrige Gäste.

BEIM SCHLOSS

Schloßgarten Café

Im Park hinter dem barocken Schloss genießt man deutsch-mediterrane Spezialitäten, Getränke sowie Kaffee und Kuchen. Im hinteren Bereich des Restaurants befindet sich ein stimmungsvoller Veranstaltungssaal. Oder man mietet gleich das komplette Lokal für ein rauschendes Fest. Viele Außenplätze auf drei Terrassen.

Schlossgarten 4 | ✆ *(0251) 9 87 96 96*
Mi–Sa 11–18 Uhr
(Küche 12–14 Uhr) | *So 9–18 Uhr*
www.schlossgarten.com

Hier und Jetzt

Mittagstisch mit Sonderpreisen für Studierende. Terrasse mit Blick auf den Aasee. Frühstück bis 13.30 Uhr, sonntags Brunch, werktags Küche bis 15.30 Uhr.

Bismarckallee 11 | ✆ *(0251) 8 37 95 36*
Mo–Fr 11-18 Uhr | *Sa, So 9.30–18 Uhr*
www.hier-und-jetzt.ms

AM AASEE

Il DiVino

In klassisch-klaren Ambiente genießt man maritime Atmosphäre mit weitem Blick über das Wasser. Die italienischen Chefköche servieren dazu Feines aus ihrer Heimat.

Annette-Allee 1 | ✆ *(0251) 9 82 987 30*
Mi–So 12–15 Uhr und 18–24 Uhr
www.ildivino-aasee.de

Moro 112

Italienisches Seerestaurant benannt nach einem berühmten Segelschiff.

Mecklenbecker Straße 112
✆ *(0251) 79 67 65* | *Mo-Fr 11-23 Uhr*
Sa 10-23 Uhr | *So 10-22 Uhr*
www.moro112.de

Orléans

Kleines, mit viel Herzblut geführtes Restaurant. Französische und deutsche Speisen.

Weseler Straße 65 | ✆ (0251) 5 30 38 08
Mi–So ab 17.30–23 Uhr
www.restaurant-orleans.de

KUHVIERTEL

Drübbelken

Westfälische Spezialitäten wie Pfefferpotthast oder Töttchen. Urige Einrichtung – zum Beispiel im kleinen *Friedenssaal.*

Buddenstraße 14–15 | ✆ (0251) 4 21 15
Mo–Fr 12–14.30 Uhr und 17.30–24 Uhr
Sa, So, Ft 12–24 Uhr | www.druebbelken.de

Il Cucchiaio d'Argento

Der „silberne Löffel" ist ein Traditionslokal mit italienischen Raffinessen in gediegenem Ambiente. Leckere, hausgemachte Ravioli.

Überwasserstraße 3 | ✆ (0251) 39 20 45
Di–So 11.30–14 Uhr u. 17.30–22.30 Uhr
www.der-silberne-loeffel.de

Pinkus Müller

Westfälische Altbierküche und Brauereiausschank der original *Pinkus*-Biere. Mit Barbara Müller wird hier schon in der sechsten Generation das leckere Altbier serviert. Ihre Schwester betreibt direkt nebenan die *Biergalerie. Pinkus*-Biere werden weltweit exportiert und in Japan, Australien und den USA ebenso wie in Europa getrunken.

Kreuzstraße 4–10 | ✆ (0251) 5 55 67
Mo–Sa 12–24 Uhr
www.pinkus.de

Pinkus Müller (1953)

Royals & Rice

Direkt neben dem *Wilsberg*-Antiquariat – in den Räumen, in denen einst der legendäre Musikclub Odeon zu Hause war – bietet das junge R&R-Team urbane Küche aus Vietnam.

Frauenstr. 51/52
✆ (0251) 39 63 36 99
Tägl. 10–23 Uhr | So ab 11 Uhr
(Küche ab 12 Uhr)
www.royalsandrice.com

HAFENVIERTEL

Café Med

Pasta, Fisch und Fleisch in der ehemaligen *Druckwerkstatt.* Spannungsvolle Einrichtung im industriellen Hafenambiente mit Bildern von Gerd Meyerratken. Terrasse am Hafen.

Hafenweg 26a | ✆ (0251) 6 74 95 95
Mo–Fr 12–14.30 Uhr und 17.30–1 Uhr
Sa, So 12–1 Uhr
www.cafe-med.de

FOK

Fleisch oder Kartoffel – die Zutaten bestimmst Du, so lautet das überzeugende Imbiss-Konzept und punktet damit beim Publikum.

Hansaring 37
✆ (0251) 96 19 36 63
Mo–Do 12–14.30 Uhr und 17–22 Uhr
Fr 12–14.30 Uhr und 17–24 Uhr
Sa 15–24 Uhr | So 15–22 Uhr

Hafenkäserei

Schon beim Betreten begrüßt der Duft des frisch zubereiteten Bio-Käses. Hier kann man noch live sehen, wie Käse gemacht wird. Bei Führungen durch die Produktionsräume oder per Blick durch die Glasscheibe. Im angeschlossenen Restaurant gibt es Speisen von einer kleinen Karte und Craft-Bier der ortsansässigen Finne-Brauerei. Sonnenterrasse mit Blick auf die (bislang) belebtere Seite des Hafenbeckens.

Am Mittelhafen 20
✆ (0251) 67 44 00 14
Di-Sa 12-22 Uhr | Mi-Fr 12-22 Uhr
Sa 10-22 Uhr | So 10-20 Uhr
www.hafenkaeserei.de

Hahni

Gemütliches Ambiente im Vintage-Style, sehr netter Service. Zum Essen frisch zubereitete Klassiker, zum Trinken viele Cocktails und hausgemachte Limonaden.

Hansaring 35 | ✆ (0251) 60 90 83 96
Di-Sa ab 18 Uhr (bis Ende)
www.hahni-ms.de

Hochstapler

Dieser Hochstapler ist kein zweiter Felix Krull, sondern eine trendige Burgerschmiede. Zwischen den Buns von Münsters Traditionsbäckerei Krimphove gibt es Rindfleisch aus der Region oder Gemüsevariationen. Dazu: hausgemachte Saucen.

Hafenweg 8 | ✆ (0251) 28 74 65 55
Mo-Do 17-24 Uhr | Fr 16–2 Uhr
Sa 17-2 Uhr | So 17-23 Uhr
www.hochstapler-burger.de

Lumina

Mediterrane Küche, gute Steaks.

Hafenplatz 6 | ✆ (0251) 1 33 32 72
Mo-Fr 11-1 Uhr | Sa 17-1 Uhr | So, Ft 15-24 Uhr
www.lumina-restaurant.de

Salam Kitchen

Gemeinsam mit Geflüchteten serviert man hier eine spannende Middle-East-Küche mit europäischen Einflüssen.

Wolbecker Str. 64 | ✆ (0251) 62 85 39 39
Di-Fr 12.30-14 Uhr und Di-So ab 17 Uhr
www.salamkitchen.de

Wolters im Speicher

Große Terrasse am Wasser, Mittagskarte, Kaffee und Kuchen. Türkische Gerichte aus dem Lehmofen. Weitere *Wolters* sind in der Hammer Straße 37 und am Alten Steinweg 31.

Hafenweg 46-48 | ✆ (0251) 6 74 33 11
Di–Do 17–23.30 Uhr | Fr, Sa ab 17 Uhr
So 12–23 Uhr | www.wolters-imspeicher.de

Wolters im restaurierten Speicher

KREUZVIERTEL

BoK

Der Name kommt vom Louis-de-Funès-Film *Brust oder Keule*. Tagesaktuelle, kreative Küche und ein erlesenes Weinangebot. Das wussten auch schon *Gault Millau* und *Michelin* zu schätzen.

Melchersstr. 32 | ✆ (0251) 9 17 96 56
Di–Sa ab 18.30 Uhr | www.brustoderkeule.de

Phoenicia

Geheimtipp für die Freunde libanesischer Spezialitäten zwischen Kreuzviertel und Schlossgarten. Khalil Karaki sorgt für köstliche Gerichte zu fairen Preisen und freundliche Bewirtung. Das berühmte Mäsa-Phoenicia-Menü bietet einen schmackhaften Querschnitt der arabischen Küche.

Steinfurter Straße 37 | ✆ (0251) 27 87 94
Di–So ab 18 Uhr | phoenicia-ms.de

Der Germania Campus

Wo einstmals wenig schmackhaftes Bier gebraut wurde, entstand 2007 ein modernes Lifestyleviertel. Rund um die ehemalige *Germania-Brauerei* an der Grevener Straße findet man heute Einzelhandel, Arztpraxen, kreative Unternehmen wie die Ballettschule *Rebeltanz*, Kneipen und Restaurants.
Das ehemalige Brauerei-Gebäude im Zentrum des *Germania Campus* wurde vollständig entkernt und beherbergt neben Gastronomiebetrieben auch das *Factory Hotel* mit vier Sternen. Gegenüber dem alten Brauhaus liegt der Zaubersee, eine 1 500 m² große und 20 cm tiefe Wasserfläche, die im Winter als Eislauffläche dient.
Neben dem See liegt im ersten Stock die Konzerthalle *Cloud*. Hier organisiert das Veranstalterteam *Sound Lake City* Gastspiele mit hochkarätigen Musikern wie Curtis Tiger oder Klaus Doldinger.

www.germania-campus.de

Im Restaurant *Phoenicia* finden selbst Westfalen Gefallen an orientalischer Stimmung.

Pizzeria Italia da Aldo

Älteste Pizzeria in Münster. Der Eingang liegt an der Studtstraße.

Gertrudenstraße 22 | ✆ (0251) 2 52 81
Di–So 12-14.30 Uhr u. 17.30-23 Uhr
www.pizzeriaitalia-daaldo.de

Trattoria Adria

Die Brüder Fabio und Salvatore servieren mit Herz Antipasti und italienische Küche, sind immer zu einem Plausch aufgelegt und bringen italienisches Flair in die Kanalstraße.

Kanalstraße 23 | ✆ (0251) 29 67 00
Di–Fr, So 12-14 Uhr u. 18-23 Uhr
Sa 18-23 Uhr
www.trattoria-adria.com

ERPHOVIERTEL

Burgercult + Currycult

Burger in vielen Varianten, Salate, Pommes mit einer großen Auswahl an Dips, außerdem Currywurst aus verschiedenen Fleischsorten mit hausgemachten Saucen und in zehn Schärfe-Graden. Je einen weiteren Burgercult und Currycult (in zwei Ladenlokalen) gibt es am Germania Campus.

Warendorfer Str. 34 | ✆ (0251) 3 94 49 30
Mo–Do 12–22 Uhr | Fr, Sa 12–23 Uhr
So 13–21.30 Uhr | www.culteck.de

GERMANIA CAMPUS

La Tapia

Restaurant und Bar im Gemäuer der einstigen *Germania-Brauerei* auf verschiedenen Ebenen. Spanische Tapas.

An der Germania Brauerei 5
✆ (0251) 4 18 87 10 | Tägl. ab 17 Uhr
latapia.factoryhotel-muenster.de

COERDE

Heidekrug

Beim Ausflug in die Rieselfelder entspannt man hier mit hausgemachtem Kuchen oder erlebt bei Leckereien den schönsten Sonnenuntergang Münsters auf der Terrasse.

Coermühle 100 | ✆ (0251) 1 62 04 44
Di-Do 12-20 Uhr | Fr 12-21 Uhr
Sa 11-21 Uhr | So 11-20 Uhr
www.heidekrugmuenster.de

ST. MAURITZ

Landgasthof Pleister Mühle

Kaffeewirtschaft und Restaurant am Ufer der Werse. Traditionelles Ausflugslokal mit Kanustation, See-

Landgasthaus *Pleister Mühle*

terrasse und Minigolfplatz. Montag ist Reibekuchentag. Wer mit dem eigenen Pferd unterwegs ist, kann es während des Aufenthaltes in der Reitanlage nebenan unterstellen, dort wird es gefüttert und steht im Trockenen.

Pleistermühlenweg 196
✆ (0251) 13 67 60
Mo–Sa 11.30–22 Uhr
So 9-22.30 Uhr
Im Sommer länger geöffnet
www.pleistermuehle.de

Villa Medici

Kreative italienische Küche, die auch Thomas Gottschalk und manchem Altbundeskanzler mundete. Seit 2004 im altehrwürdigen Tannenhof. Empfohlen vom *Feinschmecker*-Magazin 2005 und vom *Varta-Führer* 2014. Weinlounge, Terrasse und einige Zimmer zum Übernachten.

Prozessionsweg 402 | ✆ (0251) 3 42 18
Di–Fr, So 12–14.30 u. ab 18 Uhr
Sa ab 18 Uhr
www.villa-medici-muenster.de

MEIN MÜNSTER

„Paddeln auf der Werse: In Paris hat jeder die Seine, in Münster jeder die Werse – behäbiges Versprechen, träges schwarzes Wasser, sich unter überhängenden Uferbäumen windend, Blasen aus morastigem Grund, verwunschene Häuschen im Uferdickicht, Wasserhühner flüchten leichtfüßig über Seerosenblätter, Pärchen in schwankenden Ruderbooten, halbnackte Studenten in Farbe tragenden Kanus; wo bleiben die Alligatoren?
Die Warendorfer oder die Wolbecker Straße hinaus oder mit dem Rad auf schmalen Wegen zu einem der Bootsverleihe etwa an der *Pleistermühle* oder in Handorf. Zurück in die Stadt den Prozessionsweg nehmen und nichts bereuen."

Christoph Busch *(Drehbuchautor)*

Auch ohne Alligatoren ein Erlebnis: Paddeln auf der Werse

MÜNSTER-WEST

Hölt'ne Schluse

Hausmannskost im original westfälischen Bauernhaus von 1876, uriges Ambiente mit offener Feuerstelle.

Am Max-Klemens-Kanal 303
☎ (0251) 21 64 40
Di-Sa 17-22 Uhr
www.franz-renfert.de

Schloß Wilkinghege

Anspruchsvolle Küche bei Chefkoch David Reineke.

Steinfurter Straße 374
☎ (0251) 14 42 70
Mo 18–22 Uhr
Di–Sa 12–14 Uhr und 18–22 Uhr
www.schloss-wilkinghege.de

MÜNSTER-ROXEL

Ackermann

Besondere Gerichte mit westfälischem Akzent. Im Untergeschoss bezaubert Spitzenkoch Laurin Kux im Nobelrestaurant *Ferment* (Di-So ab 18 Uhr).

Roxeler Straße 522
☎ (02534) 10 76
Mi–So 11.30–14 Uhr u. ab 17.30 Uhr
www.restaurant-ackermann.de

NACHTLEBEN

Das Kuhviertel

Ende des 19. Jahrhunderts gab es über vierhundert Altbierkneipen in Münster, von denen nur wenige den Ersten Weltkrieg überstanden haben. Die Wirte mussten dem Kaiser nämlich ihre Kupferkessel, in denen das Bier gebraut wurde, als Edelmetall für die Waffenproduktion abgeben. Zusätzlich wurde das Bierbrauen durch den Mangel an Getreide erschwert.

Das Kneipensterben begann schon ab 1880. Der erstaunliche Grund für die damalige gastronomische Flaute war keine Form von Prohibition, sondern die erste Wasserleitung Münsters. Endlich konnten die Bewohner ihren Durst mit Wasser, das nicht aus einem verseuchten Brunnen kam, statt mit Altbier löschen.

Studenten-Bar an der Jüdefelder Straße

In den fünfziger Jahren des letzten Jahrhunderts machte sich dann an Münsters Uni Unmut breit, weil es keine studentische Kneipenszene gab. Der angehende Jurist Wilfried Weustenfeld prangerte diesen Missstand 1958 in einem legendären Artikel in einer Studentenzeitung an. Fazit seiner Schrift war die lateinische Bemerkung „Cavete Monasterium", zu Deutsch: „Hütet Euch vor Münster". Diese Worte wurden schnell zur Parole unter den Studierenden.

Also finanzierte der

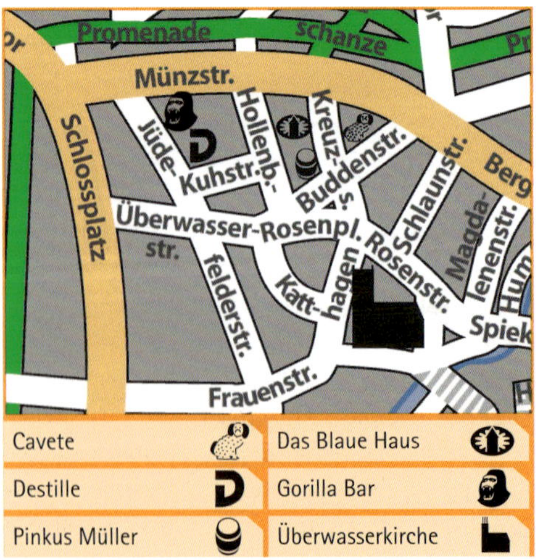

Rektor der Uni 1958 zwei Philosophiestudenten eine Studienreise zur Erforschung der Kneipenkultur in deutschen Universitätsstädten. Das Ergebnis dieser Expedition war die Gründung der ersten „Akademischen Bieranstalt zu Münster", der *Cavete* in der Kreuzstraße, im sogenannten Kuhviertel. In der Nachbarschaft eröffneten bald weitere Trinkstätten.

Inzwischen hat Münster über neunhundert Kneipen, Bars und Restaurants. Zahlreiche Gastwirtschaften liegen im Kuhviertel – mal westfälisch traditionell, mal studentisch originell. Von der Altstadt ist es in wenigen Minuten zu erreichen. Vom Prinzipalmarkt aus geht es vorbei an der *Lambertikirche* immer geradeaus über Drubbel, Roggenmarkt, Bogenstraße, Spiekerhof, Rosenstraße bis zum Rosenplatz, wo man schon auf das Brauhaus *Pinkus Müller* schaut. Das Kuhviertel ist nicht nur Ausgehviertel, sondern lockt auch mit Galerien und originellen Geschäften.

Das leckere Altbier von *Pinkus Müller* wird nicht nur im Kuhviertel, sondern rund um den Globus getrunken.

Einen schönen Eindruck vom Stadtbild in den Wohnvierteln vor der Kriegszerstörung gibt die Hollenbecker Straße. Zu den unterschiedlichen bürgerlichen Wohnhäusern des 18. Jahrhunderts gehören das spätbarocke Wohnhaus Nr. 24; das klassizistische Haus Nr. 25 aus dem Jahr 1783; das Wohnhaus Nr. 30 eines Steinhauers und Nr. 31/32, das Haus eines Hofvogtes von 1713.

Das gastronomische Leben beginnt überwiegend abends, wenn 22 nostalgische Gaslaternen das Kuhviertel in ein mildes Licht tauchen. Ob bei *Pinkus* oder im *Blauen Haus*: In der Kreuzstraße treffen Studierende auf Touristen. Auch in der Jüdefelder Straße findet man eine Studentenkneipe neben der nächsten, in denen man wie in der *Gorilla Bar* Karaoke singen oder wie in der *Destille* auf den Tischen tanzen kann.

Vom Amüsierbetrieb zur Trend-Location

Das Aussterben der klassischen Sex-Bar zugunsten von diskreten Prostituierten-Wohnungen hat bundesweit dazu geführt, dass in den

Räumlichkeiten ehemaliger Eroslokale kleine Clubs und coole Lounges eröffnet werden. In Münster gab es schon mehrere Beispiele für diese Art der Nutzungsänderung.
Auf eine lange bewegte Geschichte kann das Haus *Kronenburg* in der Hammer Straße 35/37 zurückblicken. Im Erdgeschoss wurde von 1997 bis 2006 die *Luna Bar* betrieben. Nach dem Zweiten Weltkrieg als *Hotel Kronenburg* eröffnet, war das Haus ab 1974 als Wohnstätte für linke Studenten, Hausbesetzer-Sympathisanten, Punks und andere „Bombenleger" aus den Schlagzeilen der Münsteraner Tagespresse nicht mehr wegzudenken. Laut Polizeiprotokoll von 1982 beherbergte die *Kronenburg* pro Zimmer 3,3 Terroristen. In dem Dokumentarfilm von Robert Krieg über die einstigen Bewohner (*Die Provinz, die Revolte und das Leben danach* von 2004) schildert ein Ordnungshüter sehr eindrucksvoll seine damalige Angst, bei Einsätzen im Hause *Kronenburg* könnten plötzlich Ulrike Meinhof oder der leibhaftige Andreas Baader vor ihm stehen.
Als Treffpunkt der Punks und linken Szene diente auch die als Kollektiv geführte Kneipe namens *Kronenburg* in den Räumen des heutigen *Wolters 1*. Nebenan in der früheren Kleinkunstbar eröffnete 1969 das erste Erotik-Etablissement der Stadt mit „Live-Programm" – die *Kronenburg-Bar*. Jedem Herren, dem Geldbörse und Türsteher Orlando es gestattete, bot sich hier die Gelegenheit zum

Kronenburg-WG: Die Weltrevolution wird am Küchentisch geplant.

MEIN MÜNSTER

„In *Rick's Café* haben Generationen von Alkohol- und Nikotinabhängigen ein Zuhause gefunden. Mein lieber Freund Gogel hat der Location wieder zu Ruhm und Größe verholfen. Ein paar Meter weiter befindet sich das *Mocca D'Or*. Hier bekommt man die mit Abstand beste Pizza außerhalb von Rom.
Ansonsten kann ich das Hafengebiet empfehlen. Neben diversen Kneipen

und einer stetig wachsenden Fangemeinde hat die Stadt hier ein Alternativzentrum geschaffen, das seinesgleichen sucht. Das *Café Med* ist nur eine der Möglichkeiten, den Nudelhunger zu stillen.
Aber auch Fans der Eventgastronomie kommen auf ihre Kosten, denn jeden Sommer entsteht auf dem ehemaligen Werksgelände einer Betonfirma der *Coconut Beach*."

Henning Wehland *(Sänger bei H-Blockx, Der Letzte an der Bar)*

Amüsement mit leichten Mädchen und Striptease.
Als sich der Sexbar-Betreiber 1997 zur Ruhe setzte, nutzte ein münsterscher Junggastronom die Gunst der Stunde. Der ehemalige *Flippers*-Tourbegleiter Pitti Duyster machte dem finsteren Lasterleben ein Ende und eröffnete die *Luna Bar*, die seitdem Lounging mit einem spannenden Veranstaltungsprogramm verband. Duyster installierte ein rotes Lichterherz hinter dem DJ-Pult, das dem Bühnenbild der *Flippers*-Tour zur CD *Ein Herz aus Schokolade* entstammte. Ansonsten beliefen sich seine Umbaukosten auf null Komma null, denn die glamouröse Einrichtung mit rotem Porscheleder, weichem Plüsch, vielen Spiegeln und diskreten Séparées im Flair der siebziger Jahre war bestens erhalten. 2006 wurde das Haus *Kronenburg* zwangsversteigert und die *Luna Bar* musste im Jahr darauf schließen. In den Räumlichkeiten befindet sich heute eine Pizzeria unter demselben Namen.

Lokalhelden sangen vorm *Flippers*-Herz – Johnny Ketzel in der *Luna Bar*.

Das heute älteste Lokal in einer ehemaligen Erosbar ist die *Atelier Bar*, wo man den Verlauf der Nacht bis zum Morgen bei Partystimmung, bierbegleitenden Speisen und guter Musik erleben kann.

Partystimmung

Im *KCM Schwulenzentrum Münster e. V.* am Hawerkamp haben Schwule und Lesben ihren Treffpunkt mit Veranstaltungen. Münster war 1997 übrigens Pionierin mit der Einrichtung einer Arbeitsstelle Antidiskriminierung in kommunaler Trägerschaft, die Vorbildfunktion für Städte wie München hatte. Die Verpflichtung, Menschen unterschiedlichster geschlechtlicher oder sexueller Orientierung zu stärken, gehört zum Leitbild der Stadtverwaltung und wird quer durch die Ratsfraktionen unterstützt.

Der Hawerkamp mit Partys und Konzerten ist Anziehungspunkt für Nachtschwärmer, die die alternative Szene genießen möchten. Die Fans von Musik und Konzerten jenseits des Mainstream kommen im Rockschuppen *Sputnikhalle* auf ihre Kosten.

Fusion gehört zu den wichtigsten Techno-Läden, in dem neuerdings auch Rock- und Reggae-Events stattfinden. Die Betreiber veranstalten unter dem Label *Dockland* seit den neunziger Jahren Partys mit angesagten DJs aus aller Welt. Auf einer der Partys hat sich der Mann hinter den Turntables in eine Münsteranerin verliebt. Das war *Take That*-Star Howard Donald, der daraufhin in diese Stadt zog.

Neben dem Fusion lockt das *Conny Kramer* mit Elektronik; auch wenn das Club-Logo an die Punkband *Dead Kennedys* erinnert.

Der *Club Favela* bietet eine Riesenauswahl an Musikrichtungen von House über Gothic bis Reggae und gelegentliche Live-Acts.

Der angesagteste Live-Club ist das *Gleis 22* am Bahnhof im Haus des Kulturzentrums *Jib*. Leser von renommierten Fachzeitschriften wie *Spex* und *Intro* wählen das *Gleis* seit Jahren zum besten Musikclub Deutschlands.

In den Clubs am Hawerkamp und in der City durch die Nacht tanzen

Stimmung im *Gleis 22* mit der Post-Punk-Band *The Robocop Kraus*

Zu den innovativen Konzertschuppen gehört auch der Jazzkeller *Hot Jazz Club* am Stadthafen mit DJ-Programm und auch altersmäßig gemischtem Publikum. Der Stadthafen ist Münsters Amüsiermeile schlechthin – vor malerischer Kulisse kann man im Sommer vor jedem Lokal draußen sitzen. Vom *esCape* am Ende des Hafenbeckens bis zur schicken, kleinen *Hafen Bar*. In der „zweiten Reihe" wird in den Kneipen entlang des Hansarings gefeiert.

In der Innenstadt kann das ganze Nachtleben zu Fuß erobert werden. Am Bahnhof tanzt man im trendigen Club *Gazelle* oder ein paar Schritte weiter im *Cuba Nova*. Junge Leute treffen sich im *Kuhviertel*. Nächtliche, immer rappelvolle Top-Location gleich um die Ecke der *Lambertikirche* ist *das Schwarze Schaf* mit überwiegend sehr jungem Publikum. Wie man hört, bleibt hier niemand lange allein.

Kneipen

INNENSTADT

Bullenkopp

Bierschwemme in rustikalem Ambiente. Beim Bullen wird die Sau rausgelassen und auf den Tischen getanzt.

Alter Fischmarkt 24 | ✆ (0251) 4 84 12 08
Mo-Di 20-3 Uhr | Mi-Sa 20-4 Uhr
Happy Hour tgl. 20-22 Uhr
www.bullenkopp.com

Der Bunte Vogel

Unter den Kneipen der Klassiker. Kaum ein Student in Münster, der seine Zeit nicht schon an der Theke im *BuVo* verbracht hat, anstatt im Hörsaal zu sitzen. Eine Kneipe mit ebensoviel Geschichten wie netten Menschen, ob jünger oder älter. Ein Party-Muss zu Weiberfastnacht und Rosenmontag. Von der Terrasse schaut man direkt auf den Erbdrostenhof.

Alter Steinweg 41 | ✆ (0251) 5 65 24
Mo-Sa ab 11 Uhr | So ab 12 Uhr
www.buvo.de

Idéal Café & Weinbar

Café und Weinbar im Hansacarré, der Einkaufsgegend an der Stubengasse. Tapas und Flammkuchen. Verkauf von Wein und Kaffee-Spezialitäten.

Beginengasse 12 | ✆ (0251) 4 84 00 00
Mo-Fr 11-1 Uhr, Sa 10-1 Uhr
www.ideal-muenster.de

Rick's Café

Ruhiger Biergarten, günstiges Kaffeetrinken, mediterrane Küche, viele Zeitschriften und ein netter Wirt.

Aegidiistraße 56 | ✆ (0251) 4 88 23 36
Mo-Do 9-1 Uhr | Fr 9-2 Uhr
Sa 10-2 Uhr | So 10-1 Uhr
www.rickscafe-muenster.de

Smells Like

Charmante Weinbar mit Verkauf im Hinterhof. Events; leckere Tapas.

Hörsterstr. 7
Mi-Do 12-21 Uhr | Fr, Sa 12-22 Uhr
www.smellslikewinespirit.de

KIEPENKERLVIERTEL

Holstein's Weinlager

Der stadtbekannte Feinkost-Spezialist Holstein lädt ein, seine Vielzahl an Weinen zu kosten. Im Hinterhof.

Magdalenenstr. 12 | ✆ (0251) 4 49 44
Di-Fr 15-19 Uhr | Sa 11-19 Uhr
www.butterhandlung-holstein.de/weinlager

Szenekneipe *Der bunte Vogel*

Trafostation

Das integrative Mode-Label Bayti und das Projekt elbén, syrisch-arabisch für „zwei Herzen", das mit dem Verkauf des syrischen Gerichts Manakish eine Brücke zwischen syrischen Flüchtlingen und Deutschen bauen will, macht die Trafostation zu einem interkulturellen Treffpunkt.

Schlaunstr. 15 | ✆ (0251) 98 16 14 46
Tägl.: 10-22 Uhr | www.trafo-ms.de

RUND UM DAS STADTTHEATER

America Latina

Leckere Cocktails. Dazu lateinamerikanische Küche und Steaks von argentinischen Rindern aus biologischer Haltung.

Neubrückenstraße 50 | ✆ (0251) 5 56 66
Mo-Fr 11-1 Uhr | Sa, So 12-1 Uhr
www.cafeamericalatina.de

Atelier

Früher sorgten hier Animierdamen für gute Laune, heute der *Cocktail der Woche*. Entspannte Atmosphäre am Abend, feucht-fröhlich wird es mit den Nachtschwärmern.

Bült 2 | ✆ (0251) 5 74 55
Mo-So 21-5 Uhr | www.atelier-bar.de

Heile Welt

Rocken bei Mutti und Vatti mit coolem Musik-Programm. Hier gilt Alkohol noch als Kulturgut.

Hat in über 40 Jahren schon vielen Gästen Halt gegeben: Die Theke in *Rick's Café*

Hörsterstraße 33 | ✆ (0251) 39 56 76 64
Di-Do 19-1 Uhr | Fr, Sa. 19-3 Uhr

Lieschen Müller

Fröhliches Spielen oder Tatort-Gucken bei Burger und Flammkuchen. Das Inhaber-Duo um den Bruder des „Wer wird Millionär"-Gewinners Leon Windscheid betreibt auch *Amp*, *Watusi Bar* und *Bohème Boulette*.

Mauritzstraße 24 | ✆ (0251) 39 63 07 36
Mo-Do ab 17 Uhr | Fr-So ab 14 Uhr
www.lieschenmüller.de

Mocambo Bar

Beste Cocktails und ausgesuchter Whiskey werden auch noch morgens um 5 Uhr kredenzt. 365 Tage im Jahr geöffnet.

Hausbesetzer als Wandgemälde in der *Frauenstraße 24*

Hörsterstraße 10 | ✆ (0160) 93 42 27 44
Tägl. 18-5 Uhr
www.mocambobar.de

Metro

Rockige Kneipe mit Live-Konzerten bei *Metro*-Chef David Sandner und seinen berühmten Partys *Metro on Tour.*

Mauritzstraße 30
✆ (0251) 4 90 29 94
Di-Do 20-1 Uhr | Fr, Sa 20-3 Uhr
www.rockbar.ms

Vinothek am Theater

Die Familie von Weinkenner-Urgestein Willi Richter lockt mit großer Weinauswahl und feinen kleinen Speisen aus regionalen frischen Zutaten ins Bistro-Restaurant. 50 offene Weine für jeden Geschmack zu fairen Preisen.

Neubrückenstraße 16 | ✆ (0251) 9 81 64 80
Mo–Sa 11–24 Uhr | So 17–24 Uhr
www.vinothekamtheater.de

BEIM SCHLOSS

Frauenstraße 24

Eine der letzten alternativen Kneipen Münsters in ehemals besetztem Haus. Junges Publikum, türkische Küche, fair gehandelter Kaffee und eine große Auswahl an Tees. Regelmäßig Kulturveranstaltungen.

Frauenstraße 24 | ✆ (0251) 4 82 87 39
Mo-Sa 12-1 Uhr | So 12-23 Uhr
www.f24-kultur.de

AM AASEE

A2 am See

Bistro, Restaurant, Cocktailbar - innen oder auf dem Ponton am See. Skybar.

Annette-Allee 3 | ✆ (0251) 2 84 68 40
Mo-Fr ab 11 Uhr | Sa, So, Ft ab 9.30 Uhr
www.a2amsee.de

Café Gasolin

Relaxter Ort in der ehemaligen Fünfziger-Jahre-Tankstelle mit Wintergarten. Café und Kneipe mit Biergarten und Terrasse. Beim DJ-Programm kann es abends loungig und eng werden.

Aegidiistraße 45 | ✆ (0251) 8 90 78 43
Mo–Fr ab 10 Uhr | Sa, So, Ft ab 11 Uhr
www.cafe-gasolin.de

Fegefeuer

Originelle Mittelalter-Taverne.

Von-Kluck-Straße 15 | ✆ (0251) 5 38 96 38
Di-So 18-1 Uhr | www.fegefeuer-muenster.de

Die *Cavete*, Münsters erste Studentenkneipe

Spatzl

Bayrisches Wirtshaus mit großem Biergarten im Traditionshaus „Kruse Baimken".

Am Stadtgraben 52 | ✆ (0251) 4 63 87
Tägl. 12-1 Uhr
www.spatzl-wirtshaus.de

KUHVIERTEL

Barzillus

Kleine Bar voller junger Menschen.

Jüdefelderstraße 41 | ✆ (0251) 51 99 97
Mo-Do, So 20–1 Uhr | Fr, Sa 20–3 Uhr

Das blaue Haus

Traditionelle Studentenkneipe.

Kreuzstraße 16-17 | ✆ (0251) 4 21 51
Tägl. ab 12 Uhr
www.blaue-haus-muenster.de

Cavete

Akademische Bieranstalt seit 1959.

Kreuzstraße 37/38 | ✆ (0251) 4 14 35 16
Tägl. ab 12 Uhr
www.muenster-cavete.de

Davidwache

Die Studentenkneipe ist nach der berühmten Polizeiwache auf St. Pauli benannt.

Münzstraße 49 (Ecke Jüdefelderstraße)
Di–Do 20–2 Uhr | Fr, Sa 20–3 Uhr
www.davidwache-muenster.de

Destille

Studentenkneipe mit über dreißigjähriger Tradition und eigenem *Dille-Lied*. Neue Gäste können den Song im Internet zum Auswendiglernen herunterladen, bevor sie auf den Tischen tanzen.

Kuhstraße 10
✆ (0251) 5 89 41
Mo-So 20 bis 1.30 Uhr
www.destille-muenster.com

Der Sänger der kalifornischen Rockband *Toto* wird vom Türsteher der *Gorilla Bar* gerne eingelassen.

Gorilla Bar

Szenige Rockkneipe mit Cocktailkarte. Gelegentlich Live-Musik.

Jüdefelderstraße 54
✆ (0251) 4 88 21 88
Mo–Do 20–2 Uhr | Fr 20–3 Uhr
Sa 15–3 Uhr | So 15-24 Uhr
www.gorilla-bar.de

Peacock Lounge

Lounge mit Chill-Out-Ambiente.

Jüdefelderstraße 36
☎ (0172) 5 67 81 50
Mo, Di 20–1 Uhr | Mi 20–2.30 Uhr
Do 20–1 Uhr | Fr, Sa 20–2.30 Uhr
www.peacock-muenster.de

Ziege

Kleinste Kneipe Münsters – nicht viel größer als ein Kleiderschrank.

Kreuzstraße 33/34 | Tägl. ab 18 Uhr
www.alteziege.de

HAFENVIERTEL

Babel

Urbane Hipster-Bar mit Vintage-Möbeln und Schaufenster-Sitzplätzen, in denen eine große Auswahl an Cocktails aus Spirituosen verschiedener Qualitäts- und Preisstufen gemixt werden. Eher junges Publikum.

Hansaring 1
☎ (0 15 73) 7 57 04 17
Mo–Sa ab 19 Uhr

Open End in *Eddy's Bar am Hafen*

An lauen Sommerabenden zieht es die Münsteraner an den Hafen, zum Beispiel ins *Pier House*.

Bohème Boulette

Kneipe und Veranstaltungsort mit Burgern, Snacks und Salaten, dazu Biere vom Fass und Cocktails. Kicker-Raum.

Hansaring 26
☎ (0251) 39 63 07 36
Mo–Do 18-2 Uhr | Fr 18-3 Uhr
Sa 13-3 Uhr | So 13-24 Uhr
www.boheme-boulette.de

Eddy's Bar am Hafen

Holländische Bar mit Snacks, Cocktails und Heineken-Bier.

Hafenweg 26 A
Di-Sa ab 17 Uhr

Eulen & Lerchen

Tagsüber ein nettes Café mit selbst gezimmerten Holzmöbeln, in dem leckere Flammkuchen serviert werden, abends eine Bar mit großer

Gin-Auswahl und verschiedenen Tonic-Sorten.

Hansaring 33 | ✆ (0251) 20 81 72 31
Mo–Do 16–1 Uhr | Fr 16–3 Uhr
Sa 10–3 Uhr | So 10–22 Uhr
im Winter: Mo geschlossen
www.eulen-lerchen.de

Kitty's Trinksalon

Laute Bar mit abgerockten Möbeln und großer Rund-Theke. Am Wochenende legen DJs unter anderem in der alten Kegelbahn im Keller Vinyl aus den Fünfzigern und Sechzigern auf, vor allem Garage, Rockabilly und Rock'n'Roll. Täglich wechselnde Happy Hour.

Dortmunder Str. 43
✆ (0251) 7 48 47 44
Mo–Sa ab 19 Uhr

Pier House

Schicke, großzügige Location mit Tex-Mex-Küche am Hafenufer, Cocktails und Longdrinks, Tagescocktails zum halben Preis. Terrasse am Hafenbecken.

Hafenweg 22
✆ (0251) 8 99 79 99
Mo-Do 11-1 Uhr | Fr 11-3 Uhr
Sa 12-3 Uhr | So 12-1 Uhr
www.pierhouse.de

Plan B

Alternative Rock-Kneipe für nette Biertrinker. Kicker und Gesellschaftsspiele.

Hansaring 9
✆ (0251) 6 74 44 22
Mo-Do, So 19-2 Uhr | Fr, Sa 19-4 Uhr
www.plan-b-ms.de

Die MS Günther bringt die Party auf den Kanal

Eine Million Euro hat Leon Windscheid Ende 2015 bei Günther Jauch gewonnen. Damit war der damalige Student nach Prof. Dr. E. Freise der zweite „Wer wird Millionär"-Gewinner aus Münster. Noch in der Sendung hat Windscheid angekündigt, dass er von dem Preisgeld ein Event- und Kulturschiff für Münster kaufen will. Spontan versprach Jauch, dass er zur Taufe kommt. Worauf Leon erwiderte: „Dann benenne ich den Kahn nach Ihnen!" Und so schippert die *MS Günther* seit 2016 den Kanal rauf und runter und bietet Partys, Lesungen, Theater, Degustationen oder Dinnerfahrten.

Windscheid und Jauch bei der Taufe der *MS Günther*

www.ms-günther.de

Rote Lola

Direkt neben dem *Cineplex* in der ehemaligen Traditions-Schwagerkneipe *Landsmann* feiert heute studentisches Publikum über mehrere Räume verteilt, die im Stil einer WG eingerichtet sind. Im selben Haus befindet sich *Lolas SchickSaal*, der für private Veranstaltungen gemietet werden kann.

Albersloher Weg 12 | ✆ (0251) 68 66 79 09
Mo–Do 18–24 Uhr | Fr+Sa 18–5 Uhr
www.rotelola.de

Watusi Bar

Exotik-Bar mit Giraffenkopf. Musik der Fünfziger, Sechziger und Siebziger.

Dortmunder Straße 34 | ✆ (0251) 1 36 51 72
Tägl. ab 19 Uhr
www.watusibar-ms.de

Grotes

Gut besuchte Viertelkneipe im Schatten der *Kreuzkirche*. Frühstück, Mittagstisch und Abendküche frisch zubereitet. Wer möchte, schaut hier Fußball oder sonntagmorgens *Die Sendung mit der Maus*.

Im *Grotes* trifft sich das Kreuzviertel.

Kampstraße 26 | ✆ (0251) 27 47 00
Mo–Fr ab 18 Uhr | Sa, So, Ft ab 10 Uhr
www.grotes.ms

KREUZVIERTEL

Finne

Bio Craft Beer Brauerei der enthusiastischen jungen Braukünstler. Drinnen und draußen.

Kerßenbrockstr. 8 | ✆ (0251) 74 86 70 04
Die - Do 18-23 Uhr | Fr + Sa 18-24 Uhr
www.finne-brauerei.de

Joducus

Gemütliche kleine Weinstube mit einer Vielzahl offener Weine, Käsegebäck aus eigener Herstellung. Für Biertrinker ist mit *Pinkus* aus der Flasche gesorgt.

Finkenstraße 17 | ✆ (0251) 27 38 93
Di-So ab 18 Uhr
www.weinstube-joducus-muenster.de

Klamm & Heinrich

Wunderschön gelegener Biergarten direkt an der Promenade, zwischen Kreuzviertel und Innenstadt. Traditionelle westfälische Küche.

Breul 9 | ✆ (0251) 4 58 30
Di-Sa ab 18 Uhr bis mind. 23 Uhr
www.klammundheinrich.de

Nordstern

Gutbürgerliche Küche, berühmt für die Brathähnchen. Nachbarn aus dem Viertel und Kegelfreunde tref-

Café Garbo: Amüsement wie zu Gretas Zeiten

fen auf Nachteulen und späte Einkehrer, die Freunden aus aller Welt ein kultiges Stück Münster zeigen.

Hoyastraße 3 | ✆ (0251) 2 21 41
Mo-Fr 16-3 Uhr | Sa, So 11-3 Uhr

Pane e Vino

Traditions-Bistro direkt an der *Kreuzkirche* mit angeschlossenem Weinverkauf.

Hoyastr. 17 | ✆ (0251) 28 92 89 69
Tägl. 17-24 Uhr

ERPHOVIERTEL

Après Midi

Gastro-Urgestein Wolfgang Krause hat sein legendäres Le Midi 2016 geschlossen und wollte eigentlich nach Frankreich ziehen. Er konnte es aber nicht lassen und macht hier im Kleinen weiter, mit Weinen und französischen Kleinigkeiten.

Warendorfer Straße 57 | ✆ (0251) 4 45 39
Di-Sa 18-23 Uhr

Garbo

Sehr nettes Kinocafé und Lokal im *Cinema* mit Abendkarte, Biogemüse und fair gehandeltem Kaffee und Tee. Film- und Kunstzeitschriften. Sonntags Frühstück bis 13 Uhr und ab 14 Uhr frische Waffeln.

Warendorfer Straße 45-47
✆ (0251) 3 03 09 | Tägl. ab 10 Uhr
www.cinema-muenster.de

el bodegón

Tapasbar mit original spanischen Köstlichkeiten und Weinen, sehr netter Service.

Warendorfer Straße 43
✆ (0251) 3 94 43 96
Tägl. 11-24 Uhr
www.el-bodegon.de

Kasi's Kling Klang

Viertelkneipe mit langer Tradition, Kneipenquiz und Fußball-Bundesliga. Nach 23 Jahren am Zapfhahn wurde Wirt Kasi 2014 zum Inhaber.

Erphostr. 2 | ✆ (0251) 3 45 80
Mo 17–23.45 Uhr | Di–Sa 17–1 Uhr
So 17-23 Uhr

Litfass

Charmante Viertelkneipe mit Biergarten und vorzüglichen Speisen. Montags ist Reibekuchentag.

Dahlweg 10 | ✆ (0251) 77 53 71
Mo + Mi–Sa ab 17 Uhr | So 16.30–24 Uhr
www.litfass-muenster.de

Getränke „made in Münster"

Während von den rund 150 münsterschen Traditionsbrauereien des 19. Jahrhundert nur noch *Pinkus Müller* übrig geblieben ist, gibt es junge Menschen in der Stadt, die im 21. Jahrhundert ihre Freude an der Braukunst entdeckt haben. Das sind die Bio-Craft-Beer-Brauerei *Finne* (benannt nach dem Masematte-Wort für Flasche) oder die *Gruthaus-Brauerei* mit ihrem *Pumpernickel Porter*, in dem westfälisches Schwarzbrot mitgemaischt wird. Oder *Das Dackel* auf dem Germania Campus, wo einst *Germania-Pils* gebraut wurde. Münster ist auch ein Eldorado für Kaffeetrinker mit ortsansässigen Röstereien wie der *roestbar* mit eigner Kaffeeschule, *Die Bohne* mit Café auf der Ludgeristraße oder Münsters ältester Kaffeerösterei im *Mocca-Haus* auf der Rothenburg. Den hiesigen Kaffee der Marke *Herr Hase* nutzen findige Jungunternehmer zur Destillation ihres Gins, den *Prütt Gin*. Auch für Brausefreunde gibt es lokale Getränke, nämlich leckere Liba Kola und andere Limonaden der Marke Liba.

Pinkus Müller: www.pinkus.de
Finne: www.finne-brauerei.de
Gruthaus: www.gruthaus.de
Das Dackel: www.dasdackel.de
roestbar: www.roestbar.com
Die Bohne: www.diebohne-ms.de
Mocca-Haus: www.moccahaus.de
Herr Hase: www.herr-hase.com
PRÜTT: www.kaffeegin.de
Liba: www.liba-trinken.de

Spooky's

Traditionelle Rock- und Blues-Kneipe. Zum Kneipenquiz lädt jeweils am dritten Montag Klaus Otto Nagorsnik. Der Bibliothekar der Stadtbücherei Münster wurde als „Jäger" aus der ARD-Quiz-Show „Gefragt – Gejagt" berühmt.

Hammerstr. 66 | ☎ (0251) 4 30 85
Mo-Do 17-2 Uhr | Fr 17-3 Uhr
Sa 15-3 Uhr | So 15-1 Uhr
www.spookys.de

Tom & Polly

Viertelkneipe mit großer Sonnenterasse und angeschlossenem Hostel von den Betreibern des *Bunten Vogels*. In den Räumlichkeiten war jahrzehntelang die *Krone* untergebracht, bis 2017 deren Inventar zum Teil in den Besitz des Stadtmuseums übergegangen ist.

Hammer Str. 67 | ☎ (0251) 39 48 63 90
Tägl. ab 9.30 Uhr
www.tomundpolly.de

Zwanzig20

Die Erfinder der Liba Kola laden ein zu Sportübertragungen, Cocktails und Spielen. Der Name spielt darauf an, dass die Kneipe mit einem Mietvertrag bis 2020 gegründet wurde.

Hammer Str.30
☎ (0172) 5 65 65 75
Di-Do 18-23 Uhr | Fr 18-2 Uhr | Sa 14-2 Uhr
www.zwanzig20.de

Discotheken und Musikclubs

INNENSTADT

Salsomania

Salsa-Tanzschule mit Tanzcafé. Heiße Rhythmen und Latin-Hits.

Mauritzstraße 30
☎ (0251) 9 81 64 70
Geöffnet zu Veranstaltungen (meist Fr, Sa abends) und Tanzkursen
www.salsomania.de

Schwarzes Schaf

Partystimmung für die ganz Jungen.

Alter Fischmarkt 25/26
☎ (0251) 4 84 35 77 | Mi–Fr 20–3 Uhr
Sa 15–3 Uhr | www.schaf.ms

Cuba Nova

Mediterrane Küche, Dachterrasse, Konzerte, Partyprogramm und die Poetry Slams aus der *TatWort*-Reihe.

Achtermannstraße 10-12
☎ (0251) 4 82 82 00
Di 19-1 Uhr | Mi-Sa ab 19 Uhr
www.cubanova.de

The Blood Brothers aus Seattle bringen das *Gleis 22* zum Kochen.

BAHNHOFSNÄHE

Gleis 22

Ein verrückter ehrenamtlicher Haufen im *Jib* (Jugendinformations- und beratungszentrum der Stadt) liebt Partys und Konzerte. Auch wenn Musiker schon mal nackt spielen oder auf der Bühne in Cola-Flaschen pinkeln – die Konzerte (Indie-Rock, Garagen-Punk, Emo-Core, Power-Pop, Ska) gehören zum Besten, was die Szene zu bieten hat.

Hafenstraße 34
☎ (0251) 492 58 55
Mo-Do 9-20 Uhr | Fr 9-15 Uhr
und zu Abendveranstaltungen
www.gleis22.de

Gazelle

Danceclub im Safari-Stil mit Bar. Junges Publikum. Spielt Musik der 90er-Jahre und Charts.

Wolbecker Straße 1
☎ (0251) 39 63 77 33
Fr, Sa 22–5 Uhr geöffnet, Eintritt frei + Happy Hour bis 24 Uhr

Amp

Rockiger Tanzclub, der zehn Jahre lang in der ehemaligen Bananenreiferei am alten Güterbahnhof Zuhause war und 2016 an den Hawerkamp umziehen musste.

Am Hawerkamp 1 | ☎ (0251) 39 63 07 36
Mi, Fr, Sa ab 23.59 Uhr bis Ende
www.amp-ms.de

HAFENVIERTEL

Hot Jazz Club

Kneipe und Club im Kellergewölbe. Anspruchsvolles Gastspielprogramm mit ungewöhnlichen Künstlern. Jazz, Soul, lateinamerikanische Rhythmen, Blues. Sonntags After Church Club. Speisen aus dem benachbarten Café Med.

Hafenweg 26b
☎ (0251) 68 66 79 08
Sept. bis April: Mo-Sa ab 19 Uhr | So ab 15 Uhr
Mai bis Aug.: Mo-Sa ab 18 Uhr | So ab 15 Uhr
www.hotjazzclub.de

Jovel Music Hall

Legendärer Club für Partys und Konzerte vom *Panikorchester*-Bassisten Steffi Stephan. Nach zwei Umzügen jetzt im alten *Opel*-Haus am Beginn der Straße Am Hawerkamp.

Albersloher Weg 54 | ☎ (0251) 28 49 40
Sa ab 22 Uhr und zu Veranstaltungen
www.jovel.de

Stars der Jazz-Szene wie Nikola Materne spielen gerne im *Hot Jazz Club*.

Ihr erstes Deutschlandkonzert gaben die *Rolling Stones* am 11. September 1965 in der *Halle Münsterland*.

Halle Münsterland

Weder Musikclub noch Disco, aber Veranstaltungsort großer Konzerte und Events wie Europas größter Kegelparty.

Albersloher Weg 32
☎ (0251) 6 60 00
www.halle-muensterland.de

AM HAWERKAMP

Club Favela

Buntes musikalisches Programm zwischen House, Gothic, Metal und Drum'n'Bass. Anlaufstelle für späte Nachtschwärmer im *Fusion*-Gebäude.

Am Hawerkamp 31f | ☎ (0176) 10 43 01 36
Fr, Sa ab 23.59 Uhr
www.clubfavela.de

Conny Kramer

Der Sound ist urban und elektronisch. So erwacht der Held aus Juliane Werdings 1970er-Jahre-Schlager wieder zum Leben.

Der Weg zum Hawerkampgelände

Zu Fuß (ca. 15 Min.)
Man verlässt den Bahnhof durch den Ostausgang und geht nach rechts durch die Bremer Straße, dann weiter geradeaus über die Kreuzung Hansaring in den Albersloher Weg, folgt dem Linksknick vorbei an *Cineplex* und *Halle Münsterland*. An der *Jovel Music Hall* biegt man rechts in die Straße Am Hawerkamp, der man bis zum Ende folgt.

Per Bus
Tagsüber: Linie 6 oder 8 bis Haltestellte *Halle Münsterland*. Zurück fährt der Nachtbus, allerdings nur bis drei Uhr.

Am Hawerkamp 31 | ✆ (0251) 48 16 90
Fr, Sa spätestens 24 Uhr (je nach Veranstaltung) | www.connykramer.ms

Fusion

Techno, House und Chilling. Rock- und Reggae-Events, manchmal Konzerte. Privatdetektiv Wilsberg ermittelte hier.

Am Hawerkamp 31 | ✆ (0251) 48 16 90
Fr, Sa ab 23 Uhr
www.fusion-club.de

Heaven

Tanzen bis in den Morgen!

Am Hawerkamp 29a | ✆ (0251) 4 81 69 14
Fr, Sa u. vor Ft 23–5 Uhr
www.heaven-muenster.de

Sputnikhalle

Rock, Alternative, Indie, Hardcore. Jenseits des Mainstream. Konzertschuppen und Rockdisco in einer ehemaligen Fabrikhalle.

Am Hawerkamp 31 | ✆ (02545) 9 80 56
Fr, Sa 23-5 Uhr und zu Veranstaltungen
www.sputnikhalle.de

Triptychon

Das *Triptychon* war einer der ersten Clubs auf dem Hawerkampgelände. Partys und Konzerte.

Am Hawerkamp 31 | ✆ (0251) 66 18 88
Nur zu Veranstaltungen geöffnet.
www.triptychon.net

Fusion, Electronic Music Club am Hawerkamp

EINKAUFEN

Shoppen zwischen Bögen und Arkaden

Modische Avantgarde und feine Klassiker, schicke Dessous und individuelle Accessoires, kulinarische Köstlichkeiten und feine Antiquitäten: die Einkaufsstraßen der City von Münster, aber auch die Läden in den angrenzenden Vierteln laden ein zum Bummeln, Stöbern und Shoppen. Ob große Marke oder kleines Fachgeschäft – in den Flaniermeilen Prinzipalmarkt, Salz- und Ludgeristraße, Stubengasse und Kiepenkerlviertel macht die Vielfalt des Angebots den Einkauf zum Vergnügen. Für den besonderen Reiz sorgt die Mischung aus dem individuellen Stil der zahlreichen inhabergeführten Geschäfte, dem Angebot der Marken-Stores und den Einkaufsmöglichkeiten in den kleineren und größeren Ketten. Überall laden zwischendurch Cafés ein, sich für die nächste Anprobe zu stärken oder den Menschen beim Flanieren zuzusehen.

Kulturgenuss und Kauflust liegen in Münster nahe beieinander, schließlich kann man sogar vom *Stadt-* oder *Picassomuseum* aus die angrenzenden Einkaufspassagen betreten. Aktueller Lifestyle ist hier genauso zu finden wie extravagantes Design und Dekoration, Bücher und Schmuck ebenso wie Souvenirs oder Kunst. Die Händler in der Straße Spiekerhof wiederum sind vor allem auf Antiquitäten und Einrichtungsideen spezialisiert. Selten verlassen die Besucher Münster ohne eine Delikatesse als Präsent oder für die Gaumenfreude im eigenen Zuhause. Das Schwarzbrot Pumpernickel gehört dazu wie die Feinkost- und Konditoren-Spezialitäten.

In den *Münster Arkaden* haben die Geschäfte bis 20 Uhr geöffnet. Die meisten Läden in der Innenstadt verkaufen wochentags bis 19 Uhr, die großen Kaufhäuser bis 20 Uhr. Am Samstag kann es passieren, dass Geschäfte um 16 Uhr schließen.

Die Kaufleute des Prinzipalmarktes:
www.prinzipalmarkt.de
Die Münster Arkaden:
www.arkadenmuenster.de

Shopping-Adressen

Mode und Accessoires

INNENSTADT

Aura

Das stilsichere Händchen von Inhaberin Xenia Kourou lässt die Käuferinnen zu Stammkundinnen werden – trendsicher, aktuell – Mode und Accessoires.

Ludgeristraße 57 | ✆ (0251) 4 84 25 11

Donna by Lena Ruthmann

Feine Auswahl von Luxusdesignern, persönliche Beratung.

Prinzipalmarkt 42 | ✆ (0251) 5 50 60
www.donna-muenster.de

Elfi

Internationale Designerkleidung und ausgefallene Dessous für die Dame; kleinere Abteilung für den Herrn.

Prinzipalmarkt 24-26
✆ (0251) 4 56 33
www.elfi.de

Stilsichere Beratung bei *Aura* in der Ludgeristraße 57

Hasardeur

Top-Designermode. Marken wie *Prada, Gucci, Dolce e Gabbana, Jimmy Choo* oder *Miyake*.

Alter Steinweg 1 | ✆ (0251) 4 75 20
www.hasardeur.de

Hutmoden Schmedes

Elegante Kopfbedeckungen für jung und alt am *Erbdrostenhof*. Seit 1881.

Salzstraße 36a | ✆ (0251) 4 32 97
www.hutmoden-schmedes.de

Liebeskind Berlin

Das boomende Modelabel mit dem klangvollen Namen wurde in Münster gegründet; die Zwillingsbrüder Johannes und Julian Rellecke haben mit Studienfreund Semih Simsek von hier aus den Markt erobert.

Rothenburg 51 | ✆ (0251) 4 84 20 95
www.liebeskind-berlin.com

Lunau

Ob *Drykorn, BOSS, Cinque* oder *Floris van Bommel* – Hartmut Lunau und Manfred Czudnochowski wissen, was Männern steht.

Rothenburg 47 | ✆ (0251) 9 81 60 23
www.lunau-muenster.de

Lui

Junge italienische Männermode, ausgefallene Hemden, Schuhe, Gürtel.

Rothenburg 51
✆ (0251) 51 83 42
www.luimuenster.de

Lunau macht Männer schön.

Lovestory

In dem versteckten Lädchen spürt man bei jedem Stück die Liebe zur Mode der Inhaberin.

Lütke Gasse 17 a | ✆ (0251) 98 11 87 87
www.lovestorymuenster.wixsite.com/muenster

Malefiz

Unkonventionelle Mode – und das schon seit 1978. Top-Adresse für Boots, Westernstiefel und individuelle Kleidung. Christel Bunnefeld berät bestens und gibt Styling-Tipps. Marken wie *Drykorn*, *Ana Alcazar*, *Scotch & Soda*, *Naketano*, *Schiesser Revival* und natürlich das eigene Label der bequemen und indivduellen *HOBO*-Shoes.

Rothenburg 45 | ✆ (0251) 4 41 12
www.malefiz-shop.de

Pomp

Das Schuh-Label aus Norderney bietet seine sehr bunten und ausgefallenen Schuhe aus eigener Produktion auch in Münster an.

Roggenmarkt 6 | www.pompwow.com

Schnitzler

Traditionsreiches Modehaus am Prinzipalmarkt, das die Lebensstationen von Kindesbeinen an modisch begleitet. Im Eingang am Prinzipalmarkt 40 weisen Markierungen im Fußboden auf Münsters Bebauung um 1150 hin.

Prinzipalmarkt 40 und 43
✆ (0251) 41 49 00
www.modehaus-schnitzler.de

Shoepassion

Handgefertigte Herren- und Damenschuhe aus eigener Kollektion und Luxusmodelle des Traditionshauses *Heinrich Dinkelacker*.

Roggenmarkt 5 | www.shoepassion.de

Signorello

Original italienische Kleidung und Schuhe. Anzüge und individuelle Hochzeitsmode.

Traditionshaus *Schnitzler* am Prinzipalmarkt

Ludgeristr. 82-83 (Eingang am Hötteweg)
✆ (0251) 5 15 14
www.signorello.de

Trekking König

Fachgeschäft für Kleidung und Ausrüstung für alle Outdoor-Sportarten.

Windthorststraße 35
✆ (0251) 98 29 26 20
www.trekking-koenig.de

Titus Rollsport

Zentrale des Skate-Imperiums von Titus Dittmann. Das Kaufhaus im alten *Apollo*-Kino ist das Nonplusultra für Skater, Jugendliche und Erwachsene, die sportliche Mode lieben.

Königsstraße 32-33 | ✆ (0251) 14 49 90
www.titus.de

Weitkamp

Exklusive Herrenmode und Maßanfertigung.

Prinzipalmarkt 6-7 | ✆ (0251) 5 47 22
www.weitkamp-online.com

Heißer Stoff für junge Menschen im alten Kino bei *Titus Rollsport*

Zuckersüße Elementarteilchen

Riesige Auswahl an Labels für Individualistinnen. Auch Syndikatgasse 9.

Spiekerhof 12 | ✆ (0251) 39 48 94 41

Zumnorde

Alteingesessenes und größtes Schuhhaus Münsters. Hier weiß der Nachwuchs von heute die Holzrutschbahn ebenso zu schätzen wie seine Eltern früher.

Prinzipalmarkt 34 | ✆ (0251) 2 02 90
www.zumnorde.de

IN BAHNHOFSNÄHE

Backyard

Streetware von *carhartt*, *Ben Sherman* o.ä..

Servatiiplatz 1 | ✆ (0251) 1 44 93 96
www.backyard-shop.de

KIEPENKERLVIERTEL

Accessori

Feine Krawatten, Hemden und Jacken. Ausgefallene Taschen, Gürtel und Tücher. *Abro*, *Codello*, *Moschino* & Co.

Spiekerhof 1 | ✆ (0251) 5 66 44

Grüne Wiese

Vorne gibt es Öko-Fair-Trade-Mode und urbanen Schick, hinten Schönes und Witziges im *Gedöns-Shop*.

Spiekerhof 29 | ✆ (0251) 39 56 45 09
www.gruenewiese-shop.de

Zumnorde, Rutschvergnügen beim Schuhkauf

Kauf Dich Glücklich

Kleine europäische Labels mit Schwerpunkt Skandinavien und Berlin. Auch Taschen, Schuhe, Accessoires. Damit vorm Spiegel Freude aufkommt.

Spiekerhof 38
✆ (0251) 7 03 69 69
www.kaufdichgluecklich.de

Kleidsam

Damenmode von Marken wie *Cocon Commerz*, *Esmeralda* oder *Consequent*. Schuhe und Taschen.

Spiekerhof 40-42
✆ (0251) 4 14 55 51
www.kleidsam-bay.de

Der Schuhsalon

Stylishe Damenmode und Damenschuhe, Taschen, Schmuck und schöne Accessoires; auch Herrenschuhe. Labels wie *AGL*, *Floris van Bommel*, *Homers*.

Bogenstraße 4
✆ (0251) 4 84 48 48
www.der-schuhsalon.de

HAFENVIERTEL

Spiegelburg

Die Modedesignerin Siggi Spiegelburg zieht internationale Kundinnen und Kunden an und überrascht in ihrem Geschäft immer wieder neu mit origineller Ware und eigener Schmuckkollektion. Für beides gilt: Siggi Spiegelburg schwelgt in schönen Stoffen und Farben. Die ausgefallene Mode ihrer Maßschneiderei trägt unverwechselbar ihre Handschrift. Überall in der Welt kauft sie für ihre Kunden schöne Dinge ein – von Tapeten über Tücher bis zu Vasen oder Körben aus Afrika.

Hafenweg 28
✆ (0251) 1 33 36 30
www.siggi-spiegelburg.de

SÜDVIERTEL

Frau Többen

Mode aus ökologischen Materialen, auch von lokalen Designern.

Hammer Str. 55
✆ (0251) 39 51 44 11
www.frautoebben.de

Spielwaren und Kinderkleidung

INNENSTADT

Mamacocon
Schickes Styling macht die Schwangerschaft noch schöner. Auch Babykleidung.

Verspoel 9 | ✆ (0251) 4 49 99
www.mamacocon.de

MuKK
Münsters ungewöhnliches Kinderkaufhaus ist ein riesiges Kinderparadies. Die Kleinen sind über Stunden in der riesigen Spielzeugwelt versunken. Auch die Großen lassen sich oft schwer von schönen Puppen oder Steifftieren weglocken. Im Obergeschoss gibt es Kleidung für „Königskinder und Rebellen".

Alter Fischmarkt 12 | ✆ (0251) 97 95 95 0
www.mukk.de

Bücher, CDs und DVDs

INNENSTADT

Green Hell Records
Underground Music und Punkrock-Spezialitäten aus Expertenhand. Viel Vinyl.

Winkelstraße 10 | ✆ (0251) 4 77 00
www.greenhell.de

Kernkrach Recordstore
Das *Institut zur freundlichen Nutzung von Kernkrach* bietet Elektronisches vom eigenen Label, Gebrauchtes aus den 80ern und Punk. Nur Mo, Fr, Sa 12-18 Uhr.

Hansaring 5 | ✆ (0163) 3 62 21 53
www.kernkrach.de

Medium Mini
Buchmarkt und modernes Antiquariat. Reichlich Sonderangebote.

Roggenmarkt 15 | ✆ (0251) 4 30 47

Michael Solder
Antiquariat und *Wilsberg*-Drehort. Die DVDs zur Serie gibt es hier neben Lexika und Literatur zu Kunst oder Geisteswissenschaften.

Frauenstraße 49/50
✆ (0251) 4 53 39
www.antiquariat-solder.de

Poertgen-Herder
Münsters große Buchhandlung auf fünf Etagen. Alle Themen sind vertreten einschließlich Studienliteratur und Fachbücher. Große Münster-Abteilung.

Salzstraße 56 | ✆ (0251) 49 01 40

Ringold
Spezialisiert auf theologische Bücher. Außerdem Belletristik und meditative Musik auf CD. Am *Erbdrostenhof*.

Ringoldsgasse 1-2 | ✆ (0251) 4 33 23
www.ringold.de

Salamon

Rosta

Die Alternative in Münster für jede Art von Literatur und Treffpunkt der *Büchergilde Gutenberg*.

Aegidiistraße 12
☏ (0251) 4 49 26
www.rosta-online.de

Salamon

Bilder, Karten, Bücher und eine große Auswahl an Kalendern beim ehemaligen Rock-Bassisten Jürgen Salamon und seiner Gattin Gerlinde.

Windthorststr. 45-47
☏ (0251) 6 25 54 06

Thalia

Großzügige Filiale der Buchhandelskette in den Münster Arkaden. Lädt ein zum Verweilen. Umfangreiche Auswahl an Münster-Literatur.

Ludgeristraße 100
☏ (0251) 41 86 00
www.thalia.de

KIEPENKERLVIERTEL

eXtrabuch

Aktuelle Fachliteratur aus den Bereichen Architektur, Fotografie, Kunst und Design.

Spiekerhof 23 | ☏ (0251) 6 86 53 96
www.extrabuch.com

IN BAHNHOFSNÄHE

Poptanke

„Musik und Literatur zapfen" kann man in diesem sympathischen Second-Hand-Laden in Bahnhofsnähe. Eine große Auswahl an Büchern verschiedenster Genres, Zeitschriften, CDs, Vinyl und DVDs laden zum ausgiebigen Stöbern ein. Inhaber Markus freut sich über gut erhaltene Stücke zum Ankauf, die ins Konzept passen.

Bremer Str. 27 | ☏ (0251) 5 39 53 60
www.poptanke.de

RUND UM DAS STADTTHEATER

Schatzinsel

Engagierter Kinder- u. Jugendbuchladen, ausgewählte Erwachsenenliteratur.

Neubrückenstraße 72 | ☏ (0251) 4 84 48 80
www.buchhandlung-schatzinsel.de

KUHVIERTEL

Medium Buchmarkt

Modernes Antiquariat, preisreduzierte Bücher aus den Bereichen

Musikbücher bei *Medium*

Kunst, Architektur, Design, Fotografie, Kochen und Kinder, Reiseliteratur. Und ein umfassendes Angebot an Musikbüchern. Als der Laden noch in der Kreuzstraße war, jobbte ein Student namens Götz Alsmann bei *Medium*.

Rosenstraße 5-6 | ✆ (0251) 4 60 00
www.mediumbooks.de

Schönes und Praktisches

INNENSTADT

feine art

Digitale Fotodrucke auf Stoff, der auf Holzkeilrahmen gespannt wird. Viele Münster-Motive im Angebot. Alle Bilder gibt es auch auf Kissen, Taschen, Turnbeuteln oder als Leuchtbild. Natürlich kann man auch eigene Fotos verarbeiten lassen.

Windthorststr. 48 | ✆ (0251) 4 81 66 83 0
www.feineart.de

Kösters

Das Haus für Wohnkultur ist seit 1891 eine feine Adresse für ebenso feines Porzellan. Modernes Design und Antiquitäten, Besteck und das gesamte Kochequipment. Da stellen Brautpaare gerne ihre Wunschliste zusammen.

Prinzipalmarkt 45-46
✆ (0251) 41 42 30
www.koesters-wohnkultur.de

KONTOR SchreibTischKultur

Erlesene Auswahl an Papeterie, Schreibtisch-Accessoires, Kalendern, Notizbüchern & Co.

Rothenburg 31
✆ (0251) 4 84 49 93
www.kontor-schreibtischkultur.de

Kuhlmann

Traditionshaus für Devotionalien, Souvenirs, christliches Kunsthandwerk und Kerzen.

Salzstraße 11-13
✆ (0251) 4 34 37
www.kuhlmann-muenster.de

Luftikus

Ballons und schräger Karnevalsbedarf.

Aegidiistr. 54
✆ (0251) 4 76 15
www.luftikus.de

Luftschloß

Der Laden für edle Unikate, Geschenke und Design wie *Mickey Mouse, Pylones, en Soie Zürich.* Schrill, bunt und geschmackvoll.

Rothenburg 37
✆ (0251) 4 09 40

Münster Souvenirs

Anlaufstelle für Münster-Souvenirs, gegenüber von *Karstadt.* Vom *Münster-Monopoly* über T-Shirts und Schokolade bis zum Münster-Krimi.

Heinrich-Brüning-Str. 7
✆ (0251) 981 600 3
www.muenster-souvenirs.de

Tucano

Zum Schweben: Hängematten und Wohntextilien aus aller Welt.

Salzstraße 14-15
✆ (0251) 4 24 45
www.tucano-gmbh.com

Voilà

Schmuck zum Selbermachen. Ein Meer von Perlen, Knöpfen und Bordüren.

Ludgeristraße 61
✆ (0251) 4 75 75
www.voila-muenster.de

KIEPENKERLVIERTEL

Herlitzius

Seit 1881 weiß Familie Herlitzius, welche Schneidwaren den besten Schliff haben. Küchenzubehör und eigene Werkstatt.

Bogenstraße 8 | ✆ (0251) 5 60 46
www.carlherlitzius.de

Yamamichi

Spezialist für Haushaltswaren, Tees, Kimonos u.v.m. aus Japan.

Spiekerhof 27 | ✆ (0251) 5 34 01 22
www.yamamichi-ms.de

KREUZVIERTEL

tischkultur!

Außergewöhnliche Deko-Artikel für die heimische Tafel und Feste aller Art. Geschenke und Schmuck. Innenraumberatung.

Melchersstraße 30 | ✆ (0251) 27 92 73
www.tischkultur-muenster.de

ERPHOVIERTEL

Samt & Sonders

Dekoratives und Modisches aus zweiter Hand.

Warendorfer Straße 42
✆ (0251) 39 42 26

Schöne Dinge gibt es bei *tischkultur!* nicht nur zur Weihnachtszeit.

Delikatessen

INNENSTADT

Aux Chocolats

Köstlichkeiten von französischen Chocolatiers. Ein Besuch in dem duftenden Laden betört die Sinne. Angeschlossen ist das *Café Aux Macarons* für die Freunde französischem Baisergebäcks.

Königsstraße 46 | ✆ (0251) 48 82 08 00
www.aux-chocolats.de

Bömskes

Handgemachte Bonbons in allen Geschmacksrichtungen. Hier kann man bei der Produktion zuschauen oder in Workshop eigene Bonbons oder Lutscher produzieren. Für besondere Anlässe gibt es die „Bömskes" mit eigenem Namen.

Julius-Voos-Gasse 6 | ✆ (0251) 20 81 93 84
www.bömskes.de

Hassenkamp

Edle Weinhandlung seit 1840 im Gebäude von 1911, sogar die Inneneinrichtung ist größtenteils original erhalten.

Ludgeristraße 58/59 | ✆ (0251) 4 38 43
www.hassenkamp.de

Mesters

Feine Pralinen, edle Schokolade, Feinkost und Wein.

Domplatz 6 (Eingang Geisbergweg)
✆ (0251) 20 13 39 | www.mesters.de

Bei *Hassenkamp* lagern die Weine in 100 Jahre alten Regalen

Moccahaus Münster

Im Moccahaus gegenüber dem Stadtturm duftet der selbst geröstete Kaffee aus Arabica-Bohnen. Der *Buddhist Tee* verzückt Fans von grünem Tee.

Rothenburg 53-54 | ✆ (0251) 4 60 94
www.moccahaus.de

SuperBioMarkt

Gesund und lecker – hier geht beides. Als Bio-Pionier in den Achtzigern gestartet, hat die münstersche Kette allein in dieser Stadt sechs Filialen.

Ludgeristraße 100 | ✆ (0251) 6 86 50 33
www.superbiomarkt.de

Tollkötter

Tollkötters Hausbrot wird in die ganze Welt exportiert. Das alte Familienrezept verlangt eine aufwändige Zubereitung und lange Reifezeit des Teiges. Die Traditionsbäckerei hat sechs Filialen in der Innenstadt.

Rothenburg 20 | ✆ (0251) 4 03 77
www.tollkoetter.de

KIEPENKERLVIERTEL

Butterhandlung Holstein

Ein Delikatessengeschäft, das nicht nur in Münster seinesgleichen sucht. Die Butterhandlung existiert schon seit den zwanziger Jahren.

Den Kunden läuft schon an der Ladentheke angesichts der hausgemachten Salate, Köstlichkeiten aus der Region und internationaler Delikatessen das Wasser im Mund zusammen. Exil-Münsteraner warten sehnsüchtig auf den Besuch aus der Heimatstadt, der pflichtgemäß die Dill-Senf-Sauce von *Holstein* im Gepäck hat.

Bogenstraße 9
☎ (0251) 4 49 44
www.butterhandlung-holstein.de

Delikatessen aus nah und fern in der *Butterhandlung Holstein*

KUHVIERTEL

La Bodega

Urlaubsstimmung im winzigen Lädchen bei Serrano-Schinken, Manchego-Käse und Weinen aus Spanien.

Rosenstraße 2
☎ (0172) 5 32 51 09

HAFENVIERTEL

Hafenkäserei

„Käse ahoi" heißt es direkt in Münsters Stadthafen, wo feine Gouda- und Rotschmierkäse-Sorten in Bio-Qualität herstellt und verkauft werden. Sie tragen klangvolle Eigennamen wie *Käpt'n Pauli*, *Der blaue Barbier* oder *Der fröhliche Fähnrich*. Während einer Führung ist die Herstellung live zu sehen. Wer die Köstlichkeiten direkt probieren möchte, ist im angeschlossenen Bistro gut aufgehoben – oder man ordert sich die Spezialitäten gleich per Käse-Catering ins Haus.

Am Mittelhafen 20
www.hafenkaeserei.de

SÜDVIERTEL

Agnes Meile

Erlesene Weine und edle Süßigkeiten. Mit Bistro zum direkt Genießen.

Hammer Str. 75 | ☎ (0251) 7 28 04
www.agnes-meile.de

Marmeladen-Manufaktur

Seit 2007 kocht Inhaberin Angela von der Goltz in ihrer Manufaktur fleißig Marmeladen, Gelees, Chutneys, Fruchtaufstriche und Fruchtsoßen. Inzwischen vertreibt sie ihre beliebten Kreationen auch über einen eigenen Versandhandel, bei dem private Genießer ebenso bestellen können wie Firmen oder Kleinunternehmen. Die Inhaberin kreiert auf Wunsch auch individuelle Sorten für ihre Kunden, zum Beispiel für Hochzeiten.

Blücherstr. 16
☎ (0251) 3 22 60 75
www.die-marmeladenmanufaktur.de

Schmuck

INNENSTADT

Freisfeld

Luxuskollektionen wie *Bulgari*, *Jaeger Le Coultre* und Eigenkollektion. Andreas Freisfeld ist Gründer des *Collegium Cadoro*.

Prinzipalmarkt 20, Klemensstraße 1
☎ (0251) 48 22 50
www.freisfeld.com

Oeding-Erdel

Hochwertiges internationales Sortiment an Luxusuhren, Perlen und schönem Schmuck für alle Lebenslagen, eigene Schmucklinie.

Prinzipalmarkt 29
☎ (0251) 59 05 30
www.oeding-erdel.de

J.C. Osthues

Das älteste Schmuckfachgeschäft Deutschlands, ein Traditionsjuwelier seit 1756. Eigenkollektion und Unikate, Schmuck und Uhren renommierter Hersteller wie *Cartier*, *Jochen Pohl* oder *Niessing*.

Prinzipalmarkt 35
☎ (0251) 48 27 44
www.juwelier-osthues.de

Till Weber

An- und Verkauf hochwertiger Zeitmesser, z.B. *Rolex*, *Breitling*, *Cartier*.

Königsstraße 15
☎ (0251) 5 60 42
www.till-weber.de

KUHVIERTEL

Müller Tenckhoff

Schmuckstücke aus Meisterhand. Individuelle Eigenkollektion und Anfertigungen nach Kundenwünschen.

Kreuzstraße 33
☎ (0251) 4 38 56
www.mueller-tenckhoff.de

Antiquitäten und Möbel

KIEPENKERLVIERTEL

Kunsthandel Peter Schlächter
Antikes aus verschiedenen Stilepochen und modernes Design.

Spiekerhof 6-11 | ✆ (0251) 4 20 02
www.kunst-handel.com

KUHVIERTEL

Belle Époque
Inhaberin Rita Overmann hat Freude an schönen Möbeln und Schmuck der zwanziger Jahre. Eine weitere Filiale ist an der Hörsterstraße 49-50.

Rosenplatz 10
✆ (0251) 51 13 07

HAFENVIERTEL

Krukenkamp am Kai
Ausgefallene Möbel und hochwertige Wohnaccessoires.

Hafenweg 14 | ✆ (0251) 4 90 97 97
www.krukenkamp.de

Haut und Haare

INNENSTADT

Junge Köpfe
Preiswerte Haarschnitte ohne Termin. Auch auf dem *Germania Campus* und in der Hüfferstraße.

Moltkestraße 5-7 | ✆ (0251) 2 84 48 41
www.junge-köpfe.de

Der Beginn der Hafenmeile, vom *Cineplex* bis *Krukenkamp am Kai.*

KIEPENKERLVIERTEL

Curantus

Hochwertige Naturkosmetik für sie und ihn, kosmetische Behandlungen und fundierte Beratung.

Spiekerhof 39 | ✆ (0251) 48 82 12 88
www.curantus.de

RUND UM DAS STADTTHEATER

Prachtburschen

Das gewagte Geschäftsmodell, mit einem Pflegestudio nur Männer anzusprechen, scheint zu funktionieren. Gesichtsbehandlungen, Maniküre und Massagen für den Herren.

Neubrückenstr. 30 | ✆ (0251) 49 04 72 50
www.prachtburschen.de

United Beauty

Haareschneiden und Entspannen in der Ruheoase bei Ulrich und Rudolf. Exklusives Day-Spa in der alten Ziegelsteinvilla. Produkte mit reinen Pflanzen- und Blütenessenzen wie Aveda.

Hörsterstraße 54 | ✆ (0251) 4 84 46 00
www.ulrich-und-rudolf.de

KUHVIERTEL

Rottmann Rüther

Sigrid Rottmann sorgt bereits in der dritten Generation für elegante Haarmode. Im Sommer 2008 übernahm sie zusätzlich den Traditions-Friseurladen *Rüther* an der Warendorfer Str. 11.

Frauenstr. 41 | ✆ (0251) 4 47 68
www.rottmann-ruether.de

HAFENVIERTEL

beleza

Rundumversorgung in Sachen Frisuren und Kosmetik.

Hafenstr. 64 | ✆ (0251) 62 56 12 10
www.beleza-pur.de

Cabelo

Frisiersalon, Farblichttherapie, Permanent Make-Up, Wimperndauerwelle.

Hafenweg 46-48 | ✆ (0251) 6 74 43 33
www.cabelo.de

Freundlicher Empfang bei *Cabelo*.

Avantgarde à la *Kaiserschnitt*.
Prof. Landois mit seinem Vogelnistkasten im Zylinder wäre begeistert gewesen.

Kaiserschnitt

Trend-Frisuren bei Martin Lanwer und seinem Team.

Hohenzollernring 19 | ✆ (0251) 53 43 53
www.kaiserschnitt.de

Tätowiersucht

Die Fans lassen sich von Tanina Palazzolo stechen.

Hansaring 34 | ✆ (0251) 4 36 51
www.taetowiersucht.de

KREUZVIERTEL

Udo S.

In-Friseur mit eigenem Kosmetikstudio.

Maximilianstraße 29 | ✆ (0251) 29 64 37
www.udo-s.com

PRAKTISCHE HINWEISE

Ärztliche Notdienste
(0180) 5 04 41 00

Zahnärztlicher Notdienst:
(0251) 1 44 95 88

Reise-Informationen

Anreise
...mit dem Auto

Münster ist von Norden und Süden gut über die A 1 zu erreichen. Aus Richtung Süden verläuft ab Wuppertal auch die A 43, auf der oft mit etwas weniger Verkehrsaufkommen zu rechnen ist.

Anreise
...mit der Bahn

Vom Hauptbahnhof mit seinen IC, ICE und EC-Verbindungen erreichen Sie die Innenstadt zu Fuß in wenigen Minuten. Lange Zeit wurde um die Finanzierung der längst überfälligen Renovierung des Bahnhofs gestritten.

Anreise
...mit dem Flugzeug

Der internationale Verkehrsflughafen Münster-Osnabrück ist per Bus- und Taxitransfer in ca. 25 Minuten zu erreichen, der Flughafen Dortmund ist nur circa 30 Autominuten entfernt.

Flughafen Münster-Osnabrück
www.fmo.de

Übernachtungsmöglichkeiten

Günstige Unterkünfte

INNENSTADT

H.ostel Münster

Zentraler geht nicht. Schickes Hostel in der Haupteinkaufsstraße in Münsters Fußgängerzone. 2018 eröffnet.

Verspoel 1
☎ (0511) 89 99 31 96
www.h-hotels.com/muenster

IN BAHNHOFSNÄHE

Sleep Station Münster

1- bis 8-Betten-Zimmer zu kleinen Preisen, nicht nur für Rucksackreisende.

Wolbecker Straße 1 | 48155 Münster
☎ (0251) 4 82 81 55
www.sleep-station.de

KREUZVIERTEL

Nordstern Hostel

Zu günstigen Preisen können Gäste hier in Münsters Kreuzviertel übernachten. Büro: tägl. 16-21 Uhr

Hoyastraße 3
(0251) 3 99 73 15
www.nordstern-hostel.de

AM AASEE

Rossis Bed & Breakfast

Sehr persönlich und gemütlich haben es die Gäste in der Stadtwohnung von Rossi. Die Weltenbummlerin gibt den Gästen Tipps aus erster Hand.

Weseler Str. 63
☎ (0251) 5 34 88 65
www.bedandbreakfastmuenster.de

Tobias Rehberger verwandelte 2013/2014 elf hässliche Schaltkästen rund um Münsters Hautbahnhof in schöne Kunst.

Jugendgästehaus Aasee

Ein Jugendherbergsausweis ist erforderlich.

Bismarckallee 31
48151 Münster
☎ (0251) 53 02 80

AN DER WERSE

Campingplatz Münster

Laerer Werseufer 7
48157 Münster
☎ (0251) 31 19 82
www.campingplatz-muenster.de

Hotels

INNENSTADT

Central Hotel

Schönes Hotel mit Faible für Kunst. So hängt zum Beispiel in jedem Zimmer mindestens ein Kunstwerk von Joseph Beuys.

Aegidiistraße 1
48143 Münster
☎ (0251) 51 01 50
www.central-hotel-muenster.de

H4 Hotel

4 Sterne, großes Restaurant. Mittendrin.

Stubengasse 33 | 48143 Münster
☎ (0251) 49 09 90
www.h-hotels.com/muenster

Hotel Feldmann

Hotel in Familientradition. In barocker Umgebung im Herzen der Stadt und trotzdem ruhig. Restaurant mit sehr feiner, kreativer und klassischer Küche. (Di–Sa 12–14.15 und 18–21.15 Uhr).

An der Clemenskirche 14
48143 Münster
☎ (0251) 41 44 90
www.hotel-feldmann.de

Stadthotel Münster

Angenehmes Hotel in der City. Wenn Wahl-Berliner Henning Wehland von den *H-Blockx* seine Heimatstadt besucht, hält man Zimmer 101 bereit – für ihn „das schönste der Stadt".

Aegidiistraße 2148143 Münster
☎ (0251) 26 00 04 23
www.stadthotel-muenster.de

KIEPENKERLVIERTEL

Hotel Busche

Drehplatz für die Filmlegende *Alle Jahre wieder* am Kiepenkerldenkmal. Spuren aus den sechziger Jahren lassen sich noch entdecken.

Bogenstraße 10
48143 Münster
☎ (0251) 4 64 44
www.hotel-busche.de

Hotel Kaiserhof

4-Sterne-Hotel direkt am Bahnhof

In der Hotelbar vom *Hotel Kaiserhof*

mit dem Restaurant *Gabriel's* (Mo-Sa 18-22 Uhr).

Bahnhofstraße 14
48143 Münster
✆ (0251) 4 17 80
www.kaiserhof-muenster.de

Mauritzhof Hotel Münster

Schlichte Eleganz, puristische Formen und individuell eingerichtete Zimmer prägen das moderne Hotel direkt an der Promenade. Schöne Hotelbar.

Eisenbahnstraße 17 | 48143 Münster
✆ (0251) 4 17 20
www.mauritzhof.de

AM AASEE

Hotel Mövenpick

4-Sterne-Hotel mitten im Grünen am Aasee. Gute Küche im Restaurant *Chesa Roessli* (Mo-Fr 12-15 Uhr und 18-23 Uhr, Sa 18-23 Uhr).

Kardinal-von-Galen-Ring 65
48149 Münster
✆ (0251) 8 90 20
www.movenpick.com/muenster

GERMANIA CAMPUS

Factory Hotel

Designhotel. Lohnenswert sind die Jazz-Konzerte mit Ben Bönniger in der Hotel-Bar *Tide*. Man speist im *EAT* (Mo-Sa 6.30-23 Uhr; So, Ft 7.30-15 Uhr) und im *la tapia* (tägl. ab 17 Uhr).

An der Germania Brauerei 5
48159 Münster
✆ (0251) 4 18 80
www.factoryhotel.de

Hotel *Mauritzhof*

Idyllische Hotels am Stadtrand

MÜNSTER-WEST

Schloß Wilkinghege
Idyllisches Hotel in der Wasserburg mit prachtvollen Sälen und Salons im Spätrenaissancestil. Nahe dem Herrensitz aus dem 16. Jahrhundert liegt ein 18-Loch Golfplatz mit alten Bäumen. Das Restaurant bietet hervorragende klassische Küche (Mo-Sa 18–22 Uhr; Tägl. 12–18 Uhr kleine Tageskarte).

Steinfurter Straße 374 | 48159 Münster
✆ (0251) 14 42 70
www.schloss-wilkinghege.de

ROXEL

Parkhotel Hohenfeld
Gehobene Gastlichkeit mitten im schönen Park. Im Kaminzimmer wird fürstlich gespeist (tägl. 12-14 und 18-21.30 Uhr).

Dingbängerweg 400
48161 Münster
✆ (02534) 80 81 00
www.hotel-muenster-hohenfeld.de

HANDORF

Ringhotel Landhaus Eggert
Wellness-Hotel im Gutshofcharakter mit Blick auf die Werseauen. Inmitten der Münsterländer Parklandschaft. Ausgezeichnetes Restaurant (tägl. 12–13.45 und 18–21.45 Uhr)

Zur Haskenau 81 | 48157 Münster
✆ (0251) 32 80 40
www.landhaus-eggert.de

Romantikhotel Hof zur Linde
Familie Löfken führt das Hotel im rustikal-edlen Landhausstil. Das angeschlossene Restaurant lockt mit Herdfeuer und erstklassiger Küche (Tägl. 12-14 Uhr Mittagskarte, 14-17.30 Uhr Kaffee und Kuchen; 18.30-21 Uhr Abendkarte, 21-23 Uhr Nachtkarte).

Handorfer Werseufer 1 | 48157 Münster
✆ (0251) 3 27 50
www.hof-zur-linde.de

HILTRUP

Best Western Premier Seehotel Krautkrämer
Hotel am See. Ausgezeichnete Küche und erlesene Weine. Hier soll Hollands Weltklassespieler Johann Cruyff 1974 zur Fußball-WM eine Pool-Orgie veranstaltet haben. Nicht bewiesen ist, dass diese Meldung in der Bildzeitung die Kicker um Franz Beckenbauer zum legendären Geist von Malente beflügelt hat. Im Restaurant gibt es westfälische Küche mit Einflüssen aus der ganzen Welt (Mai-Sep 12-17.30 und 18-22 Uhr; Okt–April 18.30-22 Uhr).

Zum Hiltruper See 173 | ✆ (02501) 80 50
www.krautkraemer.de

Informieren über Münster

eat-the-world

Kulinarische Stadtführungen
So schmeckt Geschichte: Stadtrundgang für alle Sinne, z.B. im Hafen- oder Kreuzviertel.

✆ (0251) 1 36 46 42
Schmeddingstraße 123
www.eat-the-world.com

k3 stadtführungen Münster

Vielfältiges Angebot, das von einfachen über kulinarische Stadtrundgänge bis hin zu Tatort-Krimitouren, Krimidinners und *Skulptur Projekte* Führungen reicht.

Alter Steinweg 31 | ✆ (0 251) 1 43 25 16
Büro: Mo–Sa 10–18 Uhr
www.stadtfuehrungen-in-muenster.de

Münster Information

Alles, was der Tourist wissen muss.

Heinrich-Brüning-Straße 9
48143 Münster
✆ (0251) 4 92 27 10
Mo-Fr 10-18 Uhr | Sa 10-13 Uhr
www.muenster.de/tourismus

Münster Marketing/ Touristik-Angebote

Münster-Arrangements und Hotelbuchungen, Ballonfahrten, Gourmetreisen oder Literaturausflüge.

Klemensstraße 10 | 48143 Münster
✆ (0251) 4 92 27 10
www.tourismus.muenster.de

Münsterland Touristik

Pauschalangebote von der Pättkestour bis zur Schlösserroute; Ferienwohnungen, Urlaub auf dem Bauernhof. Freizeitkarten und Kataloge.

Airportallee 1 | 48268 Greven
✆ (02571) 94 93 92
kostenlose Service-Hotline:
0800/9 39 29 19
www.muensterland-tourismus.de

StattReisen

Sightseeing mit großem Unterhaltungswert. Historische Stadtrundgänge, Radtouren ins Umland oder kreative Stadtspiele. Themenführungen mal gruselig, mal amüsant, unter literarischen und kulinarischen Aspekten. Berühmt ist der Nachtwächter-Rundgang im Laternenschein.

Rothenburg 47 | 48143 Münster
✆ (0251) 4 14 03 33
Mo-Do 10-13 Uhr und 14.30-16.30 Uhr
Fr 10-13 Uhr
www.stattreisen-muenster.de

Selbstverständlich per Fahrrad: Der StattReisen-Nachtwächter auf dem Weg zur Arbeit

Medien vor Ort

Der ortsansässige Aschendorff Verlag hat schon zwischen 1763 und 1849 das *Münsterische Intelligenzblatt* herausgegeben. Bei der Namensgebung für die Zeitung war man später bescheidener: *Westfälische Nachrichten* heißt die heutige Tageszeitung; ebenso etabliert ist die *Münstersche Zeitung*, die seit 2014 auch zum Aschendorff Verlag gehört. Beide Tageszeitungen haben seither denselben Inhalt im Lokalteil.

Menschen mit Interesse an junger Kultur informieren sich 14-tägig im *Ultimo* oder jeden Monat im *GIG*-Magazin. Beide Stadtmagazine liegen kostenlos in Kneipen und Geschäften aus, ebenso die wöchentlich erscheinende *na dann*, die wegen des Veranstaltungskalenders und WG-Wohnungsmarktes Pflichtlektüre für alle Studierenden ist.

Die beiden Service-Guides *Münster kauft ein* und *Münster geht aus* liegen entweder kostenlos aus oder können in den Buchhandlungen *Thalia* und *Poertgen-Herder* für kleines Geld erworben werden. Das ebenfalls kostenfrei ausliegende Interviewmagazin *Stadtgeflüster* stellt Menschen aus Münster und prominente Fans der Stadt vor. Zu den besten regionalen Magazinen aus der Stadt und dem Münsterland zählen *Münster Urban* und *MÜNSTER!* mit Porträts und Reportagen. Obdachlose bieten ihre Zeitung *draußen!* monatlich in der Fußgängerzone der Innenstadt und vor Supermärkten in den einschlägigen Stadtvierteln an.

Das Landesstudio Münster des *WDR* sorgt für Regionalnachrichten in Funk und Fernsehen. Der private, lokale Radiosender heißt *Antenne Münster* (95,4 MHz), der Campus-Sender für Studierende *Radio Q* (90.9 MHz).

Westfälische Nachrichten:
www.wn.de

Münstersche Zeitung:
www.muensterschezeitung.de

Ultimo:
www.ultimo-muenster.de

GIG:
www.gig-online.de

na dann:
www.nadann.de

Stadtgeflüster:
www.stadtgefluester-muenster.de

MÜNSTER!:
www.muenster-magazin.com

Münster Urban:
www.muenster-urban.de

WDR:
www.wdr.de/studio/muenster

Antenne Münster:
www.antenne-muenster.de

Radio Q:
www.radioq.de

Weitere Medien in Münster:
www.muenster.de/medien.html

Stadtlupe e. V.

Bei der Freizeitgestaltung in Münster hilft der Verein *Stadtlupe* im *Stadthaus 1*.

Angeboten werden Führungen durch die Stadt, Touren per Fahrrad, Heißluftballon oder Kutsche, Fahrten zu den Wasserburgen im Umland, sportliche Aktivitäten, Kinderbelustigungen und kulturelle Events.

Heinrich-Brüning-Straße 10
48143 Münster
✆ (0251) 59 06 87 69
Mo-Fr 10-18 Uhr
Sa 10-13 Uhr
www.stadt-lupe.de

Frauenforschungsstelle Münster e. V.

Der feministische Ort in Münster seit Mitte der Achtzigerjahre. Frauenarchiv und Bibliothek zu allen Themen aus der Frauenperspektive mit Nachschlagewerken und über 50 Zeitschriften und Videos.

Achtermannstraße 10-12
48143 Münster
✆ (0251) 51 11 95
Fr 11-13 Uhr
www.muenster.org/schwarze-witwe

ZeitenLauf e. V.

Führungen durch die Stadt, bei denen man das Frauenleben in Münster von einst und jetzt kennenlernt.

Erstaunliche Begebenheiten, Schicksale, Frauenberufe, lustige und traurige Ereignisse.

Außerdem haben die Historikerinnen Rundgänge in Leichter Sprache sowie für sehbeeinträchtigte Menschen entwickelt.

Warendorfer Str. 3
48143 Münster
✆ (0251) 4 81 64 02

Kirchenfoyer Münster

Ausstellungen und Informationen zum kirchlichen Leben in der Stadt. Gottesdienstzeiten entnimmt man dem hier ausliegenden Flyer oder der Tageszeitung.

Salzstraße 1 | 48143 Münster
✆ (0251) 3 99 98 43 10
Mo-Fr 10 -18 Uhr | Sa 10-16 Uhr
www.kirchenfoyer.de

Karten-Vorverkauf

Auditorium

Alter Steinweg 22-24
✆ (0251) 48 44 55-0
Mo–Fr 10.30–19 Uhr | Sa 10.30–18 Uhr
www.auditorium.de

Ticket to Go

Albersloher Weg 32 | 48155 Münster
✆ (0251) 1 62 58 17
Mo, Fr 10-18 Uhr | Mi 10-14 Uhr

WN-Ticket-Shop

Prinzipalmarkt 13-14 | 48143 Münster
✆ 01806/57 00 67
(WN/Eventim-Tickethotline)
Mo-Fr 9-18 Uhr | Sa 9-14 Uhr

TIPP ! für Menschen mit Behinderungen

Ausführliches Material, Wegweiser und einen Stadtplan bekommt man in der *Münster-Information* (S. 260). Im Internet informiert der Online-Stadtführer *KOMM Münster*. Hier gibt es auch Faxvordrucke für einen Notruf.

Hörbeeinträchtigte Menschen bestellen ihr Taxi per Fax bei der Taxi-Zentrale (0251) 9 87 79 47 oder bei Taxi-Ruf (0251) 2 55 19.

Auch in Tastmodellen können blinde und sehbehinderte Menschen einen Eindruck von Münster bekommen: Bronzemodelle der Innenstadt stehen zum Beispiel zwischen Rathaus und Domplatz sowie auf dem Lambertikirchplatz. Eine Beschreibung in Blindenschrift ergänzt die Modelle.
Die Altstadt mit den Gebäuden innerhalb des Promenadenrings steht als Modell am Ende der Salzstraße vis-à-vis dem *Stadtmuseum* und auf dem Schlossplatz.
Eine Bronzetafel in der Form des Rathauses ist gegenüber vom Rathaus angebracht und ermöglicht blinden Menschen das Ertasten der Form des Giebels. Eine weitere Tafel in Blindenschrift gibt Einblicke in die Geschichte des Rathauses.

Münster zum Anfassen

Das bundesweit beachtete Buch *Münster – ein Reiseführer in leichter Sprache* des Vereins *Zugvogel* führt Menschen, die Lernschwierigkeiten haben oder nicht gut lesen können, durch die Stadt.
Außerdem können Rundgänge in leichter Sprache sowie für Sehbehinderte und Gehörlose bei der Frauenforschungsstelle nachgefragt werden.

KOMM Münster: komm.muenster.org

Mobil in Münster

Fahrradverleiher

Münster lässt sich prima per Drahtesel erkunden. Hier können Sie Räder parken oder ausleihen:

Radstation am Bahnhof

Die Leihgebühr in Deutschlands größter Radstation beträgt 8 € am Tag. Für 70 Cent pro Tag können Sie auch Ihr eigenes Fahrrad parken.

Berliner Platz 27a
✆ (0251) 4 84 01 70
www.radstation-ms.de

Radstation Münster Arkaden

Königsstraße 7
✆ (0251) 7 03 67 90

Swapfiets

Die auffälligen blauen Vorderreifen fallen auch in der Fahrradhochburg Münster auf. Für einen festen (Monats-)Beitrag kann man das Fahrrad inklusive Service leihen.

www.swapfiets.de

Weitere Fahrradverleiher in Münster: www.muenster.de/stadt/tourismus/radverleih.html

Auto

In der Innenstadt gibt es Parkhäuser am Theater, am Alten Steinweg, an der Stubengasse sowie unter dem Aegidimarkt und den *Münster Arkaden* (2 € für die erste Stunde und höchstens 15 € am Tag). Rund um den Bahnhof an der Bahnhofstraße, dem Bremer Platz und an der Engelenschanze (1,50 € für die erste Stunde und höchstens 10 € am Tag). Citynah: das Parkhaus an der Georgskommende und der Parkplatz auf dem Schlossplatz.

Münsters Radstation ist mit 3 300 Stellplätzen die größte in Deutschland.

Mobil in Münster sind auch die Damen vom Swing-Trio *Zucchini Sistaz*. Hier reisen sie mit dem berühmten Tretboot über den Aasee zum nächsten Auftritt.

Parkhäuser in Münster:
www.wbi-muenster.de

Autovermietungen

AVIS Autovermietung
Georgskommende 10
✆ (0251) 4 31 43
www.avis.de

Hertz Autovermietung GmbH
Siemensstr. 50a
✆ (0251) 7 62 45 03
www.hertz.de

Bus und Bahn

In Münster fährt jeder Linienbus über den Hauptbahnhof. So muss man höchstens einmal umsteigen, egal, wohin man möchte.

Busfahrplan für Münster und das Münsterland im Internet:
www.stadtwerke-muenster.de
Download auf das Mobiltelefon:
www.mofahr.de

mobilé
Fahrkartenverkauf für Bus und Bahn gegenüber dem Hauptbahnhof.

Berliner Platz 22
✆ 01806/50 40 30 (kostenpflichtig)
Mo-Fr 9-19 Uhr | Sa 9-14 Uhr

Taxi

Hier werden Sie gefahren:

Taxi-Zentrale	(0251) 6 00 11
City Taxi	(0251) 2 27 00
TaxiRuf	(0251) 2 55 00

ABSPANN

DIE AUTOREN

Christa Farwick

Die Autorin ist Kommunikationsberaterin. Ihre Wurzeln liegen im Journalismus und in der Medienbranche. Nachdem sie als junge Reporterin mit Empathie das Leben des Münsterländers unter die Lupe nahm, vertiefte sie ihr Interesse am kulturellen und sozialen Leben der Menschen und studierte Ethnologie, Soziologie und Politikwissenschaft. 1989 wurde Sohn Fabian geboren. Christa Farwick ist eng mit Münsters Kulturleben verbunden und machte sich mit ihrem Know-how auch für die freie Kulturszene in Münster stark. Film und Theater gehören zu ihren Leidenschaften.

Adam Riese

Der Münsteraner Adam Riese wurde in den 80er Jahren als Sänger von Punkrock-Bands wie *Die Fidelen Schwager* oder *Äni(x)Väx* populär und gab allerorten spektakuläre Konzerte. In den 90ern war er Entertainer, Veranstalter obskurer Events und DJ. Riese moderiert seither Musikfestivals, Filmpremieren oder andere Großveranstaltungen. Seit 2007 ist er der Talkmaster der *Adam Riese Show*. 2001 schuf er ein Internetlexikon über Münsters Kulturszene der 80er Jahre. Ende 2004 veröffentlichte er den *Citywalk* Münster, einen akustischen Stadtführer im Hörbuch-Format. 2015 folgte das Kinderbuch *Entdecke Münster* mit Heiko Werning.
www.adamriese.net

Christa Farwick und Adam Riese

Danke!

Für ihre Zeilen:
Dr. Götz Alsmann, Christoph Busch, Hannes Demming, Titus Dittmann, Mechthild Großmann, Wolfgang Hölker, Jürgen Kehrer, Ingrid Klimke, Barbara Müller, Dr. h.c. Ludwig Poullain, Dieter Sieger, Henning Wehland

Für Rat und Tat:
Jutta Balster, Isabelle Bettmer, Josef Bromenne, Ulla Flesch, Eduard Gödeke, Yvonne Happe, Hiltrud Herbst, Thomas Holz, Josef Horstmöller, Dr. Gabriele Kahlert-Dunkel, Dr. Devrim Karahasan, Dr. Thomas Kleinknecht, Prof. Kasper König, Rainer Kossuch, Petra Landwerth, Antonia Lotz, Benni Meier, Roman Mensing, Claudia Miklis, Anne Neugebauer, Dr. Carina Plath, Presseamt Stadt Münster, Anja Reining-Evering, Christel Riese, Lena Seydaack, Wolfgang Scherbening, Jürgen Schröder, Gabi Seifert, Hermann Stagnier, Steffi Stephan, Anne Surmund, Martin Trunz, Babsi Vahle, Nadja von Lüpke, Joscha Werschbizky

Für Herz und Verstand:
Meram Karahasan
Fabian Farwick
Willibert Strunz

TIPPS ZUM WEITERLESEN

Die umfassendste Sammlung von Münster-Literatur wurde von Walter Kutsch als Privatbibliothek geführt und 2013 dem Stadtarchiv Münster übergeben. Hier sind Rezensionen, Presseartikel und die komplette Literatur zu finden, die direkt oder indirekt mit Münster zu tun hat. Über ein riesiges Archiv historischer Fotos und Dokumente verfügt der Münster-Chronist Henning Stoffers. Spannende Einblicke in seine Sammlung gewährt er in der Buchreihe *Münster zurückgeblättert* im *münstermitte medienverlag*.

Datenbank von Walter Kutsch:
www.muenster.org/kutsch

Henning Stoffers:
www.sto-ms.de

Reiseliteratur

Baer-Schremmer, Ann:
Der Ausflugs-Verführer Münsterland. Ars vivendi, 2005

Bauhüs, Helmut:
Das Münsterland. Die 100 Schlösser-Route. Ehrler-Mühle Verlag, 2006

ABSPANN

Riese, Adam und Werning, Heiko:
Entdecke Münster!
Monasteria Kinderbuch, 2015

Steinbicker, Otmar:
Die schönsten Radtouren im Münsterland. BVA Bielefelder Verlag, 1994

Sachbücher

Audick, Antonia und Ludewig, Ulrich:
Münstergewimmel (Kinderbuch)
Daedalus Verlag, 3. Aufl. 2017

Balster, Jutta:
Clara Ratzka. Leben und Werk einer münsterschen Schriftstellerin. Aschendorff Verlag, 2002

Balster, Jutta:
Das Kreuzviertel in Münster. Bilder aus seiner Geschichte. Aschendorff-Verlag, 2004

Hänsel, Sylvaine und Rethfeld, Stefan:
Architekturführer Münster
Dietrich Reimer Verlag, 2016

Möllenhoff, Gisela und Schlautmann-Overmeyer, Rita:
Jüdische Familien in Münster, Bd. 2/2, 1935-1945. Verlag Westfälisches Dampfboot, 2001

Spinnen, Burkhard und Pieper-Rapp-Frick, Eva:
Geprägt (Skulptur Projekte Münster. Berichte, Bilder und Erinnerungen)
Coppenrath, 2016

Belletristik und Unterhaltung

Als Jürgen Kehrer 1990 seinen ersten Münster-Krimi mit dem Privatdetektiv Georg Wilsberg schrieb, war er damit ein Vorreiter; mittlerweile gibt es reichlich Mordgeschichten mit münsterländischem Lokalkolorit von Autoren wie Ursula Meyer, Andre Lütke-Bohmert, Andreas Busch, Michael Bresser und Martin Springenberg. Wilsberg gibt es seit 2012 auch als Comic, illustriert von Jörg Hartmann. Münsters erfolgreichste Krimi-Schreiberin Gisa Pauly lässt ihre Bücher mittlerweile auf Sylt spielen. Kurzweilig sind auch die Musikkrimis von Bracht und Bracht. Otto Jägersberg karikierte das Münster der 1950er Jahre sehr witzig in seinem Roman *Weihrauch und Pumpernickel*. Mit anspruchsvoller Literatur machte sich der münstersche Schriftsteller Burkhard Spinnen einen Namen.

Bracht, Brigitte und Gerhard:
Tödliches Solo. Roman. Waxmann Verlag, 2009

Demming, Hannes:
Kringe, Quinten un Korinthen
Aschendorff Verlag, 2010

Demming, Hannes,
Johann Wolfgang von Goethe:
Dat Spiel van Doktor Faust - Urfaust
Aschendorff Verlag, 2010

Duve, Karin:
Fräulein Nettes kurzer Sommer
Galiani-Berlin, 2018

Jägersberg, Otto:
Weihrauch und Pumpernickel – ein westpfählisches Sittenbild. Roman.
Diogenes Verlag, 1964

Hartmann, Jörg und Kehrer, Jürgen:
Wilsberg: In alter Freundschaft, Carlsen Comics, 2012

Hofacker, Ernst:
Flint oder der wundersame Gesang des Mellotron. Roman.
agenda, 2019

Lüpkes, Sandra und Kehrer, Jürgen (Hg.):
Mörderisches Münsterland: Kurzkrimis von Bocholt bis Warendorf.
KBV, 2010

Moll, Helmut:
Zeugen für Christus. Das deutsche Martyrologium des 20. Jahrhunderts
Verlag Ferdinand Schöningh, 2015

Nagorsnik, Klaus Otto:
Rätselvolles Münster
Daedalus Verlag, 2016

Ratzka, Clara:
Familie Brake. Roman. agenda, 2000

Julian Voloj, Claudia Ahlering:
Die Judenbuche. Graphic Novel nach nach Annette von Droste-Hülshoff. Knesebeck Verlag, 2017

Register ausgewählter Stichworte

0-9

A

B

C

D

E

F

K

L

ABSPANN

M

N

O

P

R

S

T

U

V

W

Y

Z

ABSPANN

Bildnachweise

Allwetterzoo Münster: S. 176, 177 | Susanne Bakenecker: S. 100 | Jutta Balster: S. 79 | Thilo Beu: S. 193 | Ingrid Bleil: S. 11, 42, 49 oben, 93, 99, 208, 210, 222 oben, 226, 227, 235 oben, 236 unten, 251, 260, 268 | Familie Bückmann: S. 26 unten, 146 unten | Thomas Büdenbender: S. 249, 262 oben | Ellen Dabelstein: S. 201 | Ralf Emmerich: S. 175, 188 | Henner Flohr: S. 231, 241 | Jakob Gehrman: S. 237 unten | Peter Grewer (Presseamt Stadt Münster): S. 64 links | Willi Hänscheid (Presseamt Stadt Münster): S. 242 rechts | Dr. Herwig Happe: S. 18 (2 Bilder), 41, 47 oben, 209 | Markus Hauschild: S. 203 | Achim Hennecke: S. 198 | Tom Heyken: S. 49 unten, 229 oben | Gabriel Hildebrand (Kungliga Myntkabinettet Stockholm): S. 17 unten | Wilfried Hockmann: S. 224 unten | Martin Jehnichen/Christoph Schrein: S. 87 | Angelika Klauser (Presseamt Stadt Münster): S. 68, 103, 158 | David Kluge: S. 191 | Sarah Koska/www.sarahkoska.com: S. 173 oben | Sarah Kottmeier/www.wattendorff.de: S. 247 oben | Thomas Kramer: S. 202 unten | Lehmann: S. 17 oben | Carola Loeser: S. 195 | LWL: S. 119, 189 | LWL-Museum für Kunst und Kultur: S. 36 (Rudolf Wakonigg), S. 153, 161 und 162 (Henning Rogge), 168 | Roman Mensing/www.artdoc.de: S. 23 unten, 38, 150/151, 155, 159, 164, 165, 166 | Münsterland Touristik Grünes Band e. V.: S. 109, 114 | Otto-Modersohn-Museum, Fischerhude: S. 167 | Stephan Pick: S. 199 | Photocase/www.photocase.de: S. 10 | Dr. h.c. Ludwig Poullain: S. 71 oben | Presseamt Stadt Münster: S. 19, 20, 25, 27, 30 oben, 34, 43, 53, 63, 102, 108, 110, 121, 123, 129, 132 oben (2 Bilder), 134, 142, 143, 145, 146 oben, 148/149, 171, 173 unten, 186, 228 | Presseamt Stadt Münster/MünsterView: S. 172 | Tomas Rodriguez: Umschlag (Alsmann) | Georg Roske: S. 262 unten | Holde Schneider: S. 112 unten | Segelschule Overschmidt: 115, Umschlag (Solaaris) | Stadtmuseum Münster: S. 22, S.139 | Staatsbibliothek zu Berlin – Preußischer Kulturbesitz: S. 45 | Tomasz Samek (Museum für Lackkunst): S. 174 | Stadtarchiv Münster: S. 21, 37, 51 oben, 89, 125, 126, 128, 136 oben rechts, 141 links, 190 | StattReisen e.V.: S. 60 rechts, 264 | Erol Taskoparan (Regenreich): S. 92 | Rasmus Trunz: S. 56 oben, 112 oben | Timm Ulrichs: S. 169 | Andreas van Heyden: S. 113 | Peter Wattendorff: S. 111, S. 269 | Rüdiger Wölk: S. 71 unten | WDR: S. 187 links | ZDF/Thomas Kost: S. 187 rechts

Alle anderen: M4 Media und Privatarchiv

münsterleben
Erleben Sie Münsters Top-Sehenswürdigkeiten
und wir bringen Sie dort hin.
münstercard
Eine Karte für alles und alles ist drin.
20 €
pro Tag/Person
30 €
2 Tage/Person
münstercard
AUCH ONLINE ODER ALS IN-APP KAUF!
Stadtwerke Münster
www.muenstercard.de
STADT MÜNSTER

Antonia Audick - Ulrich Ludewig

Müntergewimmel

Pappbilderbuch, ab 2 Jahren
16 Seiten, 26 x 34 cm,
durchg. vierfarbig
ISBN 978-3-89126-280-1

„Ab sofort geht es auch in Münster so richtig schön wuselig zu. Antonia Audick und Ulrich Ludewig haben das neue Bilderbuch *Münstergewimmel* liebevoll gestaltet."
Westfalenspiegel

Klaus Otto Nagorsnik

Rätselvolles Münster

Das NEUE Quizbuch
Mit zahlreichen Fotos
von Wilm Weppelmann
128 Seiten, Broschur
ISBN 978-3-89126-226-9

Wie gut kennen Sie Münster?
„Der Biliothekar" aus der
Fernsehsendung *Gefragt - gejagt*
testet Ihr Wissen in 9 x 9 Fragen.

Daedalus Verlag

STADTKARTE MÜNSTER

H

I

J

K

L

1 Buddenturm
2 Clemenskirche
3 Dom
4 Erbdrostenhof
5 Giant Pool Balls
6 Halle Münsterland
7 Hauptbahnhof
8 Kiepenkerldenkmal
9 Kreuzkirche
10 Landesmuseum
11 Ludgerikirche
12 Picassomuseum
13 Rathaus
14 Schloss
15 St. Lamberti
16 Stadtbücherei
17 Stadtmuseum
18 Theater Münster
19 Überwasserkirche
20 Zwinger